친절한 어른이 되기 위한

인문학 공부

이이영 · 손완주 지음

가림출판사

작은 문으로 들어가 역사를 만나다

흔히 하는 말 가운데 '까닭 없는 무덤 없다'는 말이 있다. 백 번 맞는 말이다. 옆집 누렁이가 집을 나간 것도 까닭이 있고, 앞집 순이가 공부를 잘 하는 것도 까닭이 있다.

그런데 갈수록 '까닭'은 생각하지 않고, '무덤 크기'에만 집중하는 것 같다. 누렁이가 집을 나간 건 주인이 밥을 안 줬다거나 옆집에 관심이 가는 친구가 생겼기 때문인데, 집 나간 까닭은 염두에 두지 않고 누렁이가 집을 나간 사실에만 분개하고 있다.

결과가 모든 것을 말해주는 세상에서 구구절절한 이유는 필요 없다고 생각하는 경향이 많지만, 결과론적인 사고가 가져오는 여파는 간단치가 않다. 문제가 생기는 '까닭'을 이해하지 못한다면 '무덤' 앞에서 속수무책일 수밖에 없다. 또한 늘어나는 '무덤'을 수수방관하면서 바라만 봐야 한다. 바로 이것이 우리가 '까닭'에 집중한 이유였다. 까닭을 알고 인과관계(因果關係)를 이해하면 세상에 이해 못 할 일도, 예측 못 할 일도 없다.

역사는 수없이 많은 인과관계가 모여 만든 성(城)이다. 그 성에는 사극에 등장하는 역대 왕도 살고, 사람 냄새 진하게 나는 평범한 사람들도 살고 있다. 역사라는 성에는 없는 게 없다. 일상생활을 가능하게 하는 사물(事物)도 있고, 왁자지껄 흥겨운 문화(文化)도 있다. 역사라는 성 속에서 우리가 집중한 것은 사물이었다.

사물은 세상이라는 거대한 구조물 속에서는 겨자씨만큼이나 작고 작은 존재다. 그러나 사물만큼 사람 사는 세상과 밀접하게 연관되어 생성되고 스러지는 것 또한 없다. 사물의 생성과 변화를 따라가다 보면 당시의 환경과 문화, 사고가 톱니바퀴처럼 맞물려 돌아가는 걸 알 수 있다. 그것이 과거 역사 속에서부터 존재했던 사물이나 제도라면 그 시대의 사람들이 어떤 연유로, 왜, 어떻게 하였는가의 '까닭'을 이해할 수 있다.

지금은 우리 곁에서 사라진 요강의 경우를 보면 까닭을 이해해야 하는 이유가 분명해진다. 많은 이들이 일상용품 가운데 요강이 사라진 까닭이 비위생적이라는 이유 때문일 거라고 생각하지만, 이는 사실과 다르다. 산업사회로 들어서면서 요강의 존재 이유가 사라졌기 때문이다. 요강은 농경사회의 필수요소였던 거름을 만들기 위해 필요한 물건이었다. 요강 속의 대소변을 받아서 거름으로 활용하였고, 그것은 농경사회의 생산력을 높여주는 일등공신이 돼주었다. 그러나 산업사회로 들어서면서 거름은 소수의 사람들에게만 필요한 물건이 되었다. 요강의 존재 이유가 사라진 것이다. 존재 이유가 사라진 사물은 과거의 유물로 남게 될 뿐이다.

역사는 박물관에 박제되어 있는 과거가 아니다. 그동안 역사를 거대한 사건이나 담론 중심으로 풀어간 탓에 역사를 박제되어 있는 과거로 생각하지만 이는 잘못된 생각이다. 역사는 과거가 현대인에게 전해주는 메시지이다. 그 메시지를 통해 지금 현재를 살아가는 스스로의 정체성을 깨달을 수도 있고, 미래로 나아갈 방향을 짚어볼 수도 있다.

이 책에서 접근한 열일곱 개의 사물과 제도들 역시 자신이 역사 속에서 어떻게 생성되고, 발전하였는지를 보여주면서 우리에게 끊임없이 말을 걸었다. 그리고 자신이 과거에만 머무는 게 아니라 현재와 밀접하게 연관되어 있음을 알려주었다. 이 책을 읽는 독자들 역시 겨자씨만큼이나 작은 사물이 역사의 줄기 속에서 어떻게 변화됐는지 읽어가다 보면 앞으로 나아갈 미래 역시 조금은 가늠이 될 것이라는 기대를 갖는다.

　역사는 어렵지 않다. 또한 역사를 접근하는 방법은 다양하다. 거대 담론 중심의 역사가 아니라 꼬리잡기를 통해 본류(本流)로 들어가는 것도 역사를 이해하는 방법이다. 아마도 이 책을 읽는 독자들은 역사와 인문 분야에 대한 출발선에 서 있는 이들일 것이다. 이 책이 역사와 인문 분야의 출발선에 서 있는 분들에게 신이 나서 전력 질주를 하도록 돕는 조력자가 되기를 바란다.

오랜 시간 역사와 인문 분야에 마음을 주며 공부한 노력이 한 권의 책으로 출간되는 특별한 기쁨을 선사한 이 책이 많은 독자들에게 사랑받기를 기대한다.

차례

하나

부끄러움과 본능 사이의

가파른 곡예

요강

요강이 언제부터 우리 민족의 생활필수품으로 쓰였는지 정확한 기록은 없다. 지금에야 집안 내부에 화장실이 있어 요강이 역사의 뒤안길로 사라졌지만, 1970년대까지만 해도 요강은 집집마다 반드시 있었던 생활필수품이었다. 시대에 따라 오지, 놋쇠, 사기, 청자, 백자 등으로 만들어졌던 요강은 실내용변기로서 그 몫을 톡톡히 해냈다.

'뒷간과 처갓집은 멀리 있어야 한다'는 말에 충실하듯 우리나라의 주택구조에서 뒷간은 사람의 주거공간에서 멀리 떨어져 있었다. 낮에는 방에서 외따로 떨어져 있는 뒷간을 찾는 수고로움이 덜 했지만, 밤이슬 내리는 밤에 뒷간을 가는 일은 여러모로 번거로운 일이었다. 수고로움을 덜기 위해 방안 한구석에 요강을 두었으니, 이것 역시 삶의 지혜라 부를 만하다.

요강이 존재 이유를 가장 크게 발휘하는 순간은 한겨울 밤이었다. 웃풍 탓에 이불 밖으로 나온 코끝마저 시리던 시절, 방에서 떨어져 있는 화장실에 가서 배뇨를 하는 건 괴로운 일이었다. 그럴 때면 윗목 한편에 자리한 요강은 요긴한 물건이었다. 그렇기에 요강은 1980년대까지만 해도 집집마다 없는 집이 없었다.

지금이야 요강이 역사의 뒤안길로 사라져 많은 이들의 기억 속에 흐릿해졌지만 요강은 실내용변기 뿐만 아니라 이동용변기로서의 역할도 톡톡히 하였다.

　그런데 요강하면 빼놓을 수 없는 부분이 바로 소리다. 요강에 소변을 볼 때 들리는 배뇨소리가 재미있게 들린 건 김삿갓도 마찬가지였던 듯 싶다. 다음에 나오는 시는 김삿갓이 쓴 '요강(尿缸)'이다.

賴渠深夜不煩扉 네 덕분에 밤중에 드나들지 않아도 되고,
令作團隣臥處圍 사람의 머리맡에서 잠자리의 벗이 되었구나.
醉客持來端膝跪 취객은 너를 갖다놓고 단정히 무릎 꿇고,
態娥挾坐惜衣收 어여쁜 여인도 끼고 앉아 살며시 속옷을 걷는구나.
堅剛做體銅山局 단단한 네 몸뚱이는 마치 구리산 같고,
灑落傳聲練瀑飛 '촤' 떨어지는 물소리는 비단폭포 소리같구나.
最是功多風雨曉 비바람 치는 새벽에 가장 공로가 많으니
偸閑養性使人肥 은밀히 성정(性情) 기르며 사람을 살찌게 하는구나.

- 김삿갓 '요강(尿缸)' -

　'촤' 떨어지는 물소리가 비단폭포 소리 같다는 부분에서는 슬며시 웃음이 나온다. 일반적으로 요강이 놋쇠로 만들어졌으므로 놋쇠에 오줌줄기 부딪히는 소리가 비단폭포 같은 소리로 들릴 수도 있었을 것이다. 김삿갓처럼 요강에 오줌줄기가 부딪히는 소리를 비단폭포 같은 소리라고 생각하지는 않았을지언정, 많은 이들에게 요강은 모습보다 소리로 더 깊이 각인되어 있다.

놋요강

요항(溺缸)에서 와전된 말로 요분(溺盆) 수기(溲器)라고도 한다. 요강이라는 말 속에 항아리 또는 푼주의 뜻이 포함되어 있듯이, 항아리와 푼주는 곧 그 용기의 형태를 암시한다.

요강은 삼국시대 토기에서 발견되고 있는 것에서 알 수 있듯이 오랫동안 사용되어온 생활용품으로 신분의 고하를 막론한 필수품이었다.

요강의 재료는 도기·자기·유기·목칠기 등 다양한 편이다. 그런 여러 재료의 제품들이 각각 어느 시대에 한하여 쓰였던 것이 아니고, 어느 시대에나 함께 사용되었던 것으로 보인다. 두피디아.

생활의 편의를 위해 요강을 이용하지만, 상대의 민망함을 배려해 배뇨하는 모습을 바라보지 않는 것은, 누구도 소리 내어 말하지 않지만 익히 알고 있는 약속 같은 것이었다. 그렇기에 많은 이들의 기억 속에 요강은 실물 모양보다 놋쇠에 오줌줄기가 꽂히는 소리로 기억되고 있다.

'쏴아' 혹은 '졸졸졸'처럼 요강에 오줌 누는 소리가 더욱 특별하게 여겨지는 건 그 소리가 갖고 있는 특수성 때문이다. 새벽녘 어설프게 잠에서 깬 상태에서 방안 윗목에서 들려오는 오줌줄기 꽂히는 소리는 가족의 일상을 공유하는 소리였다. 또한 사람이 갖고 있는 가장 내밀한 본능을 공유한다는 의미이기도 하였다.

이처럼 요강은 부끄러움과 본능의 충실이라는 이중적인 면을 담고 있다. 배뇨가 상징하는 부끄러움 때문에 낮에는 마루 밑이나 뒤꼍에 숨어 있지만, 밤이 되면 턱 하니 자리를 차지하고 있었던 것만 봐도 요강이 얼마나 부끄러움과 본능의 충실 사이에서 곡예를 하고 있는지를 상기할 수 있다.

농경사회의 가장 큰 자산, 분뇨

먹고 싸는 문제가 사람이 갖고 있는 본능에 충실한 것이듯 요강은 우리가 지나온 과거의 모습을 충실하게 담아내고 있다. 우리나라에 요강이 등장하게 된 배경부터 우리네 삶의 모습과 밀접하게 연결돼 있기 때문이다.

우리나라 주택구조에서 뒷간은 그 이름처럼 언제나 뒤에 자리하고 있었다. 평민들이 거주하는 주택의 경우에는 본채에서 멀리 떨어진 마당가에 뒷간을 두었고, 양반들이 거주하는 주택의 경우에는 여성 전용의 안뒷간과 남성전용의 바깥뒷간을 따로 두었다. 안뒷간은 안 채에서 떨어진 곳이나 안행랑의 독립된 건물에 두었다. 바깥뒷간은 바깥행랑이나 대문밖에 따로 두었다. 안뒷간이나 바깥뒷간이나 사 용하는 사람의 성별만 다를 뿐 사람이 기거하는 곳과 떨어져 있기는 매한가지였다. 거주하는 곳과 뒷간을 멀리 떨어뜨려 놓는 것은 1970 년대까지 지속되었다.

사람이 기거하는 곳과 멀리 떨어진 곳에 뒷간을 둔 이유는 분뇨의 쓰임과 관련이 깊다. 농경이 경제생활의 중심이 되면서 사람의 분뇨 는 없어서는 안 될 필수불가결한 요소였다. 분뇨가 땅 속에서 숙성의 과정을 거쳐 비옥한 땅을 만드는 거름이 되었기 때문이다. 음식 - 변 - 거름 - 음식으로 연결되는 구조가 탄생된 것이다. 땅의 비옥함이 한 해 농사의 양과 질을 결정하는 중요한 요소였기에 거름은 원활한 농 경을 위해 반드시 필요한 존재였다. 그러므로 대소변을 허투루 내보 내지 않기 위해 등장한 것이 바로 뒷간의 땅 밑에 묻어 놓은 항아리 였다. 우리 조상들은 뒷간 땅 밑에 큰 항아리를 묻어 놓고 그 위에 두 개의 나무판을 걸쳐 가운데에 변을 볼 수 있는 공간을 띄워 놓은 형 태로 구성하였다. 용변 후에는 짚이나 나뭇잎, 채소, 옥수수 수염 등 으로 뒤를 닦고 이를 함께 변기 속에 버려서 분뇨와 함께 퇴비로 사 용하였다.

요강을 사용한 것 역시 조금의 분뇨도 허투루 버리지 않기 위한 방 편이었다. 기거하는 방과 뒷간이 외따로 떨어져 있어 밤에 이동하는

21

것이 불편했던 점도 있지만, 요강에 쌓인 분뇨를 똥항아리에 모아 많은 거름을 얻으려는 목적 역시 있었다. 묻어 놓은 항아리에 어느 정도 분뇨가 채워지면 그것을 똥물장기라고 하는 분뇨 운반용 장기에 담은 후 땅에 뿌렸다. 똥물장기는 분뇨를 퍼내는 입구를 좁게 만들어 분뇨를 운반할 때 쏟아지지 않도록 하였다. 똥물장기는 지게로 지기도 했고, 소의 등이나 우마차에 싣고 운반하기도 하였다.

농경사회가 음식 - 변 - 거름 - 음식의 순환 구조 속에서 지탱되고 있다는 사실을 알기에 우리나라 사람들은 대소변을 불결하다고 생각하지 않았다. 내 입으로 많은 음식이 들어오기 위해서는 많은 양의 거름이 필요한데, 거름을 만드는 일등공신이 바로 분뇨였기 때문이다. 대소변을 불결한 것으로 인식하지 않았기에 우리나라의 길거리에는 대소변이 많았다. 하수시설이 변변치 않은 이유도 있었지만, 대소변을 불결하다고 여기지 않은 생각도 한몫을 하였다. 그러나 구한말 지식인들 가운데는 길거리에 있는 대소변이 우리나라를 미개한 곳으로 보이도록 한다고 주장하는 사람도 있었다. 갑신정변(甲申政變)을 주도한 김옥균(金玉均)이 대표적인 사람이었다. 김옥균이 쓴 『치도약론(治道略論)』에는 근대적 개혁을 위해 조선이 위생(衛生)을 추구해야 한다는 내용이 있다. 그러나 김옥균의 판단은 다분히 산업적인 측면에서 바라본 관점이었다. 농경에 기반을 둔 우리나라 풍토에서 대소변은 농경사회를 지탱하는 중요한 축이었다.

뒷간과 처갓집은 멀수록 좋다

분뇨가 농경사회를 지탱하는 중요한 요소라고는 하지만, 그렇다고 뒷간의 냄새까지 마냥 향기로울 수는 없다. 똥통이 화장실에 떡하고 자리를 잡고 있으니 악취가 나는 건 당연했다. 그렇기에 뒷간은 가급적 사람이 기거하는 곳에서 멀리 떨어진 곳에 자리하도록 하였다.

뒷간의 악취 때문에 우리 조상들은 꽤나 골머리를 썩었다. 뒷간의 벽에 얇게 벽을 친 것도, 앞문도 없이 거적을 걸어 놓은 것도 모두 냄새를 퇴치하기 위한 방편이었다.

그런가 하면 뒷간에 앞문 없이 거적을 걸어 놓은 건 우리 조상들의 지혜가 돋보이는 부분이다. 혹자는 뒷간에 앞문이 없다면 악취가 뒷간 외부로 새어나올 가능성이 많다고 생각할 것이다. 맞는 말이다. 그러나 하나는 알고 둘은 모르는 말이다.

사람이 뒷간에 들어가 용변을 볼 경우를 생각해보자. 만약 앞문이 있어서 용변을 보는 사이 앞문을 닫아놓아야 한다면, 뒷간에서 나는 악취 때문에 아무리 짧은 순간이라도 뒷간에 머무는 것이 곤혹스러웠을 것이다. 그래서 우리 조상들은 뒷간에 앞문을 만드는 대신, 거적을 놓아 바깥 공기와 내부 공기가 자유롭게 통할 수 있도록 하였다. 뒷간에 들어가서 거적이 쳐져 있는 앞쪽을 향해 앉아 용변을 본 것도 바깥을 통해 들어오는 공기를 맡기 위한 방편이었다.

한 가지 재미있는 사실은 조선시대 주택의 경우 대부분의 뒷간에 지붕이 없었다는 점이다. 그렇다면 눈이나 비가 올 때 눈비를 맞으면서 용변을 해결했을 터. 우리 조상들은 왜 이런 불편을 감수하면서까

23

지 뒷간에 지붕을 만들지 않았던 것일까?

이는 분뇨가 한 해 농사의 정도를 좌지우지하는 소중한 거름이었던 탓이 크다. 뒷간의 지붕이 없으면 빗물이 자연스럽게 뒷간의 항아리 속으로 들어가게 되고, 이를 통해 분뇨의 양이 늘어날 수 있기 때문이다. 분뇨의 양이 농사의 성공과 직결되는 시기였기에 우리 조상들은 뒷간에 지붕을 올리지 않았다. 뒷간에 지붕이 없었던 건 농사를 짓는 평민들의 집은 물론, 양반가에서도 마찬가지였다. 양반은 농사를 짓지 않지만 양반들이 부리는 아랫사람들은 농사를 지었으므로 양반의 분뇨도 농사를 풍요롭게 하는 거름으로 쓰였다. 양반의 변이든, 상놈의 변이든 거름으로 사용되는 건 매한가지였다.

호환을 방지하기 위한 지혜

우리나라에서 요강이 생필품이 된 까닭에는 호랑이의 잦은 출몰도 영향을 끼쳤다. 지금은 눈 씻고 찾아도 야생동물의 모습을 볼 수 없지만 조선시대 한양은 야생동물의 천국이었다. 그 가운데에서도 호랑이의 출몰이 잦았다. 조선시대에는 힘센 남자를 가리켜 '인왕산 호랑이'라고 부를 만큼 호랑이에 대한 두려움이 많았다.

특히 인왕산 서쪽 자락의 무악재는 호랑이가 자주 출몰하는 곳이었다. 그곳을 지나려는 사람들은 혼자 가지 않고 열 명씩 집단을 이뤄 갔다. 특히 호랑이를 쫓아내기 위해 꽹과리를 치고, 그것도 부족해 군사들의 호위를 받은 후에야 고개를 넘고는 했다.

호랑이가 출몰한 곳은 산뿐만이 아니다. 『조선왕조실록』에 의

하면 호랑이는 남산, 도봉산, 수락산, 북악산 등 서울을 두르고 있는 산뿐 아니라 사대문 밖의 청량리, 제기동, 아현동, 이화여대 뒷산, 숙명여대 근처인 청파동에도 나타났다고 기록되어 있다. 조선시대 호랑이의 문제가 심각해지면서 『조선왕조실록』에도 호랑이와 관련된 일화는 자주 등장하고 있다.

태조 1년(1392년)
호랑이가 서울에 들어오니 홍국리 사람이 활로 쏘아 죽였다.

태종 5년(1405년)
호랑이가 근정전 뜰에 나타나 군사들이 호랑이를 잡았다.

세조 13년(1467년)
북악산에 호랑이가 나타났다는 제보가 들어오자 세조께서 군사를 이끌고 직접 북악산에 올랐다.

연산군 6년(1500년)
대성전에 호랑이를 가둬 놓고 벽에 뚫은 구멍으로 활을 쏘았다.

선조 40년(1607년)
호랑이가 창덕궁에서 새끼를 낳았다. 선조께서 '창덕궁 안에 어미 호랑이가 새끼를 쳤는데 한두 마리가 아니다'고 하셨다.

영조 28년(1752년)
서울에 호랑이가 많이 돌아다녔다.

고종 6년(1868년)
북악산 등에서 호랑이 다섯 마리를 잡았다.

- 『조선왕조실록』에 등장한 호랑이 관련 사건 -

25

조선시대에 사람이 호랑이에게 화를 입는 호환(虎患)은 지금의 교통사고 사망률보다 높았다. 영조실록 30년(1754년) 4월 19일에는 '경기 지방에 호환이 심하여 한 달 사이에 잡아먹힌 사람이 120여 명이었다'는 기록이 있다.

호환이 상당한 사회문제를 낳았기에 조선시대는 호랑이와의 전쟁이 지금 우리시대의 범죄와의 전쟁만큼이나 심각한 수준이었다. 호랑이로 인해 입는 화가 심해지면서 조선시대에는 호랑이를 잡아온 사람들에게 상을 주었다. 도성 안의 호랑이를 잡기 위해 지방에서 솜씨 좋은 포수를 데려오기도 하였다. 호랑이를 많이 잡은 수령은 승진을 시켰고, 호환이 일어난 고을의 수령은 파직하는 경우도 있었다. 더불어 호랑이를 잡는 특수부대도 있었다. 호랑이 다섯 마리를 잡아오면 당상관 벼슬까지 줄 정도였으니 조선시대 호랑이가 얼마나 골머리를 썩이는 존재였는지 짐작할 수 있다.

낮에도 호랑이가 출몰할 정도였으니 밤에 호랑이가 출몰했을 건 당연한 일이었다. 전기가 없었던 조선의 밤은 그야말로 암흑천지였다. 나라에서 2경(밤 10시)에서부터 5경(새벽 4시)까지를 통행금지 시간으로 정했기 때문에 이 시간에 오가는 사람이 없었다. 밤 10시쯤 통행금지를 알리는 종인 인경을 28번 친 후부터 새벽 4시쯤 치는 파루를 33번 치기 전까지 외부로 다닐 수 있는 사람은 서울 주변을 순시하던 군인인 순라꾼(巡邏軍)*밖에 없었다. 순라꾼은 야간통행금지 시에 도둑이나 화재 등을 경계하기 위해 배치된 군인이다. 야간통행금지를 어긴 이들은 순라꾼들에 의해 지금의 파출소격인 경수소에 구금되었다가 다음날 군영에서 곤장을 맞았다.

칠흑 같이 까만 밤, 더구나 오가는 사람마저 없는 상황은 호랑이가 나타나기에 딱 좋은 상황이었다. 호랑이가 출몰하는 밤 시간 방과 떨어져 있는 뒷간에 가서 용변을 보는 것은 호랑이에게 나를 잡아가라고 말하는 것과 다름 없었다. 이런 까닭에 밤 시간 동안 외부에 있는 뒷간으로 가지 않고 방에 있는 요강으로 용변을 해결하는 건 호랑이의 위협으로부터 목숨을 지키기 위한 노력이었다.

실제로 밤에 뒷간에서 용변을 보다가 화를 입는 경우도 잦았다. 다음에 나오는 전설은 뒷간에 가려다 호랑이에게 잡혀간 이야기이다.

신라 성덕왕 때 상원조사가 이곳에 암자를 짓고 불공을 드렸다.

그러던 어느 날 호랑이 한 마리가 찾아와 입을 벌리고 우는 소리를 내었다. 상원조사가 자세히 살펴보니 호랑이의 목에 큰 뼈다귀가 걸려 있었다.

스님은 호랑이 목에 걸려 있는 뼈를 빼주었는데, 호랑이는 고맙다는 인사도 없이 사라져 버렸다. 그러던 며칠 후 호랑이가 스님을 태우고 어디론가 달려가는 것이 아닌가! 그곳에는 실신한 여인이 있었다. 여인의 머리 위에는 족두리가 올려져 있었다.

놀란 스님은 여인을 데리고 암자로 돌아와 극진하게 간호하였다. 여인이 정신을 차리자 스님이 어떻게 된 일이냐고 물었다.

그 여인의 말인즉, 자신은 상주에 사는 임진사의 딸인데, 신혼 첫날밤에 방에 들기 전 소변을 보기 위해 뒷간으로 가던 중 호랑이를 만나 기절을 하였다고 하였다.

기절 후 깨어난 곳이 이곳이라고 말하였다.

스님은 여인에게 집으로 돌아가라고 말하였으나 여인은 스님과 자신이 부처님이 맺어주신 인연이라며 집으로 돌아가기를 거부하였다.

그러나 상원조사는 자신은 불교에 귀의한 몸이라 부부의 연을 맺을 수 없다고 하였다. 결국 두 사람은 의남매를 맺고 불도를 닦으며 일생을 보냈다.

두 사람이 세상을 떠난 후 상원조사의 제자 '회의화상'이 두 개의 불탑을 세워 그 뜻을 기렸고, 사람들은 그 탑을 남매탑^{**}, 일명 오뉘탑이라고 불렀다.

- 계룡산 남매탑의 전설 -

여인이 뒷간에 가려다 호랑이에게 납치된 것을 알게 된 사람들은 그때부터 밤에는 뒷간을 가지 않고 요강을 사용했다.

호랑이 생존의 최적 환경, 한양

그렇다면 조선시대에는 왜 그리 많은 호랑이가 출몰하였을까? 깊은 산골도 아닌 사람의 거주지에 호랑이가 출몰하였다는 사실은 고개를 갸웃거리게 만든다.

하지만 많은 이들의 예상과는 달리 호랑이는 험한 산을 좋아하는 동물이 아니다. 평퍼짐한 산과 넓은 들판, 큰 강이 흐르는 곳이 호랑이가 살아가기에 최적인 환경이다. 평퍼짐한 산과 넓은 들판, 큰 강이 흐르는 곳하면 떠오르는 곳이 없는가? 바로 서울, 옛 지명으로는 한양이다.

한국 호랑이는 아무르 호랑이로 분류된다. 아무르 호랑이는 일주일에 사슴, 멧돼지와 같은 초식동물 한 마리씩을 먹어야 살 수 있다. 또한 물이 많은 저습지를 좋아한다. 조선시대 중기 전까지 사대문 밖은 울창한 숲이었다. 숲이 우거져서 동물 역시 많았다. 사대문 밖이 울창한 숲이었다는 사실은 조선시대 왕들이 이곳에서 사냥을 즐겼다는 사실에서도 확인이 가능하다. 사냥을 좋아했던 성종은 청계산에서 노루, 사슴, 멧돼지, 토끼 25마리를 잡아 종묘에 바쳤다. 태종은 동대문 밖에서 사냥을 즐겼는데, 고니를 잡아서 태조 이성계와 정종에게 선물로 주었다. 세종은 스스로 사냥을 하지는 않았지만, 겨울이면 군사훈련의 목적으로 군사들이 이곳에서 사냥을 하도록 하였다.

이처럼 사대문 밖이 우거진 숲이었기에 한양에 호랑이가 출몰하는 건 자연스러운 일이었다. 그러나 조선 중기로 가면서 한양에 출몰하는 호랑이 수는 현격하게 줄어들었다. 한양 근처에서 호랑이가 사라진 건 조선이 시행한 호랑이와의 전쟁이 승리해서는 아니었다. 한양 주변의 농지 개간으로 사대문 밖의 숲을 농지로 개간한 덕분이었다. 우거진 숲이 사라졌으니 호랑이의 먹잇감이 되는 동물들 역시 사라질 수밖에 없었다. 호랑이는 먹잇감을 찾아 더 깊은 산골로 들어가야 했다. 결국 호랑이는 사람에 의해 쫓겨난 것이 아니라 먹잇감을 찾아 산속으로 들어갔다고 봐야 한다. 조선 중기 들어 농지 개간이 더욱 꾸준하게 늘어나면서 호랑이가 출몰했다는 기록은 역사의 뒤안길로 사라졌다.

조선시대에는 양반의 분뇨이든, 상놈의 분뇨이든 지위고하를 막론하고 거름으로 사용되었다. 그러나 예외인 사람들이 있었다. 바로 조선시대의 왕과 왕비를 비롯한 왕실의 사람들이었다. 용변은 그 사람의 건강상태를 점검할 수 있는 좋은 재료가 되므로 왕과 왕비의 용변은 곧바로 내의에게 전달돼 용변의 색과 냄새를 점검하도록 하였다. 어떤 경우에는 내의가 왕의 용변을 맛보는 경우까지 있었다.

이처럼 왕과 왕비의 용변을 점검하기 위해 사용하던 이동식변기가 '매화틀'이다. 매화틀은 똥을 뜻하는 궁중용어인 '매우(梅雨)'에서 나온 말이다. '매(梅)'는 대변, '우(雨)'는 소변을 빗대 표현한 말이다. 매화틀은 세쪽은 막히고 한쪽은 터져 'ㄷ'자 모양으로 된 좌변기였다. 매화틀은 나무로 만들어졌지만, 앉기 편하도록 외부를 비단으로 감쌌다. 가운데 구멍이 뚫려 있는데, 구멍 아래로 매화그릇을 두어 그곳에 용변을 받도록 하였다.

매화틀에 용변을 봐야 했기에 왕과 왕비는 배변이나 배뇨의 조짐이 올 즈음이면 복이나인(僕伊內人)을 불러 오라고 하였다. 복이나인은 왕과 왕비의 대소변을 관리하는 나인이었다. 왕의 명령에 따라 복이나인이 매화틀을 가져오면 왕이 그 위에 용변을 보았다. 왕이 용변을 보면 복이나인은 매화틀을 내의원으로 가져갔다. 내의원에서는 용변의 색과 냄새로 왕의 건강을 살폈다.

왕과 왕비는 이동식변기였던 매화틀을 사용하였다고 해도 궁궐에서 생활하던 사람들은 용변을 어떻게 해결했을까? 궁궐 역시 사람 사는 곳이었던 만큼 뒷간은 있었다. 궁궐에서 생활하던 내인들은 뒷간을 '측간' '급한 데' '부정한 데' '작은 집'이라고 불렀다.

경복궁에는 28군데, 창덕궁에는 21군데의 뒷간이 있었다. 궁궐의 뒷간은 뚝 떨어진 별채로 짓거나 본채를 둘러싸고 있는 행각의 일부에 설치하였다. 행각의 일부에 지을 경우에는 행각의 출입문 가까이에 있어 될 수 있는 한 외부와 잘 통하는 곳에 배치하였다. 창덕궁에서 왕비의 침전으로 사용되었던 대조전 뒤에 있는 경훈각에는 지금도 뒷간의 모습이 남아 있다. 궁궐 내에 있는 뒷간은 주로 관원들이나 군인, 궁녀, 내시 등 궁에서 생활하는 사람들이 사용하였다. 그래서 궁궐에 있는 뒷간은 그들이 기거하는 궁궐 외곽 가까이에 주로 있었다.

요강이 생필품이었던 시간은 역사의 뒤안길로 들어갔다. 요강을 접해보지 않은 젊은이들 사이에서 요강은 신기해보이기도 할 것이다. 특히 외국인들이 많이 찾는 인사동에서 요강은 별스러운 물건 취급을 받는다. 방 안에서 용변을 해결했다는 사실이 이해되지 않는 문화이기 때문이다. 사실 지금처럼 화장실이 집안 내부에 있는 상황에서는 요강의 쓰임이 이해되지 않을 수도 있다. 그러나 뒷간이 외부에 있던 우리 옛 생활 속에서 요강은 호랑이로부터의 위협을 막아내고, 농경사회를 받드는 귀한 거름이 되어 주었다.

그러므로 요강이 우리 삶에서 사라진 건 방 안에서 용변을 보는 것이 부끄러워서도, 이성이 본능을 이겨서도 아니다. 산업화에 따라 농경사회가 시대의 저편으로 물러났기에 더 이상 분뇨를 한 곳에 모아둘 필요가 없어져서였다. 역사의 흐름에 따라 요강 역시 역사의 뒤안길로 사라진 것이다.

지금이야 집안 내부에 화장실이 몇 개씩 있어 새벽녘 어설프게 잠에서 깨 요강을 찾을 일이 없어졌지만, 음식 - 변 - 거름 - 음식으로 이어지던 자연의 순환고리에 맞춰 살던 때가 가끔은 그리울 때가 있다.

---

* 순라꾼 : 통행금지를 알린 인경이 울린 뒤에 야간통행금지를 어긴 사람들을 잡으러 다녔던 군인. 한 아이가 술래가 되어 숨은 아이들을 찾아내는 아이들의 장난인 술래잡기는 순라꾼에서 유래된 놀이이다.
** 남매탑 : 계룡산에 있는 두 개의 탑으로 동학사에서 갑사로 넘어가는 연천봉 중턱에 있는 상원암 근처 해발 615m 지점에 있다. 남매탑은 이곳에 청량사가 있었다 하여 청량사지쌍탑이라고도 불린다. 남매탑 중 7층으로 된 석탑은 남자인 스님을 뜻하고, 5층으로 된 석탑은 여인을 뜻한다고 알려져 있다.

요강

부끄러움과 본능 사이의
가파른 곡예

둘

가슴에 주홍글씨가
찍힌 노동자

노비

예측할 수 없기에 가능성이 열려 있고, 예측할 수 없기에 불안한 게 삶이다. 그러나 바꿔 생각하면 가늠할 수 없기에 산다는 건 의미가 있는 것이다. 한 사람이 태어나는 순간 그 사람이 태어나서 죽을 때까지의 삶이 일렬로 나열돼 있다면 그것만큼 갑갑한 것도 없을 것이다. 더구나 정렬돼 있는 운명이 세상의 가장 하층부였다면 그들이 갖는 삶의 피로는 견디기 힘들었을 것이다.

이처럼 태어나면서부터 세상 가장 하층부로서의 운명을 받아들여야 했던 이들이 노비(奴婢)였다. 우리나라에 처음 노비가 등장한 건 고조선 때였다. 「팔도금법」에는 '도둑질을 하면 노비로 삼는다'는 기록이 남아 있다. 당시만 해도 노비가 신분적인 굴레가 아니라 죄에 대한 형벌이었음을 알 수 있다.

노비가 신분적으로 세습되기 시작한 건 삼국시대에 이르러서다. 당시 고구려, 신라, 백제는 자국의 영토 확장을 위해 치열한 전쟁을 벌였다. 그 과정에서 전쟁에 패한 나라의 국민은 전쟁포로가 되어 승리한 나라로 끌려갔다. 승전국(勝戰國)으로 끌려간 전쟁포로들은 전쟁에 공을 세운 사람에게 상으로 내려졌다. 신라의 화랑이었던 사다

35

함(斯多含)은 대가야 정벌에서 선봉으로 나선 공을 인정받아 가야인 300명을 노예로 받았지만 하사 받은 노예 모두를 풀어주었다.

그러나 삼국시대만 해도 노비의 수가 많은 건 아니었다. 통일신라 시대의 문서인 「신라촌락문서」를 보면 4개 촌락의 442명 가운데 노비는 25구(口)였다. 10분의 1도 되지 않던 노비가 조선 성종 때는 총인구인 340만 명 가운데 3분의 1에 해당하는 150만 명에 이르렀다. 1653년 조선에 체류했던 네덜란드인 하멜(Hendrik Hamel)은 『하멜표류기』에 '우리는 200~300명의 노예를 가진 양반을 보았다'라고 기록할 정도로 노비가 넘쳐났다. 당시 세 꽤나 누린다는 양반은 백여 명 이상의 노비를 소유하고 있는 게 기본이었다.

그렇다면 왜 이렇게 노비가 늘어나게 된 것일까? 바로 여기에 노비의 아픔이 숨어 있다. 노비는 부모 가운데 한 명만 노비라 할지라도 노비가 되는 종모법(從母法)을 따르고 있었다. 종모법이란 노비의 신분과 소유권을 동시에 규정한 것으로, 어머니가 노비이면 자식도 노비가 되고, 그 소유권도 어머니의 주인한테 있다는 것이다. 어머니가 주인집에 의지해 살았고, 자식을 낳았기 때문에 소유권이 자연히 주인에게 있다는 의미였다. 대를 이어 주인의 소유가 되는 만큼 처음에는 소수의 노비를 소유하고 있던 이들도, 몇 대만 걸치면 엄청나게 많은 노비를 거느리게 되었다.

요즘이야 가난의 세습이 부모의 가슴을 후벼파는 말이라지만, 노비라는 신분을 세습했던 부모의 마음은 오죽했을까 싶다.

소유 주체에 따라, 주거 형태에 따라 다른 노비

노비의 수가 늘어나면서 노비의 구성 역시 다양해졌다. 일단 노비는 소유 주체에 따라 공노비(公奴婢)와 사노비(私奴婢)로 나뉜다. 공노비는 관청에 소속되어 잡역을 하고 그 대가로 급료를 받아 생활하는 이들이었다. 공노비는 개인이 아닌 관청에 소속된 만큼 사노비에 비해 처우가 나은 편이었다. 결혼해서 가정을 꾸릴 수도 있고, 재산을 소유할 수도 있었다. 공노비의 경우 60세가 되면 정노제(丁老制)에 의해 면역되었는데, 정노제는 오늘날의 정년퇴직과 같은 의미였다.

사노비는 말 그대로 개인이 소유하고 있는 노비였다. 대부분 부와 명예를 지닌 양반이 소유하고 있었다. 사노비는 주인과 함께 사는 솔거노비(率居奴婢)와 주인과 따로 사는 외거노비(外居奴婢)로 나뉘었다.

사극에 등장하는 주인과 함께 살면서 노동력을 수행하는 이들이 솔거노비에 해당된다. 솔거노비는 주인의 집에 머물며 노동력을 수행하였다. 주인과 함께 사는 만큼 노동의 시간도, 노동의 강도도 무제한이었다. 공노비가 정노제에 따라 60세가 되면 면역이 되는 것에 반해 솔거노비는 세상을 마치는 날까지 노동력을 수행하여야만 했다.

조선 영정조시대의 문객인 노긍(盧兢)이 자신의 노비였던 막돌이를 위해 작성한 제문에는 노비의 고달픈 삶이 고스란히 드러난다.

또 가난한 집에 종살이하면서 두 눈이 늘 피곤하며
단 하루도 일찍 자고 느지막이 일어나 등 긁고 머리를 흔들면서
맑게 노래하며 환하게 즐거워해본 적이 없었기에

내가 이를 부끄럽게 생각한다.

그러나 만약 그 배를 가른다면 반드시 붉은 것이 있어 마치 불처럼 땅 위로 솟구쳐 오를 것이니 평생 주인을 향한 마음이 담긴 피인 줄을 알 것이다.

- 노긍(盧兢)이 쓴 제망노막석문(祭亡奴莫石文) -

위의 글에서 알 수 있듯 솔거노비는 주인과 주종관계를 형성하면서 완벽하게 주인의 소유물로 존재하는 이들이었다. 주인보다 일찍 일어나고 주인보다 나중에 잠들며 철저하게 주인의 삶에 맞춰 살아가야 했다.

노비가 주인의 소유임을 보여주는 것이 호적이다. 솔거노비는 별도의 호적 없이 주인의 호적에 부록 형태로 첨가되어 있었다. 주인의 소유물인 만큼 솔거노비는 매매, 상속, 증여가 가능했는데 『경국대전(經國大典)』에서는 16세 이상 50세 이하의 노비는 저화 4천장, 16세 이하 50세 이상은 3천장으로 정해 놓고 있다.

종종 사극에서 주인이 노비에게 매질을 하는 걸 보게 되는데, 이는 법적으로 문제가 되는 일이 아니었다. 주인은 사노비를 죽이는 경우에만 관청에 보고하면 됐을 뿐, 죽음 이외에는 어떤 형벌도 가할 수 있었다. 하지만 반대로 노비가 주인을 고발하는 것은 강상을 어지럽힌다는 명목으로 엄하게 다스렸다. 다음에 나오는 『성종실록』을 보면 당시 지배층이 노비를 어떻게 생각했는가가 읽혀진다.

만일 아무 집 종 아무개가 와서 우리 주인이 죽였다고 고발하면 국가에서 반드시 그 공에 상을 주어 천인을 면하게 할 것입니다.

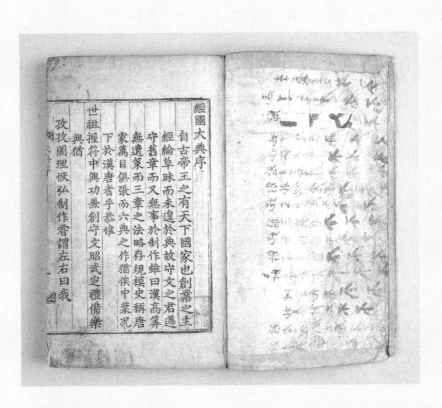

경국대전(經國大典)

조선왕조의 기본 법전으로, 세조의 명으로 편찬을 시작하여 성종 16년(1485년) 성종 대
에 완성되었다. 조선 초기 『경제육전(經濟六典)』과 그 뒤의 법령을 종합하여 여러 차
례 개정을 거쳐 만들었다. 조선의 통치체제는 『경국대전』을 바탕으로 정비되었다.
국립중앙박물관.

이렇게 되면 듣는 자들이 '아무개는 주인을 고발하여 양민이 되었다'고

하여 남의 종이 된 자가 모두 딴마음을 품을 것이니,

이를 조장할 수는 없습니다.

- 『성종실록』 9년(1478년) 1월 22일 -

지배층의 입장에서 노비는 아무런 저항 없이, 오래도록 자신들의 명령에만 따르기를 바랐던 것이다. 이런 까닭에 노비는 모반(謀反)이 아닌 이상 주인을 고발할 수 없었으며 만일 노비가 주인을 고발할 경우에는 오히려 노비가 교살되었다.

솔거노비와 다르게 주인과 따로 떨어져 사는 노비가 외거노비이다. 외거노비는 신분적으로 주인에게 예속되어 있었으나 경제적으로는 양민처럼 독립된 생활을 하였다. 외거노비는 주인의 토지를 경작해 수확의 일부를 바치는 일꾼의 개념이었다. 외거노비의 경우 별도의 경제활동을 하는 것도 가능했다. 별도의 거주지에서 생활하던 외거노비는 자신의 호적을 가지고 있었다. 하지만 호적에 주인을 밝히고 있다는 점에서 외거노비 역시 주인의 소유물이기는 매한가지였다.

사대부의 나라에서 양반의 손발이 되다

그렇다면 당시 양반들은 왜 한 집안에 백여 명이 넘는 노비들을 거느리며 살았을까?

조선은 사대부의 나라였다. 조선시대가 왕조국가였다는 이유로

왕이 조선의 중심이었다고 생각하기 쉽지만 이는 사실과 다르다. 조선시대의 왕은 사대부로 대변되는 양반들의 뜻을 반영해 나라를 다스리는 군주일 뿐이었다. 왕은 정치기관이던 의정부(議政府)를 통해 끊임없이 견제를 받았고, 의정부에 소속된 사대부들은 자신들의 뜻을 끊임없이 왕에게 관철시키려 했다. 벼슬에 나가지 않았던 양반들 역시 왕권의 독점을 견제하였다. 사원을 중심으로 학파라는 집단을 구성해 자신들 학파에서 내세우는 논리를 왕에게 관철시켰다.

조선의 중심이자 권력층이던 사대부의 손발 역할을 했던 이들이 바로 노비였다. 노비는 사대부를 비롯한 양반이 갖고 있는 또 다른 손으로서 양반의 생활에 관련된 모든 것을 대신해주는 존재였다.

노비의 하루 일과는 철저하게 양반에게 맞춰졌다. 새벽에 일어나면 양반의 등불을 켜주고, 세숫물과 밥상을 갖다 바쳤다. 집을 나설 때면 의관을 입히고 신발을 대령했다. 양반이 제손으로 하는 것이라곤 변을 보는 것과 음식을 먹는 일밖에 없었다. 이런 생활은 집 밖에서도 별반 다르지 않았다. 외출을 할 때면 반드시 말 한 필과 종 한 명을 데리고 다니는 게 그 시대의 풍속일 만큼 노비는 양반에게 꼭 필요한 손발이었다. 세를 누리는 양반댁이라면 으레 백여 명의 노비를 부릴 정도였으니 1퍼센트의 양반이 99퍼센트의 노비를 소유하는 형국이었다.

양반 역시 노비를 자신의 또 다른 손으로 여겼다. 양반의 수족인 노비를 폐지하려는 움직임이 일어나자 양반들은 노비는 자신들의 손이라면서 단호히 거부하였다.

우리나라에서 노비법을 숭상하면서부터

사대부는 노비에 의지하여 살게 되었습니다. (중략)

대저 토지는 사람의 명맥이고 노비는 선비의 수족이라

서로 경중이 같으니 편벽되게 폐지할 수 없습니다.

- 세조 14년(1468년) 양성지(梁誠之)가 임금에게 올린 상소문 中 -

　

노비가 양반의 수족이었다고 해서 노비와 양반의 관계가 일방적인 것만은 아니었다. 양반은 노비를 수족처럼 부리는 대신에 노비의 생활을 책임져야 했다. 남종에게는 매달 쌀 다섯 말을, 여종에게는 매달 쌀 세 말씩을 지급하고 철따라 옷을 지어 입도록 베 반 필씩을 주었다. 노비가 병이 들거나 억울한 일을 당했을 때 그 일을 처리해주는 것 역시 양반의 몫이었다.

조선 중기의 문신이던 미암(眉巖) 유희춘(柳希春)은 「정훈(庭訓)」이라는 글에서 자신의 노비 부리는 방법을 적어 두었다.

　

함께 웃으면서 얘기하지 않는다.

노비가 소유한 물건을 빼앗지 않는다.

금령(禁令)을 명백히 밝혀준다.

까다롭게 살피지 않는다.

죄가 드러나지 않으면 포용한다.

죄가 이미 드러났으면 적절히 매질한다.

자복하고 사실을 아뢴자는 죄를 덜어준다.

근거없는 말로 남에게 죄를 전가하는 자는 더욱 벌한다.

일한 만큼의 대가를 받는 상황에서 노비는 분업화된 형태로 집안일을 하였다. 수십, 수백 명에 이르는 양반댁의 노비는 자신의 업무 영역을 정해놓고 그 일만을 처리하였다. 현대적인 개념으로 말해 신분이 세습된다는 점을 제외하면 노비는 양반댁이라는 회사에 소속된 직원이었다. 노비는 양반의 수족이 된 대가로 쌀과 베라는 급여를 받았다.

사노비의 경우 매매와 증여가 가능했다는 점에서 노비는 고용불안에 시달리는 비정규직 노동자와 닮아 있다. 노비가 주인을 고발하는 걸 엄하게 다스렸다는 점에서 비정규직 노동자가 처우 개선을 위해 목소리를 높일 수 없는 지금의 현실과 비슷하다.

그러나 노비가 지금의 비정규직 노동자보다 처우가 나은 점도 분명히 있었다. 노비에게도 엄연히 휴가가 있었던 것이다.

이 때문에 살림과 식량이 모두 없어져 폐단이 크다.

앞으로 휴가자가 기간 내에 상경하지 못하면

그 동안 공문을 보내 독촉하고 그가 상경하기를 기다려 죄를 다스려라.

- 『세종실록』 2년(1420년) -

위의 내용은 노비의 휴가제도를 악용하는 관인들의 사례를 금하라는 세종의 어명이다. 당시 관청에서 근무하는 공노비들이 제날짜에 휴가에서 돌아오지 않을 경우 돈을 물리는 경우가 있었는데 이것을 안 세종이 폐단을 다스리기 위해 내린 명이었다. 지금의 비정규직 노동자가 눈치가 보여 제대로 휴가를 못 쓰는 것에 반해 조선시대는 노비도 마음 놓고 휴가를 썼다는 점에서 부러움마저 든다.

비정규직 노동자보다 나았던 노비의 휴가

조선시대 노비에게는 정기휴가뿐 아니라 출산휴가도 있었다. 조선시대에 노비들의 출산휴가를 만든 이 역시 세종이었다. 세종대왕이 집권하던 조선 초기는 정치, 경제, 사회적으로 안정된 시기였다. 태평성대라고 불릴 만큼 안정되자 세종은 백성들의 삶을 평안하게 하기 위해 다양한 정책을 시행하였다. 백성을 생각하는 그의 마음은 신분제 가운데 가장 하층부였던 노비에게까지 닿았다.

1426년 세종은 관청에 소속된 계집종이 아이를 출산하면 100일 출산휴가를 주라는 어명을 내렸다. 종전에는 출산 후 여드레가 되는 날에 업무 복귀를 해야 했던 걸 생각하면 실로 파격적인 복지였다.

그뿐만이 아니다. 1430년 세종은 출산 전에도 휴가를 주라는 명을 내렸다. 출산 직전까지 과도하게 일을 해 노비가 아이를 낳다가 죽는 경우가 비일비재했기 때문이었다.

옛적에는 관청의 계집종이 아이를 낳을 때면
출산하고 7일 후에 복무하게 했는데 내가 100일간의 휴가를 주게 했다.
이는 아이를 버려두고 복무하면 아이가 해롭게 될까 염려한 까닭이다.
그런데 산기에 임박하여 복무하다 몸이 지치면
집에 가기 전에 아이를 낳는 경우가 있다.
그러므로 산기에 임하여 1개월간의 복무를 면제하라.

- 『세종실록』 12년(1430년) -

현재 출산휴가가 3개월인 걸 봤을 때, 출산 전 한 달 휴가까지 합해 4개월의 휴가를 받았던 조선시대 노비의 출산휴가는 실로 파격적인 복지였다. 더구나 그로부터 수백 년이 지난 지금도 비정규직 노동자의 경우 출산휴가를 다녀왔을 때 일자리가 남아 있을까 두려워하는 걸 떠올리면 출산휴가만큼은 지금의 비정규직 노동자보다 조선시대 노비의 복지가 좋았던 셈이다.

백성의 삶을 살피는 세종의 마음씀씀이는 이뿐만이 아니었다. 계집종의 남편에게도 아내의 출산을 도우라는 명목으로 한 달의 휴가를 주었다.

관청의 계집종이 아이를 배어 출산이 임박한 자와 산후 100일 안에

있는 자는 일을 시키지 말라는 것은 일찍이 법으로 세운 바 있다.

그런데 그 남편에게는 휴가를 주지 않아 산모를 구호할 수 없다.

이는 부부가 서로 구원하는 뜻에 어긋날 뿐 아니라

이 때문에 목숨을 잃는 일까지 있어 진실로 가엾다.

이제부터는 계집종이 아이를 낳으면 그 남편도 30일간 휴가를 주어라.

- 『세종실록』 16년(1434년) -

놀라운 사실이다. 남편이 아내의 출산 시에 얻는 출산휴가는 현 시대에서 가장 선망 받는 직업인 공무원조차 사흘 밖에 사용하지 못한다. 그러나 이마저도 사기업에 비하면 언감생심이다. 사기업에 근무하는 사람의 경우 아내가 출산을 할 때면 하루나 반나절 정도의 휴가를 사용하는 게 고작이기 때문이다. 지금도 어려운 남편의 출산휴가가 조선시대, 그것도 노비에게 존재했다는 사실이 놀랍다.

세상은 변하기에 흘러간다

하지만 노동에 대한 임금과 휴가가 있었다고 해도 그들은 양반의 손발이 되는 노비일뿐이었다. 그러나 알 수 없는 게 인생이라고 하지 않던가. 볕뜰날 없이 그날이 그날일 것 같던 노비들에게도 볕뜰날이 찾아왔다. 철옹성처럼 견고할 것 같던 노비제가 조금씩 허물어지기 시작한 것이다.

처음 노비제가 흔들리기 시작한 건 16세기 조선의 재정이 악화된

탓이 컸다. 16세기에 접어들면서 조선의 재정은 날로 악화되었다. 국가 재정이 악화될 경우 선택할 수 있는 방법은 나라 살림을 줄이는 것과 세금 징수를 늘리는 일이다. 조선은 세금 징수를 늘리는 방법을 선택하였다. 그 가운데 하나가 돈을 내어 납속하는 노비를 양민으로 면천하는 납속제(納粟制)였다. 처음 나라에서 납속제를 도입하고자 했을 때 양반들은 자신의 수족이던 노비와 같은 하늘 아래 살아야 한다는 사실에 분개하였다. 거세게 반발했지만 나라 살림을 꾸려가야 한다는 명분 앞에서 양반의 기득권은 고개를 숙일 수밖에 없었다.

또 하나, 임진왜란이 발발한 것도 굳건했던 노비제에 금이 가는 단초가 되었다. 임진왜란을 겪으며 군사력 부족에 허덕이던 조선은 전쟁에서 공을 세운 노비를 면천해주는 군공제(軍功制)를 실시하였다.

임진왜란 당시 영의정이던 유성룡(柳成龍)은 군역에서 제외되었던 양반은 물론 노비까지 군사가 될 만한 장정은 모두 대오(隊伍)에 편성하게 하였다. 유성룡의 명에 따라 노비와 양반이 함께 편성된 부대가 속오군(束伍軍)이다. 유성룡은 노비에게 군공(軍功)을 세우면 양인(良人)으로 속량해주고 벼슬까지 주는 면천법(免賤法)을 제시하면서 전쟁에서 공로를 세우라고 종용하였다.

면천법으로 신분 상승이 보장된 상황에서 노비들은 많은 군공을 세웠다. 유성룡의 『진관관병편오책(鎭管官兵編伍冊)』에는 노비 출신들이 간부가 된 경우가 나온다. 33명의 병사 중 22명이 노비 출신일 만큼 노비들은 전쟁에서 큰 공을 세웠다.

노비로 태어난 이상 노비로 생을 마쳐야 하는 줄만 알았던 노비들에게도 새로운 세상이 도래한 것이다. 납속제와 군공제를 통해 하나,

둘 노비에서 양민으로 면천하는 이들이 생겼고, 순응하는 삶이 아닌 개척하는 삶을 살아가려는 노비들이 늘어났다.

17세기에 들어 노비의 면천은 더욱 활발해졌다. 『속대전』에 의하면 쌀 열세 석을 지불하면 사노비가 양민이 될 수 있을 만큼 노비의 면천은 합법화되었다. 그 결과 조선 초 총인구의 3분의 1에 달하던 노비들은 19세기에 이르러 10분의 1이 될 만큼 줄어들었다.

조선 후기 신분 변동

연 도	양반호	상민호	노비호	합계
1729년(영조 5년)	26.29	59.78	13.93	100
1765년(영조 41년)	40.98	57.01	2.01	100
1804년(순조 4년)	53.47	45.61	0.92	100
1867년(고종 4년)	65.48	33.96	0.56	100

정석종, 『조선후기 사회변동 연구』, 일조각, 1983.

노비 인구가 줄어들고 신분해방의 가능성이 짙어지자 면천에 대한 노비들의 열망은 더욱 강렬해졌다. 납속제와 군공제를 통해 면천을 노리던 노비들이 신분제 자체에 대항하기 시작하였다. 양반의 손과 발이 되어 살아가던 노비가 사고하고 행동하는 하나의 생명체로서 목소리를 내기 시작한 것이다.

노비제 폐지에 대한 움직임은 거대한 물결이 되어 노비해방 운동으로 연결되었다. 사람답게 살아보겠다는 노비들의 욕구는 결국 1886년 2월 5일 고종으로 하여금 노비세습제 폐지를 단행하게 하였다. 8년 후 갑오개혁을 통해 양반 - 양인 - 천민으로 이어지는 신분제가 폐지되면서 노비제는 역사의 뒤안길로 사라지게 되었다.

노비제의 폐지는 전통적 지배질서였던 신분제가 무너졌다는 점에서 많은 의미를 갖고 있다. 그러나 노비제가 폐지된 지 백년 후인 지금, 전통적 지배질서가 무너진 자리에는 현대적 지배질서가 자리하고 있다. 노비제가 신분에 의해 세습되는 것이었다면 현대적 지배질서는 자본에 의해 세습되고 있다. 자본에 의해 더 좋은 환경과 교육 속에서 자라난 사람은 정규직으로, 그렇지 못한 사람은 고용안정을 보장받지 못하는 비정규직으로 살아가고 있다. 정규직으로 번듯한 직장에서 생활한 사람이 더 좋은 환경과 교육 속에서 자녀를 윤택하게 키우는 데 반해 고용불안에 시달리는 비정규직은 자녀를 키우는 데 어려움을 겪고 있다. 노비가 신분제의 고리에 매어 있었다면, 지금은 자본의 고리에 매어 있다는 사실이 안타까운 현실이다.

셋

한숨 한 모금 연기로 나가는

담배

약용식품으로 조선에 발을 들여 놓다

　시대에 따라 사물이 갖고 있는 의미는 달라진다. 담배 역시 시대의 흐름에 의해 의미가 달라진 물건이다. 지금이야 담배가 현대인의 건강을 위협하는 공공의 적이 되었지만, 처음 담배가 우리나라에 들어올 때는 몸에 좋은 약초로 인식되었다.

　우리나라에 담배가 처음 들어온 건 광해군 시절이던 1616년이었다. 담배를 약초로 인식했다는 사실은 처음 우리나라에서 담배를 불렀던 명칭에서 고스란히 드러난다. 『인조실록』에 따르면 당시 우리나라 사람들은 담배를 남쪽에서 온 신비한 풀이라는 의미의 '남령초(南靈草)'라고 불렀다.

남령초는 일본에서 생산되는 풀인데 그 잎이 큰 것은 7~8촌쯤 된다.
가늘게 썰어 대나무 통에 담거나 때로는 은이나 주석으로 통을
만들어 담아서 불을 붙여 빨아들이는데, 맛은 쓰고 맵다.
가래를 다스리고 소화를 돕는다고 하는데,
오래 피우면 왕왕 간의 기운을 손상시켜 눈을 흐리게 한다.
이 풀은 병진(1616년)·정사(1617년) 연간부터 바다를 건너 들어와

피우는 자가 있었으나 많지 않았는데, 신유(1621년)·임술년(1622년)

이래로는 번번이 차와 술을 담배로 대신하기 때문에

혹은 연다(煙茶)라고 하고 혹은 연주(煙酒)라고도 하였고,

심지어는 종자를 받아서 서로 교역까지 하였다.

- 『인조실록』 16년(1638년) 8월 4일 -

담배는 병든 사람에게 좋은 약초, 소화를 잘 되게 하는 약초, 회충을 없애주는 약초로 인식된 탓에 남녀노소 할 것 없이 빠르게 전파되었다. 몸에 좋다는 것을 마다할 사람은 없기 때문이다. 그래서 지금처럼 흡연이 건강을 해치는 것으로 인식된 상태에서는 꿈도 못 꿀 일이 벌어지기도 하였다. '연기 나는 차'라는 의미로 연다라는 이름을 붙여 손님을 접대할 때 차나 술 대신에 권하는 풍습이 그것이었다.

약용식품이라는 장점과 손님에게 권하는 식품이라는 풍습은 담배의 대중화에 날개를 달아주었다. 이후 담배는 남녀노소는 물론 지위 고하를 막론하고 대중적으로 널리 퍼졌다. 담배가 조선에 들어온 지 채 십 년도 지나지 않아 국토에 담배 연기가 자욱해졌다.

효종의 장인인 장유(張維)는 1635년에 펴낸 『계곡만필』에서 담배를 피우지 않는 사람이 없다고 적어 놓고 있다.

담배를 흡연하는 것은 본래 일본으로부터 왔다. 일본인은 그것을

담바괴라고 하는데 그 풀은 남양(南陽)의 나라에서 왔다고 한다.

우리나라에는 20년 전에 비로소 전래되었는데,

오늘날에는 위로는 공경대부로부터 아래로는

목동의 천인까지 피우지 않는 사람이 없다.

- 장유의 『계곡만필』 中 -

당시 조선에서 피우던 담배는 잎담배였다. 담뱃잎을 말려서 잘게 부순 다음 이것을 담뱃대에 담아서 불을 붙여 피웠다. 지금이야 담배 연기를 걸러주는 필터가 있어 덜하지만, 필터 없이 온 입으로 연기를 빨아들인 조선시대의 담배는 상당히 독했다.

신분제 사회였던 조선은 양반과 평민이 사용하는 담뱃대마저 달랐다. 양반이 사용하던 담뱃대는 사람의 한 팔 길이만큼 긴 장죽이었다. 장죽은 담배를 담는 부분과 입에 닿는 부분은 놋쇠로, 몸통 부분은 대나무로 만들어졌다. 그런데 장죽은 담배를 태우는 담배통과 빨아들이는 물부리, 그리고 담배통과 물부리를 연결하는 설대가 먼 까닭에 누군가의 도움 없이 혼자서 담배를 피울 수가 없는 구조였다. 그래서 양반들은 담배를 피울 때면 하인을 불러 담배쌈지에 담겨 있는 담배를 손으로 덜어 담배통에 넣도록 하였다. 그 뒤 자신은 물부리를 통해 담배를 빨아 들였다.

누군가의 도움 없이 담배를 혼자 피워야 했던 서민들은 상대적으로 설대가 짧은 곰방대를 애용하였다. 곰방대는 주로 나무로 만들어졌는데, 평민이 놋으로 된 곰방대로 담배를 피운다던가, 양반이 사용하는 장죽으로 담배를 피우는 것은 양반을 능멸한 죄목으로 벌을 받았다.

은 가격과 맞먹은 고가품, 담배

　그렇다면 당시의 담배 가격은 어땠을까? 당시 담배 가격은 상당히 비쌌다. 전래되자마자 급속히 보급된 탓에 많은 사람들이 담배를 피우게 되었고, 수요와 공급의 원칙 아래 담배의 가격은 급등하였다. 인조 시절에는 담배 1근이 은(銀) 1냥으로 거래될 정도였다. 지나치게 비쌌던 담배 가격에 대한 풍자는 당시 경상도에서 불려지던 민요에서도 드러난다.

귀야 귀야 담바귀야 동래 울산의 담바귀야

은을 주러 왔느냐 금(金)이나 주려고 왔느냐

은도 없고 금도 없어 담바귀 씨를 갖이고 왔네

저기저기 저 산 밑에 담바귀 씨를 솔솔이 뿌려(이하 생략)

- 경상도 민요 -

　담바귀는 담배의 영문인 Tobacco를 우리나라 발음으로 읽은 말이다. '은도 없고 금도 없어 담바귀 씨를 갖이고 왔네'라면서 은근슬쩍 은과 금만큼이나 비싼 담배 가격을 꼬집고 있다.

　담배 가격이 비쌌기에 흡연은 서민들 가정에 상당한 부담이 되었다.

　담배가 갖고 있는 가장 심각한 문제는 중독성을 갖고 있다는 것이다. 조선시대 사람들 역시 담배의 중독성에 시달리기는 매한가지였다. 처음 담배가 들어올 때는 담배를 약용식품으로 인식하였지만, 그런 인식과는 별개로 담배는 대중들에게 중독성을 야기하였다. 때문에 흡연에 길들어진 사람들은 은과 맞먹을 정도의 비싼 가격을 지불해서라도 담배를 구입할 수밖에 없었다.

경제적으로 여유가 있는 양반들은 비싼 가격에 아랑곳없이 담배를 샀지만, 경제적으로 여유가 없던 평민들은 담배를 마음껏 구입할 수 없었다. 그래서 평민들은 담뱃잎과 한약재를 섞어서 피웠다. 그마저 여력이 안 될 경우에는 아예 한약재만을 피웠다.

흡연자가 늘고, 담배 가격이 상승하자 담배 재배가 돈이 되겠다고 생각한 사람들이 늘어났다. 처음에는 텃밭에 담배를 재배하는 정도였지만, 담배가 돈이 된다는 걸 확인한 후에는 담배 재배 면적이 크게 늘어났다. 담배의 거래 역시 활발해서 163개의 장터에서 담배가 거래되었다. 담배 재배가 성행하면서 쌀과 채소 농사를 위협할 만큼 많은 수의 사람들이 담배를 재배하기 시작하였다.

이는 국가적인 관점에서 볼 때 상당히 심각한 문제였다. 농경을 기본으로 하는 농경사회의 근간이 흔들리는 일이요, 우리의 주식인 곡물 생산량이 줄어드는 문제였기 때문이다. 정조는 그의 문집 『홍재전서』에서 이를 우려하는 말을 하였다.

벼는 지대가 높고 건조한 곳에서 가꾸고
기장은 비옥한 평지에 뿌리는가 하면
좋은 땅은 모두 담배와 차를 심어
농사가 위태롭게 되고 명산(名山)은 대부분 화전(火田)으로
들어가 곡식이 더 흔해지지 않고 있다.

　　　　　　　　　　　- 정조 문집 『홍재전서(弘齋全書)』 中 -

김홍도의 풍속화 중 담배썰기

넓은 담배 잎의 뼈다귀를 추려낸 다음 작두판에 눌러서 썰어내고 있는 광경을 그린
그림이다. 작두를 누르는 인물의 과장된 어깨 모습이나 저고리를 벗어 붙이게 하는
더위 속에서도 책을 펴놓고 있는 주인의 동작 등이 다소 어색한 느낌을 준다. 앞쪽
풍경에는 역원근법을 적용해 화면 속으로 들어간 듯한 현실감을 살렸다.
국립중앙박물관.

담배로 인해 화재가 늘어나고 있다는 점 역시 조선이 앓고 있는 골머리 가운데 하나였다. 담배를 피우는 데만 열중하고 사후처리에 소홀한 탓에 담뱃재로 인한 화재가 빈번하게 일어났다.

동래에 있는 왜관에 화재가 발생하여 건물 80간을 모두 태웠다. 임술년(1622년)에도 큰 화재가 발생했다. 대개 왜인들이 담배를 즐겨 피워서 떨어진 담뱃재로 일어난 것이다.

- 광해군일기 15년(1623년) 2월 15일 -

평민들의 주택이 초가집으로 이뤄진 조선시대의 주택구조에서 화재는 한순간에 모든 재산을 날려버리는 심각한 문제였다. 그런 만큼 항상 불에 노출되어 있는 담배는 위험 물질이었다.

그러나 담배가 사회적으로 이득을 준 일도 있었다. 병자호란 때 여진족이 데려간 조선인 포로를 송환하는 과정에서 담배는 요긴하게 사용되었다. 1636년 병자호란이 발발했을 당시 여진족들은 조선인 포로로 10만 명이나 되는 사람을 청나라로 데리고 갔다. 전쟁이 끝난 후 조선에서는 포로들을 데리고 오기 위해 노력하였으나 가족을 포로로 보낸 사람들은 조선과 여진족의 협상이 성사될 때까지 기다릴 여유가 없었다. 그들은 개별적으로 청나라로 가서 포로가 된 가족들을 데려오기 위해 노력하였다. 그때 여진족의 관료들은 담배에 반한 상태였기에 담배는 포로를 빼내오는 뇌물 역할을 하였다.

담배가 가져오는 사회적인 패악이 늘어나면서 담배를 둘러싼 호불호의 논쟁은 이때부터 시작되었다. 담배에 대해 가장 적확한 비판을 한 이는 이익(李瀷)이었다. 그는 담배의 해악을 분명하게 알고 있었다. 그가 담배를 비판한 내용 가운데는 요즘 시대에 담배가 비판받는 이유와 유사한 점이 많다.

담배가 가래가 끓고, 소화가 안 되고,
신물이 올라올 때, 추위를 막을 때 효과가 있기는 하지만
전체적으로는 해로움이 더 많다.
안으로는 정신을 해치고, 밖으로 듣고 보는 것을 해친다.
머리가 담배의 해독을 받게 되면 쭈글거리게 되고,
이가 담배의 해독을 받게 되면 일찍 빠지며,
살이 담배의 해독을 받으면 여위어 보이게 된다.

- 이익(李瀷)의 『성호사설(星湖僿說)』 中 -

이에 반해 담배를 매우 좋아한 사회 지도층도 있었다. 바로 정조이다. 정조는 지금으로 말하면 애연가(愛煙家)에 해당된다. 정조가 흡연을 하던 당시는 처음 우리나라에 담배가 들어왔을 때처럼 약용식품으로 인정되던 시기는 아니었다. 담배를 받아 들인지 오랜 시간이 지나 담배가 중독성을 갖고 있고, 사람 몸에 유용하지 않다는 정도는 알게 된 시기였다. 그러나 유독 정조는 자신의 문집인 『홍재전서』에서

담배가 자신의 몸에 잘 맞는다고 말하고 있다.

> 나는 어릴 적부터 다른 기호품은 없었으나 오직 책 읽는 것을
> 좋아하였으니, 연구하고 탐닉하느라 마음과 몸에 피로가 쌓인 지
> 수십 년에 책 속에서 생긴 병이 마침내 가슴속에 항시 막혀 있어서
> 혹 뜬눈으로 밤을 지새우기도 하였다.
> 그리고 즉위한 이래로는 책을 읽던 버릇이 일체 정무로까지 옮겨져서
> 그 증세가 더욱 심해졌으므로 복용한 빈랑나무 열매와 쥐눈이 콩만도
> 근이나 포대로 계산하여야 할 정도였고, 백방으로 약을 구하여
> 보았지만 오직 이 남령초에서만 힘을 얻게 되었다.
> 화기(火氣)로 한담(寒痰)을 공격하니 가슴에 막혔던 것이
> 자연히 없어졌고, 연기의 진액이 폐장을 윤택하게 하여
> 밤잠을 안온하게 잘 수 있었다.
> 정치의 득과 실을 깊이 생각할 때에 뒤엉켜서 요란한 마음을
> 맑은 거울로 비추어 요령을 잡게 하는 것도 그 힘이며,
> 갑이냐 을이냐를 교정하여 추고(推敲)할 때에 생각을 짜내느라
> 고심하는 번뇌를 공평하게 저울질하게 하는 것도 그 힘이다.
>
> — 정조 문집 『홍재전서(弘齋全書)』 中 —

　정조의 이 말을 읽다보면 절로 웃음이 난다. 정조가 말하는 담배가 좋은 까닭이 요즘 애연가들이 말하는 답답함을 풀어준다던가, 집중력을 높여준다는 이유와 적확하게 들어맞기 때문이다. 예나 지금이나 담배를 좋아하는 이들의 성향은 비슷한가 보다.

남성들의 문화가 된 담배

시간이 지나면서 담배를 둘러싼 문화 역시 변화하였다. 담배가 처음 약용식품으로 들어왔을 당시에는 남녀노소 가릴 것 없이 모두가 피웠다. 그러나 18세기 들어 성리학적 명분론에 의해 사회질서가 강화되면서 담배는 성인 남성의 전유물로 변화하였다. 남녀노소 상관없이 누구나 즐기던 것에서 사회질서에 따라 상위에 있는 사람에게만 허용하는 계급적 성격이 부여된 것이었다. 어른 앞에서 담배를 피우지 못한다든가, 신분이 낮은 사람이 신분이 높은 사람 앞에서 담배를 피우는 걸 꺼리게 된 것이 이때부터였다. 이때부터 지금까지 담배는 남성 중심의 문화로 자리잡게 되었다.

조선시대의 세시풍속을 기록해 놓은 유득공(柳得恭)의 『경도잡지(京都雜志)』에는 계급에 따라 담배 피우는 걸 규제하는 내용이 나와 있다.

비천한 자는 존귀한 분 앞에서 담배를 피우지 못한다.
조관들이 거리에 나갈 때 담배 피우는 것을 금하기를 심히 엄하게 하며
재상이나 홍문관 관원이 지나가는데 담배를 피우는 자가 있으면
우선 길가의 집에다 구금시켜 놓고 나중에 잡아다가 치죄한다.
- 유득공(柳得恭)의 『경도잡지(京都雜志)』 中 -

담배가 생활의 애환을 달래주고, 경제력을 책임져야 하는 성인 남성의 노동의욕을 높여주는 역할을 하기 시작한 것도 이 즈음부터이

다. 노동에 들어가기 전이나 노동을 마친 후 담배를 피우는 것은 성인 남성들이 갖고 있는 공감대 속에서 피어나기 시작한 행위였다. 농사일을 마친 후 하나 둘 모여서 담배를 피우는 것은 성인 남성의 어깨 위에 놓인 무게를 이해하는 자리이자, 새롭게 노동의욕을 북돋는 의미였다.

조선시대를 지나 일제 식민지를 거쳐 해방이 된 후에도 이런 흐름은 지속되었다. 성인 남성들은 힘든 세상살이와 가슴속 울화를 핑계로 손에서 담배를 내려놓지 않았다. 그리고 오랜 동안 남성들의 기억에 남은 담배 하나가 출시되었다. 바로 '화랑' 담배였다. 이름부터 국가주의적인 분위기가 물씬 풍기는 이 담배는 '샛별' '탑' '백합' 등의 담배와 함께 1949년부터 군용으로 공급됐는데 1981년까지 무려 32년 동안 발매됐다.

화랑담배는 '화랑담배 연기 속에 사라진 전우여'라는 가사처럼 한국전쟁 당시에는 전우들과 애환을 나누는 도구였다. 전쟁이 끝난 뒤에는 마음에 응어리진 아픔을 달래는 역할을 톡톡히 하였다. 이처럼 화랑 담배는 한국전쟁을 겪고 군사정권을 지나는 동안 삶에 지친 남성들이 담배 연기를 통해 한숨을 뱉도록 하는 존재가 되었다.

주 사용층이 성인 남성에 한정된 탓일까? 담배 이름은 유독 시대 분위기를 반영하는 이름이 많았다. 1948년 대한민국 정부수립을 기념하며 발매된 담배의 이름은 '계명'이었다. 한반도 위에 우뚝 선 수탉이 세계를 향해 대한민국의 새벽을 알리는 모습으로 디자인되었다.

국가 재건을 쿠테타의 명분으로 삼은 5.16 군사정부가 들어서면서 담배 이름도 '재건'이 되었다. 당시는 사회 전체의 메시지가 재건으로 뒤덮여 있었다. 재건 담배 앞면에는 '진격', 담배 뒷면에는 '건설'이라는 구호를 적어 놓았으니 당시의 재건 의지를 엿볼 수 있는 대목이다.

새마을 운동이 한창이던 시절에는 '새마을'이라는 담배도 있었다. 지금의 관점에서 보면 웃음이 나는 작명이지만, 그 시절의 사회 분위기를 충분히 반영한 이름들이다.

시대와 함께 흘러온 담배의 역사

1960년대와 1970년대는 양담배와 전쟁을 벌인 시기이다. 당시 양담배는 포장이나 맛 등에서 국산담배와 비교할 수 없을 정도로 뛰어난 품질을 지니고 있었기 때문에 많은 사람들이 피워보고 싶어하던 기호식품이었다. 양담배는 미군 부대 주변의 암시장에서 대량 유통되었다. 워낙 인기가 좋았기 때문에 암시장에서 내놓기 무섭게 팔려나가곤 했다. 그래서 전매청 직원들은 양담배에 대한 수사권을 가지고 다방이나 술집 등을 순례했다. 걸리면 그 자리에서 수갑을 차고 연행될 정도로 엄격하게 단속했다.

1980년대를 넘어서면서 담배에도 많은 변화가 일기 시작했다. 당시 세계 제일의 흡연국으로 꼽히던 우리나라에도 건강에 대한 관심이 늘어나면서 흡연율이 곤두박질치기 시작했다. 또한 1970년대만 해도 사무실에서 당연히 피우는 것으로 생각됐던 담배에 대해 잇단 신경질적인 반응이 일어나기 시작한 시기이기도 하다. 사무실 내 흡연에 대한 문제는 신문기사로 나오기도 하였다.

흡연자들과 한 사무실을 써야 하는 여성사원을 비롯, 건강을 이유로 담배를 끊은 금연자들은 사무실의 공기를 혼탁시키는 담배연기에 신경질적인 반응마저 보이고 있다.

- 〈경향신문〉 1981년 11월 21일 字 -

사무실 내에서 담배를 피웠다니, 지금으로서는 상상도 못할 일이다.

1990년대부터는 흡연이 건강을 위협한다는 인식이 강해졌다. 그래서 1990년대부터 금연에 대한 인식이 강해졌다. 2000년대 이후에는 간접 흡연이 미치는 영향까지 번져 2000년대에 들어서는 공공장소에서의 흡연을 금지하고 있다. 아예 건물 전체를 금연 건물로 지정하고 담배를 피우면 일정부분 승진에서 누락시키는 제도까지 적용하는 회사가 생겨 흡연자들의 불만을 유발하고 있다.

흡연자들이 마음껏 활보하던 강남대로조차 금연거리로 지정됐으니 앞으로 흡연자들의 영역은 점점 더 줄어들 것이다. 더구나 갈수록 출산율이 떨어지고, 여성들의 사회참여가 늘면서 어린이를 보호하고, 여성들의 목소리가 반영된 사회정책이 펼쳐지면 흡연율은 더 감소할 것으로 예상된다.

그러나 담배는 많은 단점에도 불구하고, 앞으로도 힘들고 어려운 사람들 곁에서 가슴에 있는 답답함을 해소시켜주는 역할을 하지 않을까.

넷

맛과 멋 사이에
숨겨진 허영

커피

커피, 허영심을 채우는 액세서리

언제부턴가 거리의 상점들이 커피전문점에 점령당하기 시작했다. 다방커피로 대변되던 인스턴트커피 시장을 뚫고 우리나라에 커피전문점이 상륙한 게 불과 십여 년 전이었음을 생각하면 건물 하나 건너 하나씩 들어서는 커피전문점이 생경스럽기까지 하다.

『세종실록』에 따르면 조선 초에는 차를 마시는 문화 자체가 없었다. 온갖 산해진미를 맛보던 왕도 차를 즐기지는 않았다.

임금이 말하기를 '중국에서는 차를 그렇게 좋아하는데도,
어찌하여 전매법에 따라 그 단속을 엄하게 하는가?
우리나라에서는 대궐 안에서도 차를 쓰지 않으니, 좋아하는 것이
이처럼 서로 다르다'하니, 신하가 '중국 사람은 모두 기름진 고기를
먹기 때문에 차를 마셔서 기름기를 빼내려는 것입니다.
보통 손님을 접대할 때에도 반드시 차를 먼저 내고 나중에 술을 들여
옵니다'고 아뢰었다.

- 『세종실록』 12년(1430년) 12월 8일 -

앞의 『세종실록』에 나와 있는 것처럼 기름진 고기를 먹는 중국인들은 기름기를 내려가게 하기 위해 차를 물처럼 마셨다. 일본 역시 예로부터 다도문화가 발달해 내려온 상태였다. 지금도 중국과 일본은 차문화가 활발하게 발달하였다.

우리나라는 조선 중기 이후부터 차를 마시는 문화가 자리를 잡았지만, 우리나라의 차문화는 격식을 차려야 하는 자리나 사찰을 중심으로 생성된 문화였다. 이후에도 차문화는 지배층 중심으로 향유하던 문화였고, 일반 서민들에게까지 널리 퍼진 문화는 아니었다. 우리나라는 차문화보다 술문화가 발달한 나라였다.

그렇다면 지금의 커피전문점 전성시대는 어떻게 이해해야 할까?

현재 우리나라에 있는 커피문화는 '커피'를 마신다기보다 '문화'를 마신다는 표현이 적절하다. 많은 사람들이 커피를 테이크아웃해 들고 다니거나 테이크아웃잔이 책상 위에 올려져 있을 때 스스로 그럴싸해 보인다고 느낀다. 일에 몰두해 있던 사람이 잠깐 숨을 돌리기 위해 마시는 커피는 스스로를 '괜찮은 사람'이라고 자위하게 한다. 또한 거리를 활보할 때 한 손에 들려있는 테이크아웃잔은 스스로에게 '자유스러움'을 준다. 이처럼 현재 우리 사회에서 커피는 일상에 함몰되어 있는 자신을 조금 더 그럴싸한 사람으로 만드는 '허영심을 채우는 액세서리'의 역할을 하고 있다.

그런데 재미있는 사실은 커피가 허영심을 채우는 액세서리가 된 것이 커피가 우리나라에 처음 들어오게 된 배경에서부터 이어진 것이라는 사실이다.

우리나라에서 가장 처음 커피를 맛본 사람은 조선의 26대 왕인 고종이다. 보수적인 왕조국가를 이끌던 고종이 서양의 신문물인 커피를 가장 처음 마셨다는 사실이 아이러니하기도 하다. 고종은 사람들의 머릿속에 제국주의 침탈에 맞서다가 시들어간 왕으로 기억되고 있지만, 그는 근대의 문물에 어느 누구보다 관심이 많은 사람이었다. 고종은 봉건국가 시대가 저물고 근대가 오고 있음을 알고 있었다. 한가지 아쉬운 점이라면 근대를 맞아 개혁할 생각을 하지 않고, 근대의 신문물을 이용해 근대로 치장하는 것에 그쳤다는 사실이다. 커피 역시 고종이 근대의 이미지를 치장한 액세서리였다.

고종이 커피를 마시게 된 계기는 명성황후의 죽음과 관련이 깊다. 1895년 일본인들은 명성황후를 시해하는 을미사변을 자행하였다. 한 나라의 왕후를 죽인 이들이 왕을 죽이지 못할 까닭이 없었다. 신변에 위협을 느낀 고종은 러시아 공사관(아관)으로 피신하는 아관파천(俄館播遷)*을 단행하였다.

러시아 공사관에 머문 일 년 동안 고종은 커피에 깊이 빠졌다. 고종에게 커피를 권한 사람은 러시아 공사 베베르(Karl Veber)의 처제였던 손탁(Antoinette Sontag, 1854~1925년)이었다. 독일인이었던 그녀는 1885년 러시아 공사 베베르와 함께 서울에 왔고, 명성황후의 외교관 파티 등을 주선하면서 명성황후와 친밀한 관계를 쌓아갔다. 그러던 중 1895년 명성황후가 시해되었고, 감당할 수 없는 슬픔을 겪던 고종에게 아내와 가까웠던 손탁이 권하는 커피는 크나큰 위로가 되었다.

커피로 맺어진 고종과 손탁의 관계는 정치적인 관계로까지 이어졌다. 당시 일본의 강압적인 폭정에 시달리던 고종은 서양 외교관들에게 일본의 폭정이 알려지길 원했다. 고종은 독일어, 러시아어, 영어,

조선어에 능통한 손탁이야말로 현재 조선의 상황을 서양에 알릴 수 있는 통로가 될 것이라 판단하였다. 이에 고종은 왕실 소유의 가옥과 토지를 손탁에게 하사하면서 이 자금을 바탕으로 배일운동을 해 줄 것을 요청하였다. 이에 손탁 여사가 배일운동의 방법으로 선택한 것이 우리나라 최초의 호텔인 손탁호텔**이었다. 그녀는 조선을 방문한 서양 외교사절들이 머물 곳이 없다는 것에 착안해 호텔을 열었고, 자연스럽게 그곳은 서양 외교사절들의 사랑방이 되었다.

러시아 공사관에 머물 시절 커피맛에 매료되었던 고종과 순종은 아관파천이 끝난 후에도 커피를 즐겨 마셨다. 고종은 커피(Coffee)의 우리식발음을 따서 가비(加比)라고 불렀다. '서양의 차'라는 의미에서 양탕(洋湯)이라고도 불렀다. 커피를 마실 때면 분위기 역시 중요하다고 생각한 고종은 덕수궁 내에 서양식 건물인 정관헌(靜觀軒)을 짓고 그곳에서 커피를 마셨다.

그런데 고종이 커피를 너무 좋아한 것이 화가 된 것일까? 고종은 커피로 인해 독살의 위험을 수차례 넘겼다. 순종은 이로 인해 직접적인 화를 입었다. 고종과 당시 세자였던 순종이 함께 커피를 마시는데 맛이 이상하다고 느낀 고종은 커피를 뱉었지만 커피에 비상이 있는 걸 눈치 채지 못한 순종은 모두 마셨다. 다행히 목숨은 건졌지만 순종의 모든 치아는 빠졌다. 순종의 후사가 없었던 것 역시 이날의 사고 때문이라고 전해지고 있다.

고종의 승하 역시 커피에 의한 독살이라는 설이 제기되는 것으로 보아 고종과 커피의 만남은 향기로운 만남이라고 하기에는 아이러니하다.

정관헌(靜觀軒)

고종 황제 시대에 덕수궁 내에 지은 서양식 건물로 고종이 커피를 분위기 좋은 곳에서
마시기 위해 지었다. 1897년~1900년 사이에 행해진 중건과정에서 지어졌는데, 함녕전
의 북서쪽 언덕에 자리잡은 연유 장소로서, 전통적 요소와 서양식 요소를 절충한 특이
한 건물로 설계되었다. 한국학중앙연구원.

염소가 먹은 빨간 열매

왕실에서 커피를 받아들인 이후 우리나라에서 커피는 지배층의 상위문화라고 인식되었다. 커피잔이나 커피기구가 희귀한 것도 커피를 상위문화라고 인식하는 기폭제가 되었다. 순종이 이완용에게 은으로 만든 커피기구를 하사했다는 사실이 알려지면서 커피를 상위문화로 인식하는 생각은 더욱 강해졌다.

재미있는 점은 서양 역시 처음 커피가 보급될 때는 지배층의 향유문화로 인식했다는 점이다. 처음 유럽에 커피가 보급되었을 당시 커피는 아라비아 지역에서만 재배되었다. 운송비가 비쌌던 까닭에 커피는 상당히 비싼 가격으로 판매되었다.

그렇다면 커피는 어떤 경로를 통해 아라비아에서 유럽으로 전파가 되었을까?

세상의 모든 일은 사소한 것에서부터 시작된다. 사소한 것이 역사의 본류(本流)가 되느냐 마느냐의 관건은 사소한 것을 알아보는 누군가가 있느냐 없느냐에 의해 결정된다. 한 해에 4천억 잔이 소비되는 커피 역시 사소한 것을 알아본 한 소년에 의해 시작되었다.

여느 날과 마찬가지로 칼디는 양을 치러 나갔다.

양과 염소가 초지에서 풀을 뜯는 사이, 칼디는 나무 그늘 밑에 누워 있었다.

그런데 갑자기 염소 한 마리가 흥분해서 길길이 날뛰는 것이 아닌가!

당황한 칼디는 그 염소가 있는 곳으로 달려갔다.

그곳에는 염소가 먹다만 빨간 열매가 놓여 있었다.

그 빨간 열매는 칼디가 처음 보는 열매였다.

칼디 주위로 염소들이 몰려 들었다.

이내 칼디 손에 쥐어져 있던 빨간 열매를 먹었다.

그런데 빨간 열매를 먹은 염소 역시 방금 전의 염소처럼

길길이 날뛰는 것이 아닌가.

혹시 독초가 아닐까? 호기심 반, 걱정 반 사이에서

칼디가 그 빨간 열매를 입속에 넣었다. 그런데 이게 뭐지?

그 열매를 먹고 나자 정신이 맑아지고

기분이 상쾌해지는 것만 같았다. 이게 뭘까?

이 소년은 500년경 에디오피아에 살던 칼디(Kaldi)라는 이름의 양치기소년이었다. 만약 이 소년이 난생 처음 본, 정체를 알 수 없는 빨간 열매를 혼자만 알고 지나쳤다면, 인류는 커피를 만나지 못했을 수도 있다. 그러나 역사는 사소한 것에서부터 시작된다. 양치기소년 칼디는 빨간 열매가 세상에 알려지는 전원의 불을 올렸다. 마을에 있는 수도승에게 빨간 열매의 존재를 알린 것이다.

수도승은 그날 밤 칼디가 가지고 온 빨간 열매를 가져다 동료 수도승과 함께 나누어 먹었다. 당시 에디오피아에 거주하는 수도승은 종교적 깨달음을 위해 수행을 하고 있었다. 힘든 수행을 하던 수도승들은 밤에도 잠을 잘 수 없었다. 그런 상황에서 칼디가 말한 '기분이 상쾌해진다'는 빨간 열매는 거부할 수 없는 유혹이었다. 칼디가 준 빨간 열매를 입에 넣자 거짓말처럼 기분이 상쾌해졌다. 쏟아지던 잠도

씻은 듯이 사라졌다. 그날 이후 빨간 열매는 힘을 뜻하는 카파(Caffe)라고 불러지면서 수도승들의 고행 극복을 돕는 약이 되었다.

그때 이후 세상에 모습을 드러내기 위한 커피의 여정이 시작되었다. 커피가 원산지인 에디오피아를 떠나 처음 닿은 곳은 아라비아였다. 커피가 아라비아로 전파된 건 에디오피아와 아라비아가 사라센 제국의 영향을 받는 이슬람국가였기 때문이다. 이슬람교를 전파하기 위해 아라비아에 온 수도승들은 이슬람 포교의 수단으로 빨간 열매를 활용하였다. 당시의 커피는 차로 음용하는 게 아닌, 졸음을 방지하고 기분이 좋아지는 약으로 이용되었다. 이슬람교가 전파되는 지역이라면 커피 역시 전파되었다. 그렇게 커피는 북아프리카, 지중해 동부, 그리고 인도에까지 전해졌다. 많은 사람들에게 커피가 전해지면서 커피가 약용의 효능만 갖고 있지 않다는 사실이 알려졌다. 커피가 차로 음용되기 시작한 것이다.

홍차의 아성을 무너뜨리다

이슬람권에서 마시던 커피가 기독교로 대변되는 유럽으로 전파된 것은 십자군 전쟁의 여파였다. 전쟁은 각 나라의 문화가 교류하는 계기가 된다. 전쟁 없이 자국에서 살 때는 우물 안 개구리로 살아가지만, 전쟁을 통해 접하는 새로운 문물은 호기심을 자극시킨다. 그래서 전쟁은 많은 것을 파괴하는 동시에 많은 것을 생성하는 계기가 된다.

사라센제국이 분열되던 11세기 말부터 13세기 동안 유럽인들은 이슬람 세계로 여덟 차례에 걸쳐 원정을 나섰다. 원정 당시 커피를 처음 맛본 유럽인들은 커피향에 매료되었다.

늘어나는 커피 인구는 중세 카톨릭교회의 걱정거리였다. 이슬람교와 중세 카톨릭교회는 한 하늘 아래 살아갈 수 없는 종교였다. 중세 카톨릭교회인들이 이슬람인들이 마시는 커피를 마신다는 것은 종교적인 신념에 위배되는 행동이었다. 더구나 커피가 유럽에 처음 전해졌던 당시 유럽에서는 커피를 '아라비아의 와인(The wine of arabia)'으로 불렀으니 커피를 마신다는 것은 이슬람의 문화를 받아들인다는 것과 다름 없었다. 이슬람문화가 카톨릭사회에 전파되는 것을 우려한 카톨릭사제들은 로마교황인 클레멘트 8세(Pope Clement 8세)에게 커피를 '악마의 음료'라고 칭해줄 것을 요청하였다.

그런데 세상일은 참 알 수 없는 것이다. 결과적으로 말해 카톨릭사제들의 요구는 커피가 유럽 내에 확대되는 결과를 낳았다. 커피를 맛본 로마교황이 커피 맛에 반해 커피에 세례를 내리고 만 것이다. 로마교황이 세례까지 내렸다는 이슬람의 차는 커피를 접하지 않던 사람들의 호기심을 자극하였다. 이 사건은 유럽 내 커피 인구의 급증을 불러왔다. 이때부터 커피는 유럽 내에서 '카페(Cafe)'라는 이름이 붙여져 점차 대중화되었다. 커피가 유럽인들이 수백 년을 마셔오던 홍차의 아성을 위협하기 시작한 것이다.

18세기 유럽 내의 커피 소비가 증가하면서 커피는 황금알을 낳는 거위가 되었다. 커피수요의 갑작스런 급증으로 품귀현상이 일어나면서 커피는 부르는 게 값이었다. 커피를 재배하던 이슬람 국가들이 커피 묘목의 유출을 엄격하게 단속한 탓에 커피는 아라비아 지역에서만 재배되었다. 커피 가격이 천정부지로 오르자 유럽 내 국가들은 커피의 안정적인 공급루트를 찾기 위해 혈안이 되었다. 공급루트만 확보된다면 유럽 내에서 커피 공급의 독과점을 이룰 수 있기 때문이다.

그 가운데 가장 처음 커피 공급루트를 뚫은 나라가 네덜란드이다. 네덜란드인들은 동인도사업을 벌이던 인도지역의 커피농장을 인수해 직접 경영에 나섰다. 커피의 공급이 원활해진 만큼 네덜란드인들은 유럽의 왕과 귀족들에게 커피를 선물하면서 유럽 내에 커피를 성공적으로 안착시켰다.

결국 에디오피아의 양치기소년이 발견했던 빨간 열매는 유럽 지배층들에게 상위문화의 즐거움을 전해주는 도구가 되었다. 상위문화의 즐거움으로 전해졌던 커피가 우리나라에도 그대로 상위문화의 즐거움으로 전해졌다는 사실이 새삼 의미 있게 다가온다.

1930년대 근대를 향한 갈구가 피어낸 다방문화

우리나라에서 고종에 의해 처음 음용된 커피는 지배층의 문화로 빠르게 확산되었다. 그리고 지배층의 문화를 영위하고자 하는 대중들의 허영심이 커피의 확산을 도왔다. 구한말에는 커피 음용이 지배층에 국한되었지만, 일제시대에는 대중들 사이에서도 커피를 마시는 사람이 늘어났다.

대중들이 커피를 마시기 시작하면서 커피가 지배층의 문화라는 점은 약해졌다. 그러나 커피를 둘러싼 분위기는 지배층의 문화였다는 점이 많은 영향을 미쳤다. 커피가 술과 달리 사유와 이성의 음료로 간주되는 것 역시 커피의 시작이 지배층의 문화에서 시작된 것과 깊은 관련이 있다. 술을 마시는 사람에게는 방탕한 느낌이 들지만, 차를 마시는 사람에게는 여유와 차분함이 느껴지는 것도 커피가 초기에 상류층이 향유하던 것이기에 가능한 연상이다.

커피 음용 문화가 확산되면서 여럿이 커피를 어울려 마시는 다방이 등장하였다. 서양에 유학을 다녀온 엘리트층이 늘어난 것도 다방이 생기는 데 많은 영향을 미쳤다.

우리나라 최초의 다방은 1923년에 생긴 명동의 '후타미(二見)'와 충무로의 '금강산'이라는 일본인 소유의 다방이었다. 뒤를 이어 1927년에 우리나라 최초의 영화감독인 이경손(李慶孫)이 관훈동 입구에 '카카듀'라는 다방을 개업하였다.

1920년대와 1930년대 다방이 늘어난 것은 당시의 시대적인 배경역시 한몫을 하였다. 당시는 세기말적인 분위기가 강한 시기였다. 일제 식민지 치하의 암울한 시기였지만 서구문물이 들어오면서 사람들의 사고는 자유주의 사고로 전환되었다. 서양에서 유학생활을 한엘리트층이 귀국하면서 이러한 흐름은 더욱 넘쳐났다. 그런데 일본의 지배를 받고 있던 상황에서 엘리트층이 할 수 있는 일은 많지 않았다. 서구식 교육을 통해 지식적으로는 발전했지만 엘리트층이 갖고 있는 지식과 사고를 직업적으로 활용하는 데에는 한계가 있었다. 결국 그 시대의 엘리트층이 취할 수 있는 것은 외적인 즐거움을 찾는 일밖에 없었다. 외적인 즐거움을 찾아야 하는 시대상황 속에서 다방은 현실과 이상 사이의 괴리에서 괴로워하던 젊은이들이 스스로의 허영심을 보상받는 공간이 되었다.

대경성 넓은 바닥에 늘어가는 것이라고는

음식점, 료리점, 카페 뿐이다.

조선 옷 우에 에프롱 들르고 히사시가미에 고무신 신은

웨트레스양, 놀애를 불를까? 딴스를 할가?

새빨안 술이나 마시어볼가? 오오 히사시가미에 고무신 신은 여자여.

이십세긔 라는 현대가 당신이 잡고 있는 술잔 속에서

한숨을 쉰다. 한숨을 쉰다.

- 만화로 본 경성, 〈조선일보〉, 1925년 11월 5일 -

그의 입에서는 맑스변증법적, 나치스 뭇소리니

장개석 이런 이야기만 하는 고로,

그와는 다르다. 또 그뿐 아니라, 보통 사람은 차라면 숭늉 외에 보리차,

엽차나 알겟스나 우리 영숙군은 포스톰, 커피, 홍차레몽차, 코코아 등등

그 차에 대한 취미도 만나서…

- 경기구 탄 분혼군, 〈조선일보〉, 1934년 1월 3일 -

이런 분위기를 주도한 이들이 모던보이와 모던걸이었다. 1930년
대 모던보이와 모던걸이 경성을 주름 잡던 시기에 다방에 관심이 많
은 이가 있었으니 바로 시인이자 소설가인 이상이다. 경성대학교 건
축학과를 졸업한 이상은 총독부에서 근무할 정도로 능력이 뛰어났
지만, 건강이 악화돼 지방으로 요양을 떠났다. 이상이 경성을 떠나
지방에서 머물던 시절 만난 여인이 금홍이라는 기생이었다. 이상이
자신의 운명 같던 여인과 만나 차린 다방이 '제비'***였다.

이상은 제비뿐 아니라 '식스나인(6 · 9)' '쓰루[鶴 : 학]' '무기[麥 : 맥]' 등 총 네 차례에 걸쳐 다방사업을 추진하였다. 이상의 다방을 시작으로 화가와 음악인, 문인 등은 각자의 분위기를 살려 당시의 다방 문화를 꽃피웠다.

해방 이후에는 커피가 비싸져 커피 한 잔이 밥값보다 비쌀 정도였다. 당시 밥값이 30원인데 비해 커피값은 50원이었다. 지금도 밥값에 맞먹는 커피값을 치르고 커피를 마실 정도니 한국인과 커피와의 관계에는 허영심이라는 단어와 밀접한 관련을 맺고 있는 것 같다.

다방, 이제는 사라져버린 이름 속으로

커피와 한국인과의 관계에 허영이라는 액세서리가 장착되어 있다고 해도 당시는 경제상황이 어려웠으므로 커피를 마시는 사람은 극소수에 불과하였다. 커피를 소수의 문화에서 대중의 문화로 이끈 주역은 한국전쟁이었다. 1909년 과테말라에 거주하던 영국인 약사 조지 콘스탄트 워싱턴(George Constant Washington)에 의해 Red E. Coffee라는 이름으로 대량생산한 인스턴트커피가 첫 선을 보인 이후로 전 세계로 뻗어나갔다. 2차 세계대전을 통해 인스턴트커피의 보급은 더욱 빨라졌다. 우리나라에 인스턴트커피가 처음 들어온 것도 한국전쟁을 통해서였다. 전쟁 상황에서 먹을 게 귀하던 우리나라 사람들은 미군들에게 'Give me chocolate'을 외치며 먹을 것을 얻었다. 그때 미군들의 보급품 가운데 나온 것이 인스턴트커피였다.

인스턴트커피의 등장은 다방 문화 역시 간단하게 바꾸어 놓았다.

종전에 나왔던 커피들이 원두를 갈아서 물을 내려 만드는 방식이었다면 인스턴트커피는 일차적인 가공을 거친 커피에 끓는 물을 타서 먹는 방식이었다. 한국전쟁 이후 인스턴트커피가 한국 사회에 보급되면서 다방 역시 인스턴트커피를 뜨거운 물에 바로 타서 먹는 스타일로 바뀌었다. 즉, 종전의 다방이 커피의 맛과 멋을 추구하는 곳이었다면 이후에 등장하는 다방은 만남의 사랑방 역할을 하는 창구로 바뀌었다.

인스턴트커피가 대중화되면서 1950년대에 있던 문화적인 성격으로서의 다방은 점차 쇠퇴의 길을 걷게 되었다. 1950년대의 다방은 전쟁 이후 암울한 현실 속에서 낭만을 논하고, 예술을 논하던 문화다방의 성격이 강했으나 1950년대 후반으로 가면서 상업적인 다방의 성격을 짙게 띠었다.

1960년대 들어 상업성 짙은 다방의 성격은 더욱 강해졌다. 1950년대 룸펜으로 대변되는 지식인들을 상대하던 문화다방은 1960년대 상업다방에 의해 밀려났다. 1950년대까지만 해도 다방의 운영은 남자들이 주를 이뤘으나 1960년대 이후부터 다방의 운영은 여주인이 운영하는 성격으로 바뀌었다. 얼굴마담과 레지 등도 이때에 처음 등장하였다.

1970년대에는 상업적인 성격으로서의 다방이 더욱 활기를 띠었다. 다방을 찾는 손님들도 커피맛이 아니라 교제를 위한 장소라는 점에 의미를 두면서 다방을 찾았다. 1970년대와 1980년대는 다방업이 전성기를 누리던 시기였다. 당시에는 전화가 귀한 시절이라 다방에 설치되어 있는 전화기는 많은 이들이 애용할 수밖에 없는 물건이었다. 한편 다방이 성매매의 장소가 되기도 하였다. 티켓다방이라는 이름으로 성매매가 이뤄지면서 다방이 비윤리적인 곳으로 지탄을 받았다. 1990년대 들어 전국에 산재한 다방수는 최대로 늘어났는데, 1997년에는 무려 3만여 개까지 생겼다.

산업화를 이끈 공간에서
문화를 이끄는 공간으로

다방과 커피전문점은 커피를 마시는 공간을 제공한다는 점에서 수행하는 역할은 같다. 그러나 그 역할을 수행하는 방식에는 많은 차이가 있다. 1960년대에서 1990년대의 다방은 우리나라의 산업화에 없어서는 안 될 숨은 공로자였다. 그 당시의 사람들은 다방에서 사람을 만나고, 일을 협의하였으며 다시 뛸 수 있도록 숨은 에너지를 충전하였다. '계란 동동 띄어놓은 쌍화탕'이 다방 메뉴의 한 켠을 차지하고 있던 것 역시 바쁘게 움직일 에너지를 빠른 시간 안에 충전하기 위한 지혜의 산물이었다. 그런 면에서 다방은 사람 사이의 비즈니스를 돈독하게 하고, 활기를 얻고 나가서 산업화의 지난한 과정을 때로는 감내하고 때로는 가열차게 추진하도록 한 숨은 공로자였다. 더구나 산업화의 과정에서 하루 17시간을 노동하던 근로자들의 밤잠을 쫓아준 인스턴트커피는 까만 밤 미싱 돌아가는 소리가 끊이지 않도록 해준 눈물겨운 역사의 산물이었다.

그에 반해 오늘날의 커피전문점은 문화를 마시는 매개체로 그 역할을 수행하고 있다. 산업화가 완료된 후 먹을거리가 없어 굶어죽는 사람이 없어지면서 사람들은 더 이상 국가의 발전에 대해 논하지 않는다. 국가의 발전이 아니라 '나'의 발전이 중요한 시대가 되었기 때문이다. '나'의 발전에는 외적인 성취와 함께 내적인 성찰까지 포함하고 있다.

나는 바쁜 아침 커피를 테이크아웃해 들고 다닐 만큼 일상을 열심히 살아가고 있고, 그 와중에 향긋한 커피 한 잔을 할 수 있는 여유를 누리고 있다는 것을 확인하고자 하는 것이다. 커피전문점은 그 자체로 하나의 문화가 되었고, 동시에 문화를 이끄는 존재가 되었다. 그리고 현대인들은 커피전문점에서 커피를 마시며 문화를 마시고, 동시에 문화를 만들어가고 있다. 그리고 커피전문점에서 나는 향긋한 커피향은 문화를 마시고 싶어하는 사람들의 허영심을 끊임없이 자극하고 있다.

* 아관파천 : 을미사변으로 신변에 위협을 느낀 고종이 당시 세자였던 순종과 함께 러시아 공사관으로 피신한 사건. 고종과 당시 세자였던 순종은 1896년 2월 11일부터 1897년 2월 25일까지 러시아 공사관에서 생활하였다.

** 손탁호텔 : 1895년 고종이 독일인 손탁에게 하사한 서울 정동 29번지 소재의 가옥에 만든 호텔. 청일전쟁의 과정에서 일본이 친일정부를 수립하자 이에 대항하기 위해 손탁이 배일운동을 시작하였다. 이에 고종이 손탁의 배일운동을 효과적으로 추진할 수 있도록 편의를 제공하기 위해 가옥을 하사하였다. 손탁은 고종에게 하사받은 한옥 저택에 서양식 인테리어를 해서 서양 외교사절들의 사교장으로 활용하였다. 지금도 정동길을 따라 걷다보면 이화여고 동문이 나온다. 이곳으로 들어가면 주차장이 나오는데, 주차장 한 모퉁이에 '손탁호텔 터 : 한말에 러시아에서 온 손탁이 호텔을 건립, 내외국인의 사교장으로 쓰던 곳'이라는 푯말이 있다.

***제비 : 이상이 청진동 조선광무소 1층에 사글세로 낸 다방 이름. 이상은 다방 뒷골목에 당시 기생이었던 금홍과 살림을 차렸다. 이상의 대표작인 〈날개〉에 등장하는 안해는 금홍을 가리키는 말이다.

81

다섯

참요의 밭에 피었던
슬픈 민중의 노래

참요

어느 시대를 막론하고 사람들은 난세(亂世)를 살아가기 마련이다. 그리고 하나같이 자신에게 닥친 난세에 절망하며 살 길을 찾기 위해 노력한다. 돌이켜보면 구한말부터 한일병합, 식민지시대, 한국전쟁, 개발독재와 민주화시대, IMF와 글로벌 금융위기까지 어느 한순간도 마음 놓고 살 수 있는 시대는 없었다.

그나마 배우고 힘 있는 자들은 더 힘센 자들에게 몸도 숙이고, 백성을 방패막이라도 끌어다 쓸 수 있었다. 그러나 가난하고 힘든 서민들은 난세의 칼끝을 온몸으로 받아내야만 했다. 일제시대는 강제징용과 일본군 위안부로 끌려가야 했고, 한국전쟁 당시에는 강제징집되어 온갖 고초와 죽음까지 감내해야 했다. 나라가 위기를 맞은 상황에서 국민이 자리를 떨치고 일어나 역할을 다하는 것은 백 번 맞는 말이다. 그러나 한국전쟁 당시 백마고지 전투에서 죽어간 병사들이 '빽'이 없어 죽는 것이 억울해서 '빽' 소리를 내고 죽었다거나 당시 국회의원들과 장관의 자제들이 전투에 참가해 단 한 사람 부상당한 일조차 없었다는 기록은 생각해 볼만한 사실이다. 또한 최근 IMF 당시 누가 가장 큰 고통과 피해를 겪었는지 생각한다면 난세가 누구에게 가장 먼저 찾아오는지 쉽게 알 수 있다.

　물론 위정자(爲政者)라고 해서 두 손을 놓고 앉아만 있었던 것은 아니다. 조선시대에 자주 열렸던 경연(經筵)은 당대의 현안들을 고민하고, 해결하기 위한 자리였다. 또한 왕은 과거시험의 마지막 관문으로 반드시 해결해야 할 난제(難題)들을 내려 해결책을 듣고 함께 국가비전을 생각하며 난세를 극복할 수 있는 책문(策問)이란 제도를 실시했다. 그러나 이 같은 논의가 위정자와 지배층의 고민을 넘어서서 백성들의 피부 가까이 다가서기란 어려운 일이다. 그래서 백성들은 촉수를 내밀고 더듬이를 총동원해서 닥쳐올 난세를 예감하고, 난세의 어려움을 미리 경고하는 동물적인 감각을 발휘해야만 했다.

　이것이 바로 우리나라에서 독특한 기능을 발휘하는 요(謠)이다. 요는 글자 그대로 짤막한 노래가 간결하고 단순한 음악적 형태로 이루어져 있다. 그러나 여기에 도참사상 등의 정치사상이 결합돼 현실에 대한 불만이나 불신을 담아내면 엄청난 정치적 위력이 발휘되었다. 이것을 참요(讖謠)라고 하는데 참요는 삼국시대부터 지금까지 다양한 형태와 모습으로 시대의 변화나 정치적 징후를 예언하거나 암시하며 백성들의 살길을 열어주었다.

백제는 둥근 달이요, 신라는 초승달 같다(百濟同月輪 新羅如月新).

- 삼국사기 -

계림은 누른 잎이요, 곡령은 푸른 소나무라(鷄林黃葉 鵠嶺靑松).

- 삼국유사 -

1970~1980년대 엄혹한 군사독재 시대에 사람들은 저마다 UB통신이나 카더라통신에 귀를 기울이곤 했다. 카더라통신은 참요와는 여러 가지 면에서 다른 점이 있지만 정보가 통제된 상태에서 소문과 소문이 만나 '~카더라'라는 모양새로 흘러 다닌다는 점에서 공통점이 있다. 카더라 통신에 백성들의 소망과 예언적 기능 등이 더해져 일정 부분 참요의 역할까지 겸하곤 했다. 1980년대 우리를 가장 놀라게 했던 유언비어는 바로 광주민주화운동과 관련된 것이었다. 광주에 폭동이 일어나 시청이 점령당했고, 군인과 경찰이 다수 피해를 입었으며 배후가 바로 북한이라는 것이다. 사람들은 ~카더라 통신과 UB통신에 놀란 채 숨도 제대로 쉬지 못하고 살아야 했다. 유언비어를 사실인 양 함부로 떠들었다가는 정말 큰일을 당할 수도 있었기 때문이다.

광주민주화운동 뒤 사람들에게 참요처럼 떠돈 것이 바로 '식인종 시리즈'였다. 대한민국에 느닷없이 식인종이 출현했는데 식인종들은 주위에 있는 사람들을 자신의 먹이로 희화화(戱畵化)해서 웃음을 주고는 했다. 식인종 시리즈에는 어지러운 사회현상뿐 아니라 산업화되어 가는 사회의 비인간적인 면이 함께 그려져 있었다.

최근에는 UB통신과 카더라통신이 팟캐스트라는 이름으로 화려하게 부활하며 민심을 끌어안는 역할을 수행하고 있다. 팟캐스트는 인터넷을 이용해 권력을 유지하고 있는 정권과 기득권층의 아픈 곳을 집요하게 파고들며 선거에까지 많은 영향을 미치고 있다.

실제로 팟캐스트 중에서 가장 높은 인기를 얻고 있는 '나는 꼼수다'

는 우리나라 역사상 가장 직접적이고 노골적으로 정치 및 사회에 대한 불만을 제시하고 있다.

'나는 꼼수다'를 비롯해 여러 팟캐스트를 듣다보면 옛날 우리 조상들 역시 노래와 풍자로 만들어진 참요를 양반과 위정자들에게 쏟아 놓으며 세상에 대해 통렬한 비판을 그치지 않았으리라는 생각이 든다.

정치적 의도가 담긴 노래, 참요

우리나라에서 참요가 처음 정식 기록으로 남겨진 것은 『삼국사기』이다. 이중에서 계림요(鷄林謠)는 신라가 망하고 고려가 흥한다는 의미를 담고 있는데 계림황엽 곡령청송(鷄林黃葉 鵠嶺靑松) 즉, 경주(鷄林)는 누런 잎처럼 망하고, 곡령(鵠嶺)은 푸른 솔처럼 살아난다는 참요가 담겨 있다. 여기서 곡령은 태조 왕건이 태어난 개성의 한 마을을 지칭하는 말로 신라는 망하고 고려는 흥한다는 뜻이다. 『삼국사기』를 지은 김부식은 이 참요를 누가 지었는지 모른다고 적고 있으나, 다른 한편에서는 신라 말 3최 중 한 사람으로 불렸던 고운 최치원(崔致遠)이 신라의 각성을 당부하며 지은 글귀라는 말이 전해오기도 한다.

백제 무왕 또한 서동요라는 참요를 남겼다. 삼국유사에 실려진 서동요는 알려진 것처럼 백제 무왕이 젊은 시절 신라의 선화공주를 아내로 얻기 위해 퍼뜨린 노래이다. '선화공주님은 남몰래 정을 통해 놓고 서동을 밤에 몰래 안고 간다'는 내용이 담긴 이 노래를 그저 연애가 정도로 생각하는 사람들이 많다. 서동요에 대한 해석과 진위 역시 분분하지만 최근에는 백제 무왕과 선화공주가 단순히 연애를 위해 이 노래를 부르지는 않았을 것이라는 추측이 힘을 얻고 있다. 당시 치열한 영토 다툼에 내몰렸던 양국의 백성들이 결혼을 통해 화합을 이루고 전쟁 없는 평화로운 생활을 유지할 수 있도록 양국 왕실의 결혼을 종용한 것으로 평가되고 있는 까닭이다.[*]

서동요에는 선왕인 동성왕의 서자로 권력기반이 취약했던 백제 무왕이 백제 내 친 신라계 및 신라 왕실의 지원으로 선화공주와 결혼을 해 권력을 얻은 후 이를 기반으로 전쟁 없는 세상을 만들기를 기원하는 백성들의 마음이 담겨 있다. 참요는 자칫 힘없고 무지해 보이는 백성들의 바람이 하나로 모여 역사라는 큰 물줄기를 바꿀 수 있는 여론과 민심이 만들어지는 과정을 보여준다.

우리에게 널리 알려진 참요 중 하나인 '미나리요'는 함축적이면서도 다양한 해석이 가능한 여지를 남겨 놓았다. 미나리요의 주인공 중 한 사람인 장희빈(張禧嬪)은 조선시대를 통틀어 가장 못된 악녀로 꼽힌다. 조선시대 악녀라면 대개 연산군의 애첩이었던 장녹수, 숙종 시대 파란을 일으켰던 장희빈, 그리고 윤원형의 첩이었던 정난정 등을 꼽는다. 물론 세종대왕의 며느리였던 세자빈 봉씨나 연산군의 생모인 윤씨 등도 악녀의 대열에 이름을 올리긴 하지만 대체로 정치적인 희생양으로 치부되는 경우가 많기 때문에 장녹수와 장희빈, 그리고 정난정을 악녀로 꼽는데 별다른 이견이 없다.

장옥정(張玉貞)이라는 본명보다 장희빈이라는 내명부 직첩으로 더 유명한 그녀는 특히 표독한 성격과 날카로운 정치 감각, 그리고 정치 권력의 핵심인 숙종을 어르고 달래는 여성적인 매력으로 악녀 가운

데서도 으뜸으로 인식되고 있다. 특히 TV드라마에 등장하는 장희빈
의 모습은 악녀 이미지를 정형화시켰다고 해도 과언이 아니다. 1968
년 영화배우 남정임 씨가 주연을 맡은 영화 '요화 장희빈'은 장희빈과
인현왕후의 성격과 이미지를 선과 악, 사악함과 후덕함의 극과 극으
로 묘사하면서 현재까지도 인물에 대한 고정관념에서 벗어나지 못
하게 만들고 있다.

> 미나리는 사철이고 장다리는 한철이라
> 철을 잊은 호랑나비 노닐으니 제철가면 어이 놀까나
> 무청밭의 꽃 만지면 장다리는 스러지고
> 우리 논의 미나리는 사시사철 푸르구나
>
> - 미나리요 -

　위에 나와 있는 미나리요의 가사를 살펴보면 당시에도 백성들의
민심이 장희빈보다는 인현왕후 민씨 쪽으로 기울어져 있음을 알 수
있다. 더구나 이 참요가 인현왕후가 중전의 자리에서 쫓겨나고 장희
빈이 중전의 자리를 찬탈(?)했을 즈음에 나왔으니 백성들이 인현왕
후에 대해 동정의 마음을 갖고 있음이 읽힌다. 그러나 역사가 이긴
자의 붓끝에서 나온다는 사실을 떠올리면 미나리요의 가사를 진실
로 받아들이는 건 생각해봐야 한다.
　실제로 서인 중 한사람이었던 서포(西浦) 김만중(金萬重)은 『사씨
남정기(謝氏南征記)』라는 한글 소설을 지어 당시 중전으로 있던 장
희빈을 비난하고 폐비된 민씨를 옹호하며 사력을 다해 정국 반전을

꾀했다. 결국 정국(政局)은 서인들이 원하던 대로 인현왕후 민씨가 다시 중전으로 복원이 되고 장희빈은 끝내 사사되는 것으로 결론을 짓게 되었다. 혹시 미나리요가 백성들이 소수 권력으로 정권 다툼에서 수세에 몰릴 수밖에 없었던 장희빈과 남인들에 대한 안타까운 경고의 목소리를 보내준 것은 아니었을까?

장희빈과 인현왕후, 참요에 숨겨진 비밀

인현왕후 민씨는 당시 서인의 중심이던 여흥 민씨(驪興閔氏) 집안에서 공주처럼 자랐다. 지금으로 말하면 집권당 영수의 귀한 딸 정도로 생각하면 무방하다. 당연히 인현왕후 민씨의 모든 정치적 입장과 사고, 행동은 완벽하게 서인 중심이었다.

반면 장희빈은 열 살 때 아버지를 잃고 상당한 부와 권력을 가지고 있던 큰아버지 장현(張炫)의 보살핌 속에서 성장했다. 장희빈이 어린 시절 가난하게 자랐다는 설(說)도 있지만 큰아버지인 장현은 당시 조선시대 최대의 갑부인 변승업의 사위였고, 장현 또한 역관(譯官)**으로 상당한 부와 명성을 쌓으면서 허적(許積)을 중심으로 한 남인들의 재정적 후원을 담당하고 있었다. 조선시대 중국을 비롯한 외국의 여러 나라들과 외교에 대한 사례나 의전 관습 등을 기록한 『통문관지(通文館志)』라는 책에도 장현이 인조 시절 청나라에서 6년이나 머물며 소현세자를 훌륭하게 보좌했다는 기록이 나온다. 그러나 당시 남인(南人)***들은 정권 실세에서 밀려나 불안한 세월을 보내고 있던 사람들이었다. 기본적인 정치 세력에서 남인은 서인을 당해낼 수

희빈 장씨 묘

숙종의 후궁으로 많은 역사적 일화를 남긴 희빈장씨(禧嬪張氏)의 묘가 1970년 광주군 오포면 문형리에서 경기도 고양시 덕양구 용두동의 서오릉 경내로 이장되었다.
묘(墓)라는 호칭은 왕의 후궁 등의 무덤에 붙이는 호칭이다. 그러나 왕의 생모인 경우에는 원(園)으로 격상을 시키는 것이 일반적인 관례였다.
희빈 장씨의 경우 경종의 생모이므로 원으로 격상해야 하지만 폐비가 된 관계로 대빈묘(大嬪墓)라고 칭하였다. 한국학중앙연구원.

없는 상황이었다. 그래서 이들에게는 정국 주도를 위한 결정적인 계기가 필요했다.

미나리요에서 인현왕후는 더러운 물 속에서도 잘 자라는 미나리로 일컬어지고 있다. 그런가 하면 장희빈은 봄 한철 무성하게 자라 오르는 장다리꽃(무꽃)에 비유되고 있다. 그러나 실제로 미나리꽝처럼 어렵고 힘든 환경에서 자신의 뜻을 세운 사람은 장희빈이었다. 장희빈은 자신을 돌봐주던 큰아버지 장현이 경신환국(庚申換局)으로 인해 귀양길에 오르자 남인들의 요청과 자신의 뜻에 따라 인조의 계비인 자의대비(慈懿大妃) 조씨의 궁녀로 입궁하였다.

장희빈은 대단한 미모를 갖추고 있었다. 장희빈의 미모가 얼마나 뛰어났는지 숙종실록(1687년 6월 16일 字)에서조차 장희빈의 미모가 매우 뛰어나다고 인정했을 정도였다. 숙종이 장희빈을 가까이 하기 시작하자 사방에서 상소문이 밀려들어왔다. 여기에 예상치 않게 장희빈이 후궁에 책봉될 조짐까지 보이자 '여색과 미인을 조심하라'는 경계는 더욱 심해졌고, 장희빈은 주변에 극복하기 어려운 적을 많이 만들기 시작했다.

반면 인현왕후 여흥 민씨에 대해서는 이런 비난이 전혀 없었고 그저 국모의 자리를 수행하기에 알맞은 덕을 갖춘 여인이라는 칭송만 자자했을 뿐이다. 인현왕후가 그다지 아름다운 미모도 아니었고, 귀한 가문에서 자란 여성답게 남성들에게 사근사근한 성격도 아니었을 것이라는 짐작이 가능하다.

실제로 인현왕후는 숙종의 어머니였던 명성왕후가 몹시 마음에 들어 해 중전으로 간택한 사람이었다. 명성왕후는 인현왕후가 서인의 힘을 한곳에 모을 수 있는 훌륭한 중전감이라고 생각했으며, 얼굴이 수수하고, 덕이 많아 훌륭한 국모가 될 수 있는 사람이라 판단했다.

그러나 장희빈에 대해서는 미모가 지나치게 뛰어나고, 머리가 좋으며, 무엇보다 그녀를 후견하는 남인의 거두 허적, 동평군 이항(李杭), 큰아버지 장현 등이 장희빈을 중심으로 힘을 모아 언제든지 정권을 잡을 수 있는 여지가 크다는 경계심을 갖고 있었다. 그녀의 이런 근심은 그대로 현실이 되었다. 인현왕후가 궐 밖으로 쫓겨나고 장희빈이 조선 역사상 궁녀로는 처음으로 중전의 자리에 올랐기 때문이다.

그러나 문제는 인현왕후와 장희빈의 치열한 경쟁이 두 사람만의 문제로 끝나지 않았다는데 있다. 두 사람의 다툼은 곧 누가 정권을 잡느냐에 관한 문제였고, 누가 후사를 잇는가 하는 문제가 도사리고 있었다. 양반은 많고 벼슬자리는 한정될 수밖에 없었던 조선시대에 이 문제는 곧 생사와 직결된 문제였다. 요즘으로 말하면 어느 당이 국회의원 자리를 많이 차지해 집권당이 되고 또 어느 당에서 대통령을 낼 수 있는가와 똑같은 문제이다. 정권을 창출하지 못한 정당은 불임 정당이라는 손가락질을 받을 수밖에 없는 것처럼 조선시대 역시 집권당으로서의 역할을 해야만 벼슬도 차지하고, 상인들에게 정치자금도 받고, 권력을 누리며 가족들을 편하게 먹여 살릴 수 있었다. 특히 조선은 인구에 비해 물자가 턱없이 부족했기 때문에 어느 정도 벼슬자리에 올라야만 생활에 필요한 재물과 양반으로서의 예우를 제대로 받는 게 가능했다.

조선 명종과 선조시대의 명신(名臣) 중 한 사람인 미암(眉巖) 유희춘은 그의 일상을 적은 『미암일기』를 통해 주위 사람들과 주고 받은 여러 가지 생활상을 적어 놓았다. 1568년 봄철 미암의 수입 내역 중에는 자신의 녹봉 외에도 주위 지인이나 지방관들이 보내온 물품 내역이 적혀 있다. 이중에는 마초 200묶음, 포육 10첩, 생꿩 4마리, 숭어, 청어, 조개, 채소, 심지어는 간장 2동이와 떡, 등잔대, 보자기까지 다양한 물품이 포함돼 있었다. 이것은 단순한 뇌물이 아니라 교환경제의 일환이었으나 벼슬 없이는 쉽지 않은 일이었다.

장희빈과 인현왕후를 앞세워 정쟁을 벌인 이유 중에는 이런 현실적인 부분이 숨어 있다는 사실 또한 간과할 수 없다.

숙종시대에 일어난 세 번의 환국

장희빈과 인현왕후의 지아비이자 조선 19대 임금이었던 숙종은 장다리꽃과 미나리라는 참요를 부르게 한 장본인이었다. 숙종은 현종과 명성왕후의 외아들로 태어났다. 13살에 왕위에 올라 46년 동안을 왕위에 있었으니 우스갯소리로 직업이 왕이라 해도 좋을 정도로 오랜 집권 기간을 자랑했다. 숙종은 조선 후기 치세를 이끌어 간 왕 중한 사람이다. 양반 즉 기득권 세력들이 반대하던 대동법을 경상도와 황해도까지 확대시켰다. 또한 강원도를 비롯한 삼남지방의 토지를 조사하고 측량을 실시했으며, 조선 후기의 대표적 화폐인 상평통보를 유통시킴으로써 경제적인 안정과 상업발달에도 기여했다. 특히 숙종의 이런 과감한 정책 추진은 영조와 정조로 이어지는 조선 후기 르네상스 시대에 커다란 물길을 열어 주었다.

그러나 숙종의 치세 역시 다른 시대와 마찬가지로 한계와 부족함

을 감출 수 없었다. 양인 장정들에게 부과되던 공역인 양역(良役)****
문제를 끝내 해결하지 못했고, 양반과 상민 모두에게 골고루 부과하
려던 호포제 또한 양반들의 반대에 부딪쳐 시행되지 못했다. 숙종 또
한 양반을 중심으로 한 기득권층의 반대를 이기지 못한 것이다.

그러나 숙종시대의 가장 큰 문제는 역시 장희빈과 인현왕후 모두
를 희생양으로 만들어 버린 환국(換局)이다. 숙종시대에는 세 번의
환국이 일어났다. 경신환국(庚申換局), 기사환국(己巳換局), 갑술환국
(甲戌換局)이다. 경신환국은 허적을 중심으로 한 남인일파가 대거 실
각한 사건이며, 기사환국은 장희빈의 아들 윤을 왕세자로 삼으려고
하자 서인인 송시열(宋時烈) 등이 이에 반대해 서인들이 정권을 잃은
사건이었다. 또한 갑술환국은 인현왕후의 폐위를 후회하던 숙종이
다시 남인을 내몰고 서인을 중용한 뒤 인현왕후의 복위를 도모한 사
건이다.

한 번 환국이 벌어질 때마다 수많은 사람들이 죽거나 다치는 일이 반
복됐다. 서인의 거두인 송시열은 물론 남인의 영수였던 허적까지 당쟁
에서 패배한 당파들은 그 대가로 죽음을 받아들여야 했다.

인생의 정점을 맞는 장희빈

숙종은 수차례의 환국을 통해 통치기간 내내 자신이 권력의 중심
이 되어 정치를 이끌어 나갔다. 환국의 틈바구니에서 죽음을 맞은 송
시열이나 허적 모두 드물게 보이는 학문적인 능력과 정치적인 감각
을 지닌 사람이다. 특히 송시열은 노론의 영수이자 사상적 지주로서

조선을 유교의 나라로 만든 장본인이기도 했다. 당연히 왕조차 함부로 할 수 없는 신하였다. 그러나 숙종은 그런 송시열마저 제거하였다.

숙종 시대의 결정적인 문제는 앞에서 언급한 것처럼 확실한 후사가 없다는 것이었다. 왕위를 이어갈 후계가 없었기 때문에 정권이 안정되지 않았고, 숙종과 대신들, 백성 모두가 지속적인 불안감을 느껴야 했다. 숙종의 첫 번째 정비였던 인경왕후가 일찍 세상을 떠난 뒤 뒤를 이어 계비로 인현왕후가 중전이 되었으나 궐에 들어온 지 6년이 넘도록 후사가 생기지 않았다. 후사가 생기지 않는다는 것은 미래 권력의 향배를 가늠할 수 없다는 것이다. 미래 향배를 예측할 수 없게 되면 사람들은 불안에 시달리며 돌발적인 행동을 하게 된다. 돈과 권력은 예측할 수 없는 상황을 가장 싫어하기 때문이다.

이때 숙종이 궁녀로 있던 장희빈을 총애하기 시작했다. 숙종의 총애를 받던 장희빈에게 또 한 번의 놀라운 기적이 벌어졌다. 훗날 경종이 되는 왕자 윤(昀)을 낳은 것이다. 행운은 멈추지 않고 계속됐다. 왕자 윤은 1689년 1월 11일 원자로 정해졌고 장희빈은 정1품 희빈(禧嬪)에 봉해졌다. 희빈은 내명부 품계 중 중전 바로 다음의 자리이다. 이제 장희빈 앞에 거칠 것은 없었다. 그의 친오빠인 장희재는 장희빈에게 계속 남인들을 규합하라는 조언을 했다. 원자를 위해서도 장희빈을 위해서도 그들을 지켜줄 세력이 필요했기 때문이다. 장희빈 역시 이 같은 조언을 거절할 이유가 없었다.

그러나 당시 집권 여당의 당수였던 송시열이 이 같은 사태를 두고 볼 리 없었다. 송시열은 즉각 숙종과 인현왕후의 나이가 아직 28세와 21세에 불과하니 원자 책봉을 철회하라며 정면으로 반박했다. 그리고 그 결과는 서인의 거두인 송시열과 김수항, 김수홍 등이 각각의 유배지에서 죽임을 당하는 비극적인 결과를 낳았다. 이것이 바로 숙종시대 벌어진 두 번째 사화인 기사환국이다. 장희빈은 기사환국 덕분에 남인을 정권 핵심으로 끌어들일 수 있었으며, 자신은 왕비에 오르고, 숙종 16년 6월 드디어 원자를 왕세자로 책봉시키는 영광을 안게 된다. 또한 인현왕후가 폐서인이 되어 궐 밖으로 쫓겨나는 모습을 두 눈으로 똑똑히 확인할 수 있었다. 바야흐로 인생의 정점을 맞은 것이다.

그러나 백성들이 참요를 통해 미나리는 사철이고 장다리는 한철이라고 경고한 것처럼 장희빈의 정점은 꼭 한철로 끝나고 말았다.

장다리꽃, 스러지다

숙종 또한 궁궐에 참요가 나도는 사실을 알고 있었을 것이다. 그는 곧 인현왕후를 내쫓은 것을 후회했다. 당연한 일일 수밖에 없었다. 정치세력이 협소할 수밖에 없었던 남인들과 정사(政事)를 논하는 일에 갑갑함이 느껴졌기 때문이다. 당시 남인은 권대운, 김덕원, 목래선 등이 주축이 되어 정권을 이끌었으나 허적과 같은 무게감을 느낄 수 없었다. 표면적으로 남인이 정권을 잡고 있었지만 밑으로 내려오면 훨씬 더 많은 서인들이 핵심 요직에 포진해서 원활한 국정 운영을 할 수 없도록 만들고 있었다.

결국 숙종은 세 번째 환국인 갑술환국을 일으키고 인현왕후를 복위시켰다. 그것은 서인들의 정권 복귀를 의미하는 것이다. 당연히 중

송시열(宋時烈)

평상복 차림에 복건을 쓴 이 작품은 송시열을 그린 초상화 중에서도 뛰어난 수작으로 평가된다. 주름 및 수염에 보이는 섬세한 얼굴 표현과 사실적인 묘사력이 두드러진다. 몸의 윤곽을 그린 견고한 필선과 음영을 표현하지 않은 직선 위주의 간명한 옷 주름은 조선 후기 학문과 사상을 지배한 거두(巨頭)의 이미지를 효과적으로 전달하고 있다. 국립중앙박물관.

전이었던 장희빈은 다시 취선당으로 쫓겨가 희빈으로 강등되었다. 그녀의 후견인이자 큰아버지인 장현도 외딴 섬으로 귀양을 갔다. 결국 장희빈은 서인들이 만들어 놓은 강력한 정치세력을 극복하지 못한 채 장다리꽃처럼 한철 무성한 흔적만을 남기고 허망하게 사라져 버렸다.

장희빈이 백성들이 전하는 참요를 무시하지 않고 한 번만 더 귀 기울였다면 혹시 목숨만이라도 보존하지 않았을까? 어쩌면 백성들이 장희빈에게 전하고 싶었던 참요의 진정한 뜻은 그것이었는지도 모른다.

지금도 계속되는 참요의 노랫소리

우리나라에서 가장 인상적인 참요 중 하나는 대한제국 시기에 나타났다. 배운 것 없고 힘없는 백성들이 또다시 혼란한 세상에 대한 걱정과 경계를 내보인 것이다. '소련놈에 속지 말고, 미국놈을 믿지 말고, 일본 놈이 일어서니 조선 사람 조심하세'라는 참요가 그것이다. 이 참요를 조만식 선생이 지었다고 말하는 사람들도 있으나 아마도 대한제국 시기를 살고 있던 민중들이 함께 만든 노래라는 설이 더 맞을 듯하다.

그러나 배운 것 하나 없는 민중들이 생각나는 대로 지은 참요라고 하기에는 이보다 더 현실을 정확하고 날카롭게 짚어주는 목소리도 없을 것이다. 일제 침략시기부터 한국전쟁이 끝날 때까지 이 참요는 우리 민족에게 또 다른 경계의 지표가 돼주었다. 민중들의 생존 본능이 만들어낸 예언과 같은 메시지였다.

나라가 안정되고 발전하며 수많은 언론이 득세하면서, 팟캐스트와 같은 새로운 언론매체들이 등장하는 가운데서도 풀꽃처럼 힘없는 백성들의 세상을 향한 참요는 지금도 계속되고 있다.

'가위, 바위, 보 안내면 이명박! 가위, 바위, 보 안내면 이명박!!'

---

* 황인덕, 「초기 단계 서동설화 고찰」

** 역관 : 조선시대 외국어 번역과 통역, 그리고 교육을 맡은 사역원의 관리를 통칭하는 말이다. 당시 역관은 사회적으로 부를 쌓기에 가장 유리한 입장에 있었다.

*** 남인 : 동인에서 분파한 조선시대 붕당 중 하나로 학문적으로 이황의 학통을 이었으며 지역으로는 경상도 지방을 기반으로 삼았다. 숙종시대 경신환국으로 정권을 잃었으며 남인의 영수 허적도 이때 유배되었다.

**** 양역 : 조선시대 양반계급을 제외한 일반 서민 계급이 국가에 부담해야 하는 의무를 말한다. 양인은 신역과 봉족, 군역을 주로 부담해야 했는데 양반과 노비 계층은 양역에서 제외됐기 때문에 힘없는 양인들만 과중한 부담을 져야 했다.

여섯

두려움과 신성함,
달의 두 얼굴

달

2012년 5월 슈퍼문(Super Moon)*이 떠올랐다. 슈퍼문은 보름달보다 10~15퍼센트 정도 큰 달로 달과 지구 태양이 일직선으로 정렬하며 벌어진 현상이다.

그런데 슈퍼문이 떠오르면서 이와 관련한 재앙설이 화제가 됐다. 달과 지구의 거리가 가까워지면 자연스럽게 달의 인력에 의한 조수 간만의 차이가 심해질 수밖에 없고 이로 인해 지구에 극심한 재앙이 일어날 것이라는 괴담이었다.

미국텍사스 주립대학의 천문학자인 도널드 올슨(Donald Olssen) 박사는 타이타닉호가 침몰한 1912년에도 슈퍼문 현상이 발생했다고 주장하였다. 달과 지구의 거리가 가까워지면서 달의 인력에 의해 조수간만의 차가 심하게 발생했다는 것이다. 그리고 강한 조수간만의 차로 인해 빙산이 예정보다 일찍 떨어져 나오면서 타이타닉호와 빙산이 충돌해 사고가 발생했다는 것이 그의 주장이었다.

2012년 5월에 발생한 슈퍼문 현상에서도 쓰나미와 대지진이 지구를 덮쳐 사람들에게 피해를 입힐 것이라는 추측이 일부 과학자를 중심으로 제시되었다. 그러한 근거로 2005년 1월 인도네시아를 덮쳐

수만 명의 목숨을 쓸어간 인도네시아 쓰나미가 슈퍼문 발생 2주 전에 일어났고, 2011년 3월 일본 동북지역을 덮친 쓰나미 역시 슈퍼문 현상이 일어난 뒤에 발생한 사건을 제시하였다.

그러나 똑같이 슈퍼문 현상을 목격했던 우리나라는 별다른 두려움 없이 평소보다 밝은 보름달에 고개 숙이며 소원을 비는 사람들로 가득했다. 더 크고, 더 밝은 보름달이 떠오를수록 원하는 소원을 더 잘 들어줄 것으로 믿는 동양적인 사고가 그대로 반영된 것이다.

똑같은 슈퍼문을 보며 서양은 재앙을 걱정하는 두려움에 휩싸이고, 동양은 하늘을 향해 두 팔 벌려 소원을 비는 것으로 나뉘는 까닭은 무엇일까?

휘영청 밝은 보름달이 떠오르면

달에 대한 서양인들의 두려움을 반영하는 가장 확실한 아이콘이 '늑대인간'이다. 서양인들은 오랜 세월을 두고 늑대를 미워했는데 사냥과 목축을 주로 하는 그들에게 늑대는 피할 수 없는 두려움이자 증오의 대상이었다. 소중히 기른 양을 물어가고, 사람들을 해치며, 사냥감을 흩어지게 만드는 늑대를 좋아할래야 좋아할 수가 없을 것이다. 마치 농사를 짓는 사람들이 곡식을 훔쳐가는 쥐나 해충을 혐오하는 것과 마찬가지이다. 그래서 서양 사람들은 소원을 빌 때 달보다는 환하게 빛나는 별을 보면서 자신의 바람을 말한다.

서양에서 만들어진 요괴 중 하나인 늑대인간은 달과 늑대가 화학적인 결합을 한 형태로 서양인들이 달에 대해 갖는 두려움이 깊게 반영된 문화산물이다. 인간이 갑자기 늑대로 변해 버리는 현상을 '리칸 트로피(lycanthropy)'라고 하는데 리칸트로피는 늑대(lykos)와 인간(anthropos)의 합성어로 보름달이 뜨는 밤에 달빛을 받으면 늑대로 변신한다는 전설이 있다.

재미있는 사실은 서양에서 전해 내려오던 늑대인간 전설들이 최근 영화를 비롯한 문화산업과 접목되면서 동서양을 막론하고 중요한 문화아이템의 하나로 자리 잡기 시작했다는 것이다. '런던의 늑대인간' '독솔져(Dog Soldiers)' '하울링(The Howling)' '울프맨(Wolfman)' 등은 우리 귀에도 익숙한 늑대인간 관련 영화이다. 우리나라에서도 최근 '하울링'이나 '늑대소년'과 같은 영화가 제작되면서 점차 늑대가 문화적인 소재로 사용되고 있다. 실제로 서양의 늑대인간에 관한 전설은 '지킬박사와 하이드' '드라큘라' '킹콩'이라는 영화까지 연원이 닿아 있다. 그리고 현재 우리나라 대중문화 역시 달을 두려운 존재로 표현하는 일이 잦아지고 있다.

신체리듬에도 영향을 미치는 달

달과 함께 살아온 달문화권답게 우리나라 사람들은 보름달이 뜨는 밤이면 온몸으로 달빛을 받으며 소원을 빌고 건강과 다산을 기원하였다.

설날, 정월대보름, 추석 등은 우리 민족이 가장 반갑게 여기는 민속 명절이며, 일 년 중 가장 환하게 보름달이 뜨는 날이기도 하다. 보름달이 뜨면 두려움을 느끼는 서양과 달리 우리는 가족이나 마을 사람들과 함께 밤새도록 달을 보며 즐거운 축제를 벌이곤 했다. 그렇다면 우리는 왜 보름달이 떠오르는 날을 중요한 명절로 삼고 축제를 벌였을까?

동양 사람들에게 달은 출산력과 풍요함, 여성성과 따뜻함을 상징하는 존재이다. 달은 지구와 약 38만 4,400km 떨어져 있으며 27.32일을 주기로 지구 주위를 도는 항월성(恒月星)이다. 달은 보름달에서 시작해서 왼쪽부분이 밝아지는 하현달로 변한 뒤 그믐달이 되어 숨는다. 그리고 다시 그믐달에서 초승달로 모습을 바꾼 뒤 오른쪽만 나타나는 상현달이 된 후 상현달에서 살을 찌워 보름달로 자라 오른다. 우리 조상을 비롯한 달문화권 사람들은 달의 이런 모습을 보며 곡식이 자라는 모습을 연상했고, 일 년의 농사를 예감하며 풍요를 기원했다. 농사를 짓는 농부들에게 곡식이 풍요하게 자라는 것은 생존과 직결되는 문제였다. 달은 크고 작아지는 주기를 반복하며 풍년을 약속했다. 따라서 풍요한 보름달이 뜰 때마다 달에게 소원을 빌고, 작은 축제를 벌이는 것은 당연한 일이었다.

달의 변화는 사람들의 신체 리듬과 생활에도 깊은 영향을 미친다. 신체의 90퍼센트 이상이 물로 이루어진 사람은 밀물과 썰물처럼 달의 인력에 끌리며 변화를 겪게 된다.

중국에서는 달이 꽉 차오르면 혈기가 실해지고 살이 단단해지지만
보름을 지나 달이 점차 하현달로 작아지면
경락이 허해지면서 형체만 남게 된다고 말한다.
그래서 중풍을 비롯해 만성병을 앓고 있는 사람들은
대개 보름달이 이지러지고 나면 사망하는 경우가 많으며,

보름을 전후해서 상처를 입게 되면 평소보다

더 많은 출혈이 일어난다고 한다.

- 소문(素問) 『팔정신명론(八正神明論)』 中 -

달에 의해 신체적인 영향을 받는 것은 남자보다 여자들이 더 크다. 여성의 월경(月經)은 그 주기가 28일로 달의 변화 주기와 아주 흡사하다. 그래서 달문화권 사회에서는 월경을 달의 영향 때문에 일어나는 현상 중 하나로 여겼으며, 여성이 남성보다 달을 비롯한 자연의 섭리에 더 밀접하게 지배받는 원인으로 여겼다.

그래서 우리나라 여성들은 집안에 어려운 일이 있거나 아이의 출산을 원할 때는 정안수를 떠놓고 달에게 소원을 빌었다. 이때 달은 만물을 낳는 지모신(地母神) 역할을 하면서 길흉화복을 주관하는 주재신적인 존재로 받아들여졌다.

그래서 달과 비슷한 생명의 섭리를 갖춘 여성은 또 다른 지모신으로 여겨지기도 해서 전라남도 진도에서는 음력 8월 14일에 여성들이 밭으로 가서 발가벗은 채 밭고랑을 기기도 했다. 달을 닮은 여성의 생식력을 대지에 불어 넣어 풍요를 기원한 것이다.

달과 함께 하는 삶의 리듬

달과 함께 하는 생의 리듬은 하루, 이틀, 한 달, 일 년을 넘어 일생 동안 쉬지 않고 둥글게 이어진다. 풍만하게 가득 차오른 달의 둥근 곡선을 따라 삶의 순환을 거듭하며 살아가게 된다. 설날이나 추석처럼 매년 반복되는 세시풍속(歲時風俗)은 단조로운 농촌생활에 활력을 불어 넣어주고, 자연의 질서에 순응하며 원하는 생산 결과를 얻을 수 있도록 격려해 줬다. 요즘에는 세시풍속을 그저 단순히 쉬는 날 정도로만 여기지만, 달의 역(曆)에 따른 공동체적인 통과의례를 상징하기도 한다.

설날이나 정월대보름 혹은 한식이나 단오와 같은 세시풍속 없이 오직 농사만 짓다가 일 년을 마감한다면 얼마나 삭막하고 재미없었을까? 그것은 마치 휴가 없이 직장 생활을 하는 직장인들의 삶과 똑같다고 할 수 있다.

한 예로 정월대보름에 즐기는 쥐불놀이는 하늘에 둥글게 떠 있는 달을 사람들의 마음 속으로 가져오는 일이다. 쥐불놀이가 만들어 내는 둥근 불꽃이 눈앞에서 가장 아름다운 달을 볼 수 있는 기회를 만들어 준다. 까만 하늘에서 펼쳐지던 쥐불놀이는 곧 농사가 시작될 논둑이나 밭둑의 잡풀로 이어진다. 쥐불을 하늘에 높이 던져 겨우내 묶었던 잡풀을 태우면서 잡풀 속에 숨어 있는 해충과 들쥐 등이 함께 사라지도록 하는 것이다.

쥐불놀이가 아이들이 주가 되는 놀이라면 달이 근사하게 떠오르는 언덕 밑에서 펼쳐지는 달집태우기는 어른들을 위한 이벤트이다. 남자들은 정월대보름 전날부터 나무로 틀을 세우고 그 위에 나무와 볏짚 등을 얹어 훨훨 달집이 타오를 수 있도록 준비한다. 지역에 따라서 대나무나 마른 수수 등을 넣기도 하며, 각자의 소원을 적어서 솔가지 등에 붙여 놓기도 한다. 대나무나 수수가 불에 탈 때 나는 소리가 액운을 없애준다고 믿는 것이다. 그렇게 달을 향해 거대한 불꽃이

달집태우기

정월대보름에 근사하게 떠오르는 언덕밑에서 펼쳐지는 이벤트로 어른들을 위한 놀이이다. 정월대보름 전날부터 나무로 틀을 세우고 그 위에 나무와 볏짚 등을 얹어 달집이 타오를 수 있도록 한다. 달을 향해 거대한 불꽃이 타오르면 추운 겨울이 지나고 따뜻한 봄이 온다는 희망을 가지게 됨을 상징한다. 두피디아.

타오르면 이제 지루하고, 배고팠던 겨울이 지나고 곧 따뜻한 봄볕 아래서 농사도 짓고, 햇나물도 캘 수 있는 계절이 멀지 않았다는 기대감을 가질 수 있다.

우리가 사용하는 달력 즉, 음력에도 어느 정도의 불편함은 숨어 있다. 지구의 공전 때문에 태양은 360°/365일=약 1°/일씩 움직이고, 달은 360°/27.32일=약 13°/일씩 움직여서 달이 태양보다 하루에 약 12°씩 앞서나가게 된다. 이렇게 되면 음력을 그대로 쓸 경우 1년에 11일,

약 3년이면 한 달, 9년이면 한 계절이 어긋나게 된다. 그래서 달력으로는 봄이지만 실제 계절은 한창 추운 겨울일 경우가 생기는 것이다. 음력의 이런 단점을 보완하기 위해 우리는 입동과 우수, 경칩, 백로 등의 절기(節氣)를 사용하고 있으며 현재 우리가 쓰고 있는 태음태양력이 바로 이것이다.

달을 보며 삶의 리듬을 맞추는 것은 바다에 의지해 사는 어부들에게는 더 절실한 문제이다. 어부들은 달을 따라서 바다로 나가, 달이 시키는 대로 고기를 잡고, 달을 따라서 집으로 돌아와 그물을 손질하며 쉬는 생활을 반복한다. 작은 엔진을 달고 가까운 바다에서 고기를 잡아야 하는 작은 어선들은 썰물이나 밀물을 역류할 수 없다. 즉, 달이 시키는 대로 썰물을 따라서 바다로 나아갔다가, 달이 부르는 대로 밀물을 따라서 집으로 돌아오는 생활을 반복하게 된다. 그래서 보름달과 그믐달이 뜨는 밤에는 어느 때보다 밀물이 높게 차오르는 사리 현상이 일어나고, 상현달과 하현달이 뜰 때는 반대로 밀물이 적은 조금 현상이 생긴다. 때로 어부들이 물때를 놓쳐서 하룻밤을 바다에서 꼬박 보내야 하는 일이 이래서 생기는 것이다.

중국인들의 월병 사랑

달문화권은 우리나라를 비롯해 중국, 그리고 이슬람권 등이 대표적인 지역으로 꼽는다. 중국인들은 매년 8월 15일 보름달이 뜨면 우리가 송편을 먹는 것처럼 둥근 월병(月餠)을 빚어 먹는다. 우리의 송편과 마찬가지로 월병 또한 역사가 깊다. 역사적인 기록을 보면 이미

은상(殷商), 주(周)나라 때 절강 일대에서 태사과자 [太師餠] 가 나타났다는 기록을 볼 수 있다. 사람들은 이 태사과자를 월병의 시초로 보고 있다. 특히 중국에서 가장 아름다운 문화를 꽃피웠던 당(唐)나라 시기에는 장안 거리에 수많은 과자 가게가 생길 정도로 월병이 보편화되었다.

당나라의 현종이 당시에는 호병(胡餠)으로 불리는 월병을 양귀비와 함께 먹고 있었는데 아무래도 오랑캐 [胡] 라는 명칭 때문에 그 이름이 마음에 들지 않았다. 그때 둥근 보름달을 감상하며 호병을 먹던 양귀비가 자신도 모르게 월병이라는 말을 했고, 이 말을 들은 당 현종이 크게 기뻐하면서 그때부터 월병이라는 이름을 사용할 것을 명령하였다.

이밖에도 월병의 유래에 대해서는 몇 가지 설이 더 있는데 하나는 옛날 중국의 왕들은 봄, 가을이면 달을 보고 제사를 지내곤 했는데 월병에 복을 기원하는 습속이 남아 있었다. 다른 하나는 최근에 만들어진 유래로 일제가 중국 땅으로 침략하자 뜻있는 중국 사람들이 항일운동을 펼치기로 다짐했다. 이들은 일제의 눈을 피하기 위해 월병 안에 결의문과 봉기 일자를 넣어서 돌렸다. 이처럼 여러 가지 유래가 있지만 월병과 연관된 다양한 중국의 달문화를 파악할 수 있다.

오늘날에도 중국인들의 월병에 대한 사랑은 좀처럼 그치지 않고 있다. 오히려 월병을 이용해 부를 과시하고 부패를 조장한다는 비난이 일 정도로 갈수록 다양하고 고급스런 월병이 만들어지고 있다.

보름달 모양을 흉내 낸 둥근 모양의 월병은 길거리에서 파는 값싼 것부터 여섯 개 정도 한 세트에 몇 백만 원을 호가하는 것까지 재료에 따라 셀 수 없을 정도로 많은 종류가 있다. 팥이나 잼, 설탕, 참깨 등을 넣은 것은 물론이고 햄이나 소시지 심지어는 상어지느러미와 각종 고기를 넣은 것까지 여러 가지 맛으로 중국인들을 유혹하고 있다.

이슬람권의 달문화

대표적인 달문화권 중 하나로 꼽히는 이슬람 지역에서는 보름달이 아닌 초승달과 관련된 것이 많다. 국제적십자위원회에서도 초승달 기장을 허용할 정도로 달은 이슬람을 상징하는 중요한 징표로 인정받고 있다. 사막에서 유목생활을 하던 이슬람 사람들은 한낮의 뜨거운 햇볕을 아주 싫어한다. 그래서 이들은 한낮의 태양이 수그러들고 초승달이 떠오르면 결혼과 생일 등의 중요한 행사를 치르며 춤과 노래로 밤새도록 이날을 축하하곤 한다.

이슬람권에는 유난히 초승달과 별모양의 국기가 많다. 마호메트가 유일신인 알라(하느님)로부터 처음 계시를 받을 때 초승달과 샛별이 떠 있었기 때문이다. 이때부터 초승달과 샛별은 이슬람권에서 하나님의 진리가 인간에게 전해지기 시작했다는 중요한 징표가 돼주었으며 각별한 의미가 부여되기 시작했다.

이슬람권에서 가장 중요한 명절이자 행사로 꼽히고 있는 라마단 또한 초승달과 깊은 연관이 있다. 라마단은 마호메트가 알라에게 이슬람 경전인 코란을 계시 받은 것을 기념하는 날로 매년 아홉 번째 초승달이 뜨면 시작돼서 30일간 이어지는 이슬람 최대의 축제이다. 이슬람권 역시 음력과 비슷한 이슬람력을 사용하지만 눈으로 아홉 번째 초승달을 확인한 다음에야 라마단을 선포할 수 있다. 그래서 이들은 라마단이 가까워질 무렵이면 망원경까지 준비해 놓고 아홉 번째 초승달이 떠오르기를 초조하게 기다린다.

같은 달문화권이라는 동질감 때문일까? 우리나라는 오래 전부터 이슬람 지역과 빈번한 문화교류를 계속해왔다. 이슬람 사람들은 신라(新羅)를 온 나라가 금으로 가득 채워져 있으며, 사시사철 맑고 깨끗한 물이 흐르는 지상낙원으로 여겼다. 신라 42대 흥덕왕의 무덤에는 우리나라와는 전혀 다른 모양새의 무인 입상(立像)이 세워져 있는데 얼굴과 팔 등의 여러 가지 특징으로 미루어 이슬람권의 무사일 것으로 추측되고 있다.

879년인 신라 헌강왕 때 귀화한 이방인 처용 또한 이슬람 문화권에서 건너온 사람으로 추정되고 있다. 이 같은 사실은 페르시아의 고대 문헌 중 하나인 서사시 '쿠쉬나메'에 자주 신라가 언급됐다는 사실이 밝혀지면서 점차 사실로 인정되고 있다. '쿠쉬나메'에는 통일신라 시기에 해당하는 9세기 무렵 사산왕조의 패망과 함께 중국으로 피신해 있던 페르시아인들이 다시 중국의 정치적 혼란으로 신변에 위협을 느끼게 되자 신라로 망명하는 내용이 담겨 있다.

나라 동쪽의 주와 군을 순행(巡幸)하고 있었는데,
어디서 왔는지 알 수 없는 네 사람이 왕의 수레 앞에 와서
노래 부르고 춤을 추었다.
생김새가 해괴하고 옷차림과 두건이 괴상하였다.
당시 사람들은 그를 산과 바다의 정령(精靈)이라 일컬었다.

옛 기록에 이르기를 '왕의 즉위 원년의 일이다'라고 하였다.

- 『삼국사기』, 헌강왕 5년 3월 -

이때 처용가에서 아내를 범한 역신은 당시 신라에 만연하던 천연두를 말하는 것이며, 처용은 당시 세계 최고 수준이었던 이슬람 의술을 이용해 천연두를 비롯한 역병을 해결해준 것으로 추측된다.

그동안 미스터리 같은 존재로 남아 있던 처용의 출생지가 밝혀질 가능성이 커지고 있다. 고대 페르시아의 서사시 '쿠쉬나메'에 신라와 관련된 이야기들이 수록돼 있다는 사실이 밝혀졌기 때문이다. 7세기 중엽 멸망한 사산왕조의 페르시안 유민의 지도자 아비틴이 신라로 와서 정착했다고 한다. 아비틴은 신라왕의 환대와 함께 신라 공주 프라랑과 결혼했으며 이들 사이에서 난 아들 파리둔이 후일 아랍군을 물리치고 원수를 갚았다는 이야기가 기록을 통해 전해지고 있다. 달문화권의 아름다운 교류가 아닐 수 없다.

- 페르시아 서사시 『쿠쉬나메』 -

자신의 영역을 확장하려는 해문화권

일본은 지리적으로는 우리나라, 중국과 가까이 있지만 대표적인 해문화권으로 꼽힌다. 해문화권의 대표적인 나라는 일본과 함께 그리스, 이집트, 미국 등이다.

태양(太陽)을 한자로 풀이하면 거대한 불이나 빛 덩어리이다. 지구

상의 생명은 너나없이 태양에 의해 생겨나고 태양에 의존하고 있기 때문에 태양의 중요성은 더 말할 필요가 없다. 다만 한 가지 재미있는 사실은 태양은 늘 달을 지배하기 위해 애쓴다는 사실이다. 태양은 달이 만들어 내는 부드럽고, 따뜻한 어둠을 몰아내려 애쓰며, 공존을 허용하지 않는다.

그래서일까? 해문화권으로 분류되는 그리스와 이집트, 영국, 일본과 미국 등은 제국주의적인 기질을 유지한 채 본래부터 그 지역에서 오랜 문화를 이루며 살아 왔던 민족들을 정복하는데 열중했다. 실제로 미국인들은 인디언들이 원래부터 살고 있던 땅을 하느님이 자신들에게 내려준 신대륙이라며 감사의 기도를 올렸다. 그러나 이들의 감사기도 뒤에는 야만족이라는 누명을 쓴 채 자신의 땅과 가족, 그리고 부족을 지키기 위해 죽어간 인디언들의 처참한 운명이 남아 있다.

일본 또한 마찬가지이다. 한때는 조선이나 중국에 비해 문화가 뒤떨어진다며 비웃음을 샀지만, 서양의 앞선 문물을 받아들인 후 일본은 동양의 상당 지역을 자신의 영토로 삼을 정도로 국력을 확산시키는데 주력했다. 지금 일본이 영토의 크기에 비해 엄청나게 넓은 바다를 자국의 영토로 삼게 된 것은 2차 세계대전 당시 확장 일변도의 정책을 썼기 때문이다.

일본의 국기인 일장기(日章旗, 닛쇼키, Flag of Japan)는 히노마루(해의 원)라고 부르기도 한다. 여기서 일장(日章)이란 말은 '나날이 밝아진다'는 의미로 스스로 태양의 자손이라 믿고 자신들이 사는 땅이 태양이 처음 솟는 땅이라는 의미를 반영하고 있다. 그러나 일본의 해상 자위대가 지금까지 사용하고 있는 욱일승천기처럼 일장기 역시 제국주의적인 의미를 버리지 않은 것으로 인식돼 주변국으로부터 우려와 걱정을 사고 있다.

아름다운 달문화권의 확대를 위해

서양의 공포 영화는 물론 우리나라의 공포영화나 TV 납량물을 방영할 때 빠지지 않는 장면이 있다. 검은 구름에 가려진 달이 모습을 드러낼 때 늑대인간이나 처녀 귀신, 악귀 등이 함께 모습을 드러내는 것이다. 우리 선조들이 알았던 달의 따뜻하고 풍요로운 모습과는 사뭇 거리가 느껴지는 장면이다.

최근 서울시 종로구 와룡동에 위치한 창덕궁**에서 '창덕궁 달빛기행'이라는 행사가 개최됐다. 서울핵안보정상회의 관련 행사로 시작된 '창덕궁 달빛기행'은 100여 명의 국내 참여자들로 시작해 지난 2012년 10월까지 계속된 대표적인 고궁행사로 눈길을 끌었다.

어두운 밤길, 부드러운 달빛이 고궁 위를 비춰주면 어둠에 숨어 있던 건물들이 하나씩 달빛을 받으며 모습을 드러내기 시작한다. 이때 머리 위를 비춰주는 달빛은 마냥 정겹고 아름답다. 달은 서정적이며, 어머니처럼 부드러운 모습을 띤 채 시간이 정지된 고궁을 비춰준다.

밝은 달이 비춰지는 그곳에는 아름다운 시간이 머물러 있을 뿐이다. 슈퍼문에 대한 두려움이나 늑대인간, 지진, 쓰나미 같은 우울하고 어두운 이야기는 존재하지 않는다. 또한 어둠 속에 숨어서 자신을 괴롭힌 자를 원망하는 원혼들의 모습도 보이지 않는다. 달은 목소리를 높이지 않아도 자신을 위해 간절하게 고개를 숙이는 사람들에게

조용히 원하는 소원을 들어준다.

현재 세계로 퍼져 나가는 한류에도 이와 같은 달문화권의 특징이 고스란히 담겨 있는 것은 아닐까 하는 생각이 든다. 달에는 해문화권의 사람들이 미처 생각하지 못하는 따뜻한 서정과 부드러움, 모성애, 가족을 비롯한 가까운 사람들을 향한 정서 등이 포함돼 있기 때문이다. 세계인들이 단순히 우리가 만든 멜로디나 리듬이 아니라 우리의 정서를 듣고 공감을 한다는 사실에서 달문화권의 아름다운 정서에 공감하고 있다는 말이 결코 무리는 아니라고 생각한다.

이제 그들에게도 검은 구름에 가려져 있는 환한 보름달이 더 이상 무섭고 두려운 존재로 비춰지진 않을 것이다. 슈퍼문이 뜰 때마다 더 이상 늑대인간의 출현을 두려워하지 않으며, 창덕궁에 비추는 달빛처럼 세세만년 동안 이 땅과 사람들을 지켜온 따뜻한 달빛과 아름다운 문화를 느끼게 될 것이다.

둥실 떠오른 아름다운 보름달이 달문화권을 넘어 세계인들을 더 환하게 지켜주길 기원해 본다.

---

* 슈퍼문 : 평소 38만 4,400㎞의 거리인 지구와 달 사이가 2만 7,400㎞로 가까워지면서 벌어지는 현상이다. 일반 보름달보다 크기는 14퍼센트, 밝기는 30퍼센트 향상된 밝기로 관측됐으며, 슈퍼문에 따른 재앙설이 번졌으나 모두 낭설인 것으로 증명됐다.

** 창덕궁 : 1405년 태종 5년에 완공되었으며 인정전, 선정전, 소덕전, 빈경, 여일전 등 많은 전당이 들어서 있다. 창덕궁 역시 크고 작은 화재로 많은 수난을 겪기도 했지만 금원을 비롯한 다른 건물들이 그 원형을 갖추고 있어 우리에게 아주 중요한 고궁 중 하나로 꼽는다.

일곱

우리 음식문화와
눈물겨운 모정의 결합

부대찌개

배고픔, 세상에서 가장 무서운 형벌

소시지와 김치, 전혀 어울리지 않을 것 같은 두 가지 재료가 어우러져 근사한 맛을 내는 부대찌개. 지금이야 음식문화가 다양해져 전혀 다른 형식의 요리를 섞어 만드는 퓨전요리가 일반화되었지만, 부대찌개가 등장한 것이 1950년대이니 부대찌개는 '퓨전요리'라는 이름이 세상에 나오기도 전에 신세계를 개척한 것과 다름없다. 그런데 부대찌개가 등장한 배경은 조금 서글프다. 1950년 한국전쟁의 발발이 없었다면 우리 식탁에 오르지 않았을 음식이었기 때문이다.

한국전쟁이 일반 대중에게 미친 영향은 가혹했다. 전쟁의 상처 속에서 대중들은 버티는 것밖에는 방법이 없었다. 가족의 생사를 알 수 없는 상황에서 피난민으로 버텨야 했고, 굶주림을 참기 위해 버텨야 했다.

굶주림에 지친 그 시절, 미군부대에서 나오는 잔반들은 대중들에게 훌륭한 먹잇감이었다. 빵, 스테이크, 강낭콩 수프, 토마토 등 종류가 다양했을 뿐 아니라 고맙게도 배고픔을 오래 잊게 해주는 고열량이었다. 배고픔에 지친 대중들은 미군부대에서 내다버린 잔반을 허겁지겁 가져와 물을 붓고 걸쭉하게 끓였다. 잔반에 물을 넣어 끓인

117

건 아마도 쓰레기통에서 나온 음식이라는 이성과 더 많은 이들과 나누어 먹어야 한다는 감성이 뒤엉킨 행동이었을 것이다. 그렇게 걸쭉하게 끓인 음식이 '꿀꿀이죽'이었다.

꿀꿀이죽은 맛이 다양했다. 그날 미군부대에 오른 식사 메뉴에 따라 들어가는 재료가 달랐기 때문이다. 미군부대 식탁에 미트볼이 나온 날은 고기냄새라도 맡는 날이고, 꿀꿀이죽에 샐러드가 많이 들어간 날은 죽 색깔이 푸른빛이었다.

한국전쟁이 끝난 후에도 힘겨운 대중들의 삶은 달라지지 않았다. 1960년대에도 꿀꿀이죽은 배고픔을 잊게 하는 한 끼 식사였다. 사회 전체가 배고픔에 시달리면서 꿀꿀이죽을 사회적으로 배급을 하기도 하였다. 그때 상황이 얼마나 열악했는지는 한 기자가 꿀꿀이죽을 배급받기 위해 서 있는 이들을 보며 쓴 기사에서 드러난다.

먹는 것이 죄일 수는 없다. 먹는 것이 죄라면 삶은 천벌이기 때문이다.

하지만 돼지 먹이로 사람이 연명을 한다면

식욕의 본능을 욕하기에 앞서 삶을 저주해야 옳단 말인가?

담배꽁초, 휴지(무엇에 썼는지도 모름) 등

별의별 물건이 마구 섞여 형언할 수 없는 고약한 냄새를 풍기는

이 반액체를 갈구해야만 하는 이 대열!

그들은 돼지의 피가 섞여서가 아니다.

우리의 핏줄이요 가난한 이웃일 따름이다.

- 1964년 〈경향신문〉 1면 '허기진 군상' 기사내용 中 -

대한민국 1호 퓨전요리, 부대찌개

꿀꿀이죽과 더불어 당시 대중들의 배고픔을 견디게 한 것이 'C-레이션*'이었다. C-레이션은 제2차 세계대전부터 한국전쟁 당시에 미군들이 먹던 전투식량이다. 껌, 과자, 땅콩, 베이컨, 소시지 등의 식품과 비누, 수건 등의 생필품이 담겨 있던 C-레이션은 배고픈 대중들의 주린 배를 채워주는 고마운 먹잇감이었다.

현재 우리 식탁에 오르는 부대찌개 역시 C-레이션 덕분에 나온 음식이다. 당시 C-레이션은 암암리에 시장에 나와 거래가 되었다. 한 상자당 쌀 한 되 가격에 팔리던 C-레이션은 없어서 못 사는 제품이었다. 가뜩이나 먹을 게 변변치 않던 시절 과자, 땅콩, 베이컨, 소시지 등의 고열량 제품은 주린 배를 든든하게 채워주었다. 어렵사리 소시지와 햄, 베이컨을 구한 어머니들은 주린 배를 움켜쥔 가족을 위해 요리를 하였다. 소시지와 햄, 베이컨 등의 재료는 난생 처음 보는 재료였지만, 우리 어머니들은 그것을 굽거나 볶아 먹으면 된다는 걸 삶의 지혜로 알고 있었다. 그러나 어머니들의 선택은 달랐다. 굽거나 볶아 먹으면 가족들의 주린 배를 불릴 정도의 양이 되지 않았다. 게다가 당시 한국 사람들이 먹기에는 햄과 소시지가 너무 느끼했다.

그때 한국 어머니들의 지혜가 발휘되었다. 서양음식인 소시지, 햄, 베이컨, 콩 통조림에 한국음식인 김치와 고추장을 넣었다. 소시지와 햄의 느끼함을 얼큰한 국물로 풀어내기 위해서였다. 또한 적은 재료로 여러 사람의 배를 든든하게 하기 위해 물을 넣고 우리식 찌개로 끓였다. 그렇게 보글보글 끓인 찌개를 온 식구가 둘러앉아 허기졌던

119

속을 채워주던 것이 바로 부대찌개다. 음식 이름과는 어울리지 않는 '부대'라는 이름이 붙은 것은 미군부대에서 나온 재료로 만들었다는 의미다. 미군부대가 자리하던 의정부에 부대찌개를 파는 가게들이 속속 등장하면서 부대찌개라는 이름이 자리를 잡았다. 그리고 부대찌개는 50년이 지난 후에도 얼큰한 맛과 부드러운 맛이 공존하는 대한민국의 음식이 되었다.

부대찌개 등장의 배경이 된 밥

그런데 부대찌개가 탄생하게 된 배경이 먹을 것이 없는 시대상황 때문만은 아니었다. 미군부대의 쓰레기통을 뒤져 만든 음식이었지만, 부대찌개에는 우리나라 음식문화의 특성이 고스란히 들어있다. 어려운 상황 속에서도 우리에게 맞는 음식으로 탄생시킨 것이다.

부대찌개의 가장 큰 매력은 얼큰한 국물이다. 그런데 소시지나 햄, 베이컨 등은 본래 굽거나 볶아먹는 음식이다. 우리 어머니들이 부대찌개에 김치와 고추장을 넣어 얼큰하게 끓인 이유는 서양식 재료의 쓰임을 이해하지 못해서가 아니다. 부대찌개의 얼큰한 국물맛은 우리의 주식인 밥과 관련이 깊다.

우리나라 식단은 주식과 부식으로 나눠진다. 서양이 메뉴에 따라 주식과 부식이 바뀌는 것과 달리 우리는 주식인 밥은 일관되게 먹되 반찬인 부식이 때에 따라 다른 것으로 구성된다. 여기서 말하는 밥은 지금 우리가 주로 먹는 쌀밥만을 의미하는 건 아니다.

조선시대에 밥을 짓는 곡물은 지역이나 생활의 윤택 정도에 따라 달랐다. 땅이 비옥해 평야가 발달한 남쪽은 쌀농사를 짓기에 용이했지만 산간지역인 북쪽은 쌀농사를 지을 땅이 제한적이었다. 날씨가 추운 것도 북쪽에서 벼농사가 원활하지 않았던 이유 가운데 하나였다. 때문에 북쪽에서는 주로 조로 밥을 지어 먹었다.

우리나라가 쌀을 주식으로 삼은 건 기호의 문제가 아니었다. 벼농사는 인구밀도가 높아 수많은 사람들의 식량을 조달해야 하는 곳에서 가장 적합하게 선택할 수 있는 작물이었다.

유럽에서 농사를 짓는 밀의 경우 1알을 뿌리면 6알의 수확이 가능하다. 이에 반해 쌀은 1알을 뿌리면 평균적으로 25알에서 30알 정도의 수확이 가능하다. 같은 넓이의 땅에 밀을 심으면 75명이 먹을 수 있지만, 벼농사를 지으면 100명이 먹는 것이 가능했다. 이처럼 쌀은 좁은 땅에서 상대적으로 많은 양을 수확할 수 있는 작물이기에 우리나라는 4천년 전**부터 벼농사를 지어왔다.

우리나라가 주식으로 쌀을 선택한 건 여러모로 탁월한 선택이었다. 쌀은 영양학적으로도 매우 뛰어난 식품이다. 많은 이들이 쌀이 탄수화물로만 이뤄져 있다고 생각하지만, 쌀에는 79퍼센트의 탄수화물 외에 7퍼센트 정도의 단백질이 함유되어 있다. 그러므로 밀을 주식으로 먹는다면 단백질을 보충하기 위해 고기 등을 먹어야 하지만, 쌀을 주식으로 먹을 경우에는 쌀로부터 최소한의 단백질을 보급받을 수 있다.

하지만 이렇게 영양학적으로 우수한 쌀을 우리 민족이 사시사철 먹을 수 있는 건 아니었다. 쌀의 비율보다 보리, 수수, 기장, 현미 등의 잡곡을 섞어 먹는 경우가 더 많았다. 그나마 잡곡을 섞어 먹는 것도 가을 추수가 끝난 후의 일이었다. 만성적인 식량부족국가였던 우리나라는 춘궁기인 5~6월에 접어들어서는 풀죽을 쑤어 먹는 경우가 허다했다.

그렇다면 이쯤에서 궁금증이 생긴다. 4천 년 전부터 벼농사를 지었던 우리나라가 왜 만성적인 식량부족에 시달렸을까? 가장 큰 문제는 농사가 가뭄이나 재해 등 날씨의 영향을 많이 받는 작물이었기 때문이다. 농사는 열심히 땅을 일구고 가꾼다는 사실과 별개로 하늘의 뜻이 더해져야 일정량의 작물을 수확할 수 있다. 일 년 내내 열심히 농사를 지어도 가뭄이나 태풍 등의 천재지변만 들면 일 년 농사가 헛일이 되는 경우가 비일비재하다.

이런 까닭에 조선시대 왕들은 날씨에 굉장히 민감하였다. 날씨가 한 해 농사의 질을 결정하는 중요한 요소였기 때문이다. 조선시대 왕들이 흉년이나 가뭄이 들면 직접 기우제를 지내는 것 역시 조선이 만성적인 식량부족국가였음을 알 수 있게 하는 부분이다.

오직 밥으로 영양분을 채우던 시절

지나치게 밥에 의존한 식사 역시 우리나라 식량 부족의 원인 가운데 하나였다. 우리나라는 주식인 밥과 부식인 반찬을 먹었지만, 과거에는 반찬의 가짓수가 많지 않았다. 육류나 생선 등의 반찬은 잔칫날에나 오를까 말까한 반찬이었고, 조선시대에 상에 올랐던 반찬이라고는 채소와 장, 젓갈, 국이 전부였다. 반찬의 수가 적을 뿐 아니라 양도 적었다. 식사 가운데 밥이 90퍼센트를 차지하고, 반찬이 10퍼센트를 차지하는 정도였다. 먹을 게 변변치 않던 시절이라 오직 밥만으로 하루에 필요한 에너지를 공급받아야 했다. 그렇기에 조선시대에는 상당히 많은 양의 밥을 먹었다. 조선 후기의 실학자인 이덕무(李德懋)는 그의 전집 『청장관전서(靑莊館全書)』에 성인 남성의 한 끼 식사량이 7홉이라고 적어 놓았다. 7홉을 현대식으로 따져보면 약 420cc, 지금 현대인의 식사량에 비해 3배나 많은 양이다.

19세기 말 우리나라를 여행한 이사벨라 버드 비숍(Isabella Bird Bishop)도 그의 저서 『한국과 그 이웃 나라들』에서 우리나라의 많은 밥 양과 적은 반찬에 대해 적어 놓고 있다.

확실히 이 곳 남자들의 식사는 일하는 사람들이 보통 먹는 것보다
훨씬 정갈했다.
여인들은 아무렇게나 먹고 자기 남편들이 먹다 남긴 것을
먹어 치우는 것이 통례였다. 남자들에게 가는 모든 식사는
한 사람 앞에 하나씩 돌아가는 몇 센티미터 높이의
작고 둥글고 어두운 색의 나무 상에 차려졌다.
쌀이 주식이며 매우 큰 주발에 담아지는데 그 밖에도 대여섯 개의
도기 접시에 반찬이라기보다는 오히려 맛을 내는 양념에
가까운 것이 놓여 있었다.
금속으로 된 스푼은 아주 귀했다. 젓가락과 뿔이나 기타 비금속으로 된
평평한 스푼이 먹는데 사용된다.

- 이사벨라 버드 비숍, 『한국과 그 이웃 나라들』中 -

우리나라 사람들이 밥을 많이 먹었다는 사실은 성호(星湖) 이익(李瀷)이 쓴 『성호사설(星湖僿說)』에서도 드러난다.

우리나라 사람들이 많이 먹으려고 드는 습성은 천하에서 제일 간다.
최근에 표류하여 유구국(琉球國 ; 지금의 오키나와)에 간 자가 있었다.
그 나라 백성들이 '너희 풍속이 항상 큰 사발과 쇠숟갈로 밥을 떠서
실컷 먹으니 어떻게 가난하지 않겠는가?'라며 비웃었다.
예전에 우리나라에 표류하여 온 자가 있어 우리 풍속을 잘 알고 하는
말이다.
내가 일찍이 바닷가에서 한 사람이 세 사람이 나눠 먹어도
굶주리지 않을 양을 먹는 장면을 본 적이 있다.
나라가 어떻게 가난해지지 않겠는가?

- 성호(星湖) 이익(李瀷)의 『성호사설(星湖僿說)』 -

그런데 우리나라 사람들이 많은 양의 밥을 먹었던 건 당시 아침과 저녁 두 끼만을 먹었기 때문이다.

그렇다면 조선시대에는 아침과 저녁 사이에 점심을 먹지 않았을까? 지금 우리가 말하는 점심과 조선시대에 쓰인 점심이라는 말은 의미가 다르다. 조선시대에 '점심(點心)'은 먹을 수도 있고, 안 먹을 수도 있는 간식을 의미하는 말이었다. 원래 점심(點心)은 중국의 스님들이 저녁 공양 전에 말 그대로 '마음에 점을 찍을 정도'로 간단하게 먹는 음식을 가리키는 말이었다.

먹을 것이 풍족했던 조선시대 왕들도 아침과 저녁만 먹었다. 아침

과 저녁에는 '수라'라고 부르는 밥을 먹었지만 점심에는 국수나 다과 등의 '낮것'을 먹었다. 그러다가 조선 중기로 가면서 낮에도 밥을 먹는 것으로 변하였다.

서민들의 삶에서도 하루의 끼니수는 노동량과 생활 정도에 따라 달랐다. 농번기에는 새참까지 합해 여러 끼니를 먹었지만 아침과 저녁을 제외하고는 간식 정도의 수준이었다. 점심에 밥으로 끼니를 채우는 것은 조선시대 말까지도 완전하게 이뤄진 것은 아니었다.

쌀로 술을 빚어 먹었다는 점도 조선시대에 쌀이 부족했던 이유 가운데 하나였다. 조선시대에는 농경사회의 고된 노동을 해소하기 위해 술을 자주 마셨다. 그런데 문제는 술의 주재료가 쌀 등의 곡물이었다는 사실이다. 더구나 술을 빚기 위해서는 밥을 짓는 것보다 훨씬 많은 양이 필요하였다. 사회 전체의 분위기가 농업 생산량에 의해 좌지우지되는 분위기에서 술을 빚기 위해 지나치게 많은 양을 소비하는 것은 나라 살림살이의 기반이 흔들리는 문제였다. 쌀 생산량이 부족해 먹을 밥도 부족한데, 그것이 술 빚기를 통해 흥청망청 사용된다면 민심이 흉흉해질 것은 당연한 일이었다. 이런 까닭에 조선은 개국 초기부터 금주령을 기본으로 하였다.

금주령을 내렸다. 의정부에서 아뢰기를
'늙고 병든 사람이 약으로 먹는 것과 시정에서
매매하는 것도 모두 엄하게 금하소서'하니, 그대로 따랐다.

- 『태종실록』 10년(1410년) 1월 19일 -

125

시기에 따라 금주령의 억압이 강하고 약하고의 차이는 있었지만 조선시대 내내 금주령이 시행되었다고 봐도 무방하다. 그러나 아무리 금주령이 강력하다고는 해도 집안의 세세한 살림까지 단속하기에는 한계가 있었다. 양반집이나 서민들 사이에서 몰래 술을 빚어 먹는 경우는 흔했다. 『순조실록』에는 갈수록 늘어나는 술집에 대해 걱정하는 상소가 기록으로 남아 있다.

아, 한양의 쌀은 모두 술 빚는 집에 들어가고, 저자의 생선과 고기는

모두 술집으로 들어가니, 근래에 물가가 오르고 민생이

궁핍해지는 것은 이 때문입니다.

본디 금주령이 백성을 동요시키는 단서가 되는 것을 알고 있으니,

일절 금지할 수는 없습니다. 그렇지만 거리에서 풍성한 안주에 크게

술판을 벌이는 데 이르러서는, 어찌 그렇게 낭비하는 대로 두어

끝없는 폐해를 끼치게 하겠습니까?

- 『순조실록』 3년(1803년) 8월 9일 -

물론 조선시대의 식량부족을 밥을 많이 먹었다거나 술을 지어 먹었다는 이유만으로 설명할 수는 없다. 조세제도의 왜곡과 관리의 수탈 역시 식량부족의 중요한 이유였다. 그러나 술과 대식습관 또한 조선시대 식량부족의 이유 가운데서 빠질 수 없다.

거친 밥을 넘기기 위해
짠 반찬과 국이 필요했던 식문화

만성적으로 쌀 부족에 시달렸던 조선시대 사람들은 밥을 지을 때 보리, 현미, 기장, 조 등의 잡곡을 섞어 지었다. 쌀이 넉넉할 땐 쌀의 비율이 높았지만, 이는 추수기에 한정된 정도였다. 대부분의 끼니는 쌀보다 잡곡의 비중이 높았다.

그런데 잡곡은 한 가지 문제가 있었다. 깔깔하고 거친 까닭에 밥을 씹기가 힘들었다. 여러 차례 곱씹어야 비로소 넘길 수가 있었다. 이런 이유 때문에 반찬은 젓갈, 장 등 주로 짠맛이 강한 반찬들이 올라왔다. 짠맛이 강할 경우 침샘에서 침의 분비가 늘어나 거친 밥을 넘기기가 한결 수월했기 때문이다. 18세기 김치가 등장하기 전에 먹었던 '지'도 오이지, 장아찌 등 채소를 소금이나 장에 절인 짠반찬들이었다.

우리나라 밥상에 국이 빠지지 않고 올랐던 것 역시 밥을 부드럽게 넘기기 위함이었다. 우리나라 사람들은 유난히 국물을 좋아한다. 사람에 따라 차이는 있지만 국물이 없으면 밥을 먹지 못하는 습관 역시 퍽퍽한 밥을 넘기기 위한 방편이었다. 국을 즐겨 찾는 우리 음식문화의 특성은 '국물도 없다'는 말에서도 드러난다. 국물도 없다는 주로 상대방에게 아무 이익을 주지 않겠다는 의미로 사용되는 말이다. 국물을 좋아하는 우리 음식문화 속에서나 나올 수 있는 표현이다.

우리나라 음식문화에 국이 빠지지 않았음을 보여주는 예가 숟가락을 사용했다는 사실이다. 전 세계적으로 봤을 때 음식을 먹을 때 젓가락을 사용하는 인구는 약 3할이다. 이 3할 가운데에는 우리나라를 비롯한 동아시아 지역이 포함되어 있다. 그런데 우리와 가까운 일본과 중국은 숟가락을 우리나라처럼 사용하지는 않는다. 우리와 비슷한 국물 요리가 있지만, 그들은 젓가락으로 건더기를 건져 먹고, 입을 대서 마실 뿐 숟가락으로 떠먹지 않는다. 우리가 숟가락을 사용했다는 사실은 국물요리를 좋아하는 우리나라 음식문화의 특성을 보여주는 실례다.

장과 젓갈 등 짠반찬을 먹은 것과 국과 탕을 좋아하는 우리나라 음식문화의 특징은 우리의 주식인 밥을 잘 넘기기 위한 식생활 방식에서 비롯되었다.

섞음의 음식문화

또 하나, 우리나라 음식문화 가운데 빠질 수 없는 부분이 섞어 먹는 음식을 좋아했다는 점이다. 섞어 먹는 음식문화의 대표격인 음식이 비빔밥이다. 밥과 고기, 나물 등을 섞어 먹는 비빔밥은 섞어 먹기를 좋아하는 우리나라 음식문화를 고스란히 보여준다. 갖은 재료를 넣고 끓이는 찌개문화 역시 섞어 먹기를 좋아하는 우리나라 음식문화의 특성에서 나온 예이다.

이처럼 섞어 먹는 우리나라 음식문화의 특성이 고스란히 들어가 있는 음식이 부대찌개이다. 소시지와 햄, 김치 등을 넣고 얼큰하게 끓인 것은 섞어 먹는 문화와 국물이 있는 음식을 좋아하는 우리 음식문화의 결정체를 보여주고 있다.

즉, 부대찌개는 소시지나 햄 등 당시로서는 한 번도 듣도 보도 못한 재료였지만 우리나라 사람들의 세포 속에 각인된 맛으로 만들겠다는 우리 어머니들의 눈물겨운 모정이 만들어낸 음식이다. 서양의 재료와 우리나라 음식문화의 결합으로 이뤄진 부대찌개는 어려운 시절 배를 채우려는 노력이었고, 그럼에도 불구하고 입맛에 맞는 음식을 해주고자 한 어머니의 마음씀씀이, 바로 그것이었다.

---

* C-레이션 : 미군의 전투식량. 1958년 정식명칭이 MCI로 교체되었지만 통상적으로 C-레이션으로 불렸다. 껌, 과자, 땅콩, 베이컨, 소시지 등의 음식과 비누, 수건 등의 생필품이 담겨 있었다. 1950년 6월 30일 미군 가운데 최초로 우리나라에 도착한 스미스 부대원 406명의 장병들은 M1 카빈 실탄 120발과 C-레이션 2일분을 가지고 있었다.

** 우리나라 벼농사의 시작 : 우리나라에서는 쌀을 4천년 전부터 재배하였다. 1991년 6월 경기도 고양군 일산읍의 토양층에서 자포니카 볍씨 4개가 발견되었는데, 이것이 B.C 2300년 전 것으로 판명이 나면서 신석기시대부터 벼농사가 이루어져 왔음이 알려졌다.

여덟

개화의 무한궤도를 달리다

전차와 전기

1899년 5월 17일 대한제국의 수도 한성에서는 지금까지 한 번도 볼 수 없었던 괴물이 '댕, 댕, 댕' 소리와 함께 서대문을 출발해 종로를 거친 후 청량리까지 힘차게 달려 나갔다. 이 괴물의 이름은 전차(電車)였다. 무려 8km의 속력을 자랑하던 전차는 당시 한성의 주요 교통을 담당했던 인력거나 남녀(藍輿), 우마차 등과는 차원이 다른 교통수단이었다.

전차가 세상에 처음으로 모습을 드러낸 것은 1879년 독일 베를린에서 열린 만국박람회에서이다. 1889년 유럽 도시에 전차가 최초로 가설되었고, 1897년에는 일본에 전차가 가설되었다. 당시 전차는 중국이나 러시아조차 엄두를 못 낸 첨단문명의 상징이었다.

지난 1898년 한성의 서대문과 청량리 구간에 최초로 개설된 전차는
당시 조선을 여행하던 외국인들조차 놀랄 정도로 빠르게 도입됐다.
아시아에서 일본 다음으로 도입된
한성의 전차는 중국보다도 앞선 문물이다.

- 서울특별시편찬위원회, 『서울 600년사 3』 中 -

한성에서 전차는 1898년 10월 18일부터 12월 25일까지 서대문에서 청량리까지 1단계 공사가 시작되었다. 그리고 1899년 5월 4일 동대문과 경희궁 홍화문 사이의 첫 운행에 성공을 거뒀으며 같은 해 5월 20일부터 시운전을 마치고 정상적인 운행을 시작했다.

전차를 향한 신민(臣民)들의 환호는 대단했다. 서대문에서 종로, 동대문을 거쳐 청량리에 이르기까지 약 8km의 단선궤도 전차에 불과했으나 시골에서 올라온 사람들이 생업도 잊고 하루 종일 전차만 타다가 패가망신하는 경우까지 생겨날 정도였다. 당시 전차의 운임은 서대문에서 동대문까지 5전 정도였는데, 지금으로 치면 약 6천 원 정도였다고 하니 결코 적은 금액이 아니었다. 매 10분마다 전차가 운행되었으나 따로 정류장이 있었던 것은 아니고 전차가 다니는 길 어디서든 손만 들면 세워주고 내려주었다. 한성에서 전차가 운행되기 시작한 것은 놀라운 일이었다. 당시 아시아에서는 일본 교토를 제외하고는 전차가 운행되는 곳이 없었다. 당시 운행되던 전차는 40인승 차량 8대와 고종황제를 위한 황실전용 1대로 구성됐다. 전차를 운행하는 운전수는 교토에서 전차를 운행하던 일본인 운전사 중에서 선발했으며, 차장은 우리나라 사람을 고용하였다.

구한말에 운행되던 전차는 상당히 불편한 점이 많았다. 양반들만 앉을 수 있었던 특실을 제외하고는 유리가 없는 개방형으로 만들어졌기 때문에 추위와 비바람을 고스란히 맞아야만 했다. 달리는 평균 속도는 약 8km, 최고 24km를 넘을 수 없도록 했는데 이것은 전차가 개통된 지 약 닷새 만에 다섯 살짜리 아이가 열차에 치어서 사망하는 사건이 벌어지자 고종황제가 특별히 내린 명령 때문이었다.

종로 2가에서 벌어진 이 교통사고는 적지 않은 파장을 불러 일으켰다. 사망한 아이의 아버지가 이 사건을 목격한 뒤 도끼를 꺼내들고 전차에 달려들었고 함께 있던 사람들까지 전차에 달려들어 두 대의 전차가 전소되는 사건이 벌어졌다. 사건 후 일본인 운전사가 호신용 권총과 경찰 탑승, 유족이 보상받을 수 있는 공탁금 제도 등을 요구하며 파업을 벌이다 일본으로 돌아가는 바람에 전차는 약 5개월간의 무기한 휴업에 돌입하게 됐다. 이 사건은 미국 운전사 8명과 기계공 2명을 다시 모집하는 선에서 마무리 되었고 1889년 9월경에야 겨우 운행이 재개되었다. 이런 소동에도 불구하고 전차의 인기와 수요는 수그러들지 않았고 남대문까지 운행이 연장되었다. 또 다음해인 1900년에는 용산까지 노선이 연장되었다.

전차는 개화를 꿈꾸던 대한제국과 백성들에게 그 당시까지 경험하지 못했던 많은 변화를 안겨주었다. 전차가 달리기 시작한 대한제국의 수도 한성은 더 이상 쇄국의 그늘을 뒤집어 쓴 은둔의 도시로 남아 있을 수 없었다. 전차가 달리기 위해서는 전기를 생산하는 발전소를 갖춰야 했고, 발전소를 움직일 수 있는 안정적인 에너지인 무연탄이 필요했다. 대한제국에는 이 같은 기술과 에너지 원료가 없었기 때문에 싫어도 외국과 교류를 지속해야만 했다.

또한 전차는 시간과 분 단위로 움직이며 도시 사람들이 꼭 필요로 하는 도회성을 가르치기 시작했다. 전차 시간표가 본격적으로 도입된 1904년부터 이제 더 이상 아침 무렵이나 점심 무렵이란 말은 적용되지 않았다. 비록 손만 들면 세워주었을 망정 최소한 열차가 지나는 시간에 맞춰서 움직여야 했다. 전차 벽면을 장식한 광고판은 대한제

국과 한성 역시 날이 갈수록 기세를 올리는 자본주의의 한쪽에 편입
됐음을 알려주는 상징이었다. 또한 전차의 같은 칸에 올라탄 남자와
여자들은 어쩔 수 없이 몸을 부대끼며 성리학적 남녀유별에서 벗어
나야만 했다.

이뿐인가? 식민지의 암울한 하늘 아래서도 조선 사람들은 전차를
타고 창경원으로 가족 여행을 떠나거나 진고개(명동)의 화려한 야경
과 소비문화를 동경하면서 도시적인 가족문화에 길들여지는 소시민
의 단상을 누리기 시작했다.

그런데 하필이면 왜 대한제국은 개화의 상징으로 전차를 선택했을
까? 일본이나 중국, 러시아처럼 군대나 군함, 대포, 산업부흥이 아니
라 도성 한가운데 전차부터 가설한 이유가 무엇일까? 개화의 무한궤
도에 올라탄 채 끝없는 기적소리를 울렸던 대한제국 전차는 대체 어
느 곳을 향해 달려가고 있었던 것일까?

고종으로부터 시작해 고종으로 끝난 전차

개화의 목소리가 높던 대한제국의 중심은 누가 뭐래도 고종이었
다. 고종은 정조의 개혁정치를 본받아 안으로 물산을 부흥시키고 밖
으로 미국이나 법국(프랑스), 덕국(독일) 등과 겨룰 수 있는 자주 독립
국가를 꿈꾸었다. 실제로 고종은 44년을 넘는 긴 재위기간 동안 훌륭
한 군주로 자리매김하기 위한 노력을 멈추지 않았다. 고종은 전차와
전기를 비롯한 서양 신문물을 받아들이기 위해 부단한 노력을 계속
했다. 또한 대한제국 예산의 40퍼센트를 국방예산으로 사용할 정도

전차

공중에 가설한 전선으로부터 전력을 공급받아 달린다. 우리나라에서는 1898년 서울에 처음으로 등장하였다. 우리나라에서 전차사업에 처음으로 관심을 가지게 된 사람은 경인철도 관계로 우리 나라에 와 있던 미국인들이었다는 것은 자연스러운 일이었다. 1898년 2월 19일 미국인 콜브란(Collbran, H.)과 보스트윅(Bostwick, H.R.)은 우리 정부로부터 한성(지금의 서울) 시내에서의 전기사업경영권을 얻어 그 사업의 하나로 전차가 부설되기에 이른 것이다.

그 뒤 전차는 일제강점기 때 부산과 평양에도 가설되고 노선이 확대되면서 가장 중요한 시내 교통수단이 되어갔다. 8·15광복 후 자동차의 보급으로 버스가 중요한 교통수단이 되면서 도로 한가운데를 지나는 전차가 오히려 폭주하는 교통수요에 장애가 된다고 하여 1969년 철거되었다. 서울역사박물관.

로 무력 강화에도 각별한 노력을 기울였다. 이뿐 아니라 김옥균을 비롯한 갑신정변의 주역들은 대부분 고종이 각별한 애정을 기울이며 키운 새로운 인재들이었다. 하지만 그에 대한 평가는 다소 엇갈리고 있다.

구한말의 애국지사 중 한 명인 매천 황현은 그의 저서인 『매천야록』에서 '고종은 스스로를 웅혼한 기상과 능력을 갖춘 군주로 자신했다'는 말을 남겨 놓았다. 고종이 매사에 자신감을 가지고 군주로서의 위엄을 지키며 충실히 정사에 임했다는 말이다. 실제로 고종은 주로 밤에 일하던 습관 그대로 저녁부터 새벽까지 꼼꼼하게 상소문을 검토하며 성실하게 자신의 업무에 임했다. 고종은 또한 그의 아내이자 국모인 명성황후와 모든 일을 의논하는 것을 즐겨했다. 이처럼 고종에게 명성황후는 아내 이상의 각별한 의미가 있었다.

흥선대원군은 명성황후가 가족이 없어 외척 세력이 발호하지는 않을 것이라는 기대를 하였다. 그러나 명성황후는 여흥 민씨 사람들을 모아서 강력한 정치 세력을 구축하였다. 또한 가파르게 진행되는 정치 현실 속에서 적재적소에 일본과 러시아, 미국 세력 등을 끌어 들이고 내치는 혜안을 보여주기도 했다. 그런 명성황후가 일제의 낭인들에게 무참히 살해된 후 고종의 근심과 외로움은 그칠 줄 몰랐다. 고종은 언제든 명성황후처럼 무참히 살해당할 수 있다는 공포에 사로잡혔으며 자신의 자리에서 쫓겨날 수 있다는 악몽에 시달렸다.

고종은 지금의 청량리에 있는 홍릉*에 명성황후를 안치했다. 그리고 틈날 때마다 명성황후가 잠들어 있는 홍릉을 찾아가 명성황후의 체취를 느끼기 위해 안간힘을 썼다. 그러나 문제가 생겼다. 경복궁에

고종(高宗)

조선 제26대 왕이자, 대한제국 제1대 황제(재위 1863~1907년). 영조의 현손 흥선대원군 이하응의 둘째아들. 비는 명성황후로, 여성부원군 치록의 딸이다. 1863년(철종 14년) 12 월 철종이 후사 없이 승하하자 조대비의 전교로 12세에 즉위하였다. 새 왕의 나이가 어 리므로 예에 따라 조대비가 수렴청정하였으나, 대정을 협찬하게 한다는 명분으로 정권 은 대원군에게 넘어가 이로부터 대원군의 10년 집정시대가 열렸다.

명성황후와 대원군의 세력다툼 속에서 일본을 비롯한 열강의 내정 간섭을 겪었다. 개화, 수구의 양파가 대립하였고, 병자수호조약, 한·미, 한·영 수호조약 등이 이루어졌다. 한국학중앙연구원.

서 홍릉까지 한 번 출행을 하는데 적지 않은 돈이 든다는 사실이었다. 아무리 국력이 쇠했다 해도 한 나라의 지존인 고종이 홍릉을 호젓하게 다녀올 수는 없는 노릇이었다. 수많은 대신들과 시종, 군인들을 대동해야 했는데 그때마다 약 10만 원이라는 거금이 들었다. 을사오적의 주역인 이완용이 나라를 팔아먹은 대가로 받은 돈이 14만 원이었는데 그 돈은 지금 가치로 약 20억 원 정도이다. 그러니 고종의 행차 비용이 얼마나 부담이었는지 알 수 있다. 또한 백성들이 살고 있는 집이나 건물 일부를 부숴야 하는 일까지 있었다.

고종의 이 같은 고민은 결국 대한제국에서 돈 벌 궁리에 골몰하던 경인철도 기사 콜브란에게 일생일대의 기회를 주었다. 콜브란은 고종을 찾아가 종로에서 청량리까지 전철을 개설하면 큰 돈을 들이지 않고 홍릉을 행차할 수 있다고 설득하였다. 고종은 콜브란의 제안대로 한성에 전차를 개설할 것을 허락했고, 콜브란은 H.R 보스트윅과 함께 한성전기회사를 세운 뒤 전차, 전등, 전화의 독점권을 행사할 수 있도록 대한제국정부와 계약을 맺었다. 고종은 당시 대한제국 육군총장이었던 이학균을 내세워 콜브란과 전기사업에 대한 계약을 체결하도록 했다. 자본금은 150만 원이었는데 한미전기회사를 세워 전차는 물론 전등과 전화의 독점권까지 행사하도록 했다. 고종이 40만 원을 냈고 1934년 5월 말까지 35만 원을 추가로 더 출자한다는 약속어음을 발행하는 것으로 계약이 완료됐다. 그러나 한성전기주식회사는 모든 경영권을 미국이 독점하는 전형적인 불공정 관행을 보여 후에 고종황제의 커다란 진노를 샀다. 어쨌든 이 계약을 통해 서대문에서 청량리까지 철도 궤도 공사를 완성하는 것은 물론 현재 동대문종합쇼핑센터 자리에 75㎾ 직류 600V 1대와 백 마력의 증기발전 시설을 갖춘 발전소를 세웠다.

그러나 결과적으로 보면 대한제국의 전차는 이 많은 수고에도 불구하고 끝내 외세를 막는데도, 나라를 부강하게 만드는데도 별다른 도움을 주지 못한 채 개화의 장식물로 끝나는 비운을 겪게 된다.

첫 국제 비즈니스의 실패

조선말과 대한제국을 살았던 우리 조상들은 진정으로 개화와 부국강병에 관심이 없었던 것일까? 결코 그렇지 않았다. 고종의 아버지인 흥선대원군 역시 1866년 제너럴 셔먼호 사건이 발생하자 근대적인 함선의 필요성을 절감했다. 조선은 한때 거북선과 판옥선 등을 건조하며 세계 최고의 조선기술을 가진 국가로 인정받았으나 불과 2백년 남짓한 사이에 후진적인 기술을 가진 나라로 전락하고 말았다.

흥선대원군은 전국에서 이름난 조선기술자와 대장장이 등을 모아 이양선에 필적할 만한 함선을 건립하는 한편 이들의 의견을 받아서 학의 날개로 만든 학익선을 건조하는 등 다양한 노력을 펼쳤다. 이뿐 아니라 일본에서 최신식 총을 수입하고 만주에서 말을 수입하는 등 국방 강화를 위한 노력도 병행했다. 그러나 모든 기술이 낙후될 대로 낙후된 조선은 끝내 함선 건조에 처참하게 실패했고, 만화에나 나올 법한 아이디어의 학익선 또한 커다란 실패를 불러왔다.

개화와 개혁에 대한 실패는 고종에게도 똑같이 일어났다. 자신의 아버지인 흥선대원군과 마찬가지로 군함의 중요성과 필요성을 뼈저

리게 느끼고 있었던 고종은 1893년 당시 군사적 요충지인 강화도 갑곶 인근에 우리나라 최초의 해군사관학교였던 해군통제영학당(海軍統制營學堂)을 설립하였다. 청나라에서 도입한 1,000원의 차관으로 교육시설을 지었고 영국에서 초빙한 교관인 해군대위 콜웰(William H. Callwell)이 군사학과 항해학을 담당하였다. 그러나 해군통제영학당은 개교한지 1년만인 1894년에 폐교되었으며 기초군사교육 이외에 체계적인 교육관리가 이루어지지 않은 것으로 전해지고 있다. 콜웰이 1994년 강화도에 도착하자 300명의 학생 중 겨우 160명만이 남아 있었다고 한다. 청일전쟁에서 승리한 일본이 대한제국의 군사력이 커질 것을 우려해 학교운영을 방해한 것이 큰 원인이었다. 하지만 근본적으로 충분한 교육재정 확보와 교육과정의 준비없이 보여주기식 학제 편성을 한 것이 더 큰 문제였다.

이 같은 문제는 고종이 우리나라 최초의 군함인 양무호(揚武號)를 구매하는 과정에서도 비슷하게 벌어졌다. 강력한 해군의 필요성을 절감하던 고종은 1903년 일본 미쓰이물산합명회사로부터 군함을 한 척 주문해 납품을 받았다. 3,424톤에 1,700마력의 이 군함은 4개의 함포까지 얹어 적어도 외관상으로는 대단한 위용을 자랑했다. 그러나 양무호는 원래 영국의 화물상선을 미쓰이물산이 구입해 석탄운반선으로 사용하던 것이었다. 일본은 여기에 대한제국이 주문한대로 구식함포를 얹어 되팔았다. 미쓰이물산은 25만 원에 이 배를 구입했으나 다시 55만 원에 되팔아 어마어마한 시세 차익까지 남겼다. 하지만 재정이 궁핍했던 대한제국은 이 군함의 매입가격을 20만 원 가량으로 인하했지만 이 역시도 갚을 돈이 없어 한 달에 오천 원씩 임대 형식으로 사용했다. 그러나 승조원 72명의 이 배를 운용할 인력도, 심지어는 양무호를 움직일 석탄마저 구할 수 없어서 하염없이 항구에 정박시켜야 했다. 그리고 결국 러일전쟁 당시 일본 해군에 강제 징집됐으며, 그 이후에는 화물선으로 개조돼 군함으로서의 생명을 마치고 말았다. 나라와 백성을 위한 진정한 개화와 개혁이 아니라 보여주기식 치장에 치우친 국력 낭비의 전형을 보여준 것이다.

가장 중요한 교통수단으로 발돋움한 전차

문제는 고종이 애지중지하던 전차에도 숨어 있었다. 전차가 지속적으로 적자를 발생시켰기 때문이다. 고종은 전차를 개설해 명성황후에게 편히 다녀오는 것 외에도 안정된 수익을 원했으나 이런 기대는 현실적으로 실현되지 않았다. 이에 따라 지속적으로 노선 확장 등을 시도했으나 기대와 달리 적자는 나날이 늘어만 갔다.

이 같은 어려움 속에서 엄청난 일이 발생했다. 처음 한성전기주식회사의 계약을 체결한 콜브란이 회사명을 한미전기주식회사로 바꾼 뒤 1908년에 세워진 한일가스주식회사에 회사를 매도한 후 바람처럼 사라져 버린 것이다. 콜브란은 회사의 매각 사실을 고종에게 알리지 않았다. 고종은 자신이 투자한 40만 원이라는 거액과 전차의 운영권 등을 모두 잃어버리고 말았다. 더욱 기가 막힌 일은 이 같은 계약이 모두 고종도 모르는 사이 합법적으로 이루어졌다는 사실이다.

도대체 어떻게 된 일일까? 전차의 운행 적자가 계속되면서 콜브란은 대한제국 정부에 차관 도입을 제안했다. 그리고 코네티컷 주 미들

섹스 지방의 세이브루크시에 있는 엠파이어 트리스트라는 금융회사에서 30만 달러를 도입하기로 했다.

그런데 문제는 30만 달러의 차관을 얻기 위해서는 한성전기회사에 미국회사의 재무 자격을 도입해야 한다는 것이었다. 결국 1904년 미국회사 법에 의거해 한성전기회사는 사라져 버리고 한미전기주식회사가 그 자리를 대신하게 되었다. 그리고 1904년 3월 8일 고종과 콜브란, 보스트윅 사이에서 새로운 계약이 체결됐는데 이 계약서에 따르면 35만 달러 차관을 도입하기 위해서는 고종황제가 제시한 35만 원짜리 약속어음을 1904년 4월 13일까지 지불해야 한다는 것이었다. 만약 이를 지불하지 않으면 이미 투자한 40만 원을 콜브란과 보스트윅이 몰수한다는 사실이 명시됐다. 더불어 모든 영업은 미국 법률에 의해서 집행된다는 사실도 명시돼 있었다. 결국 콜브란은 보스트윅이 미국에 간 사이에 한미전기주식회사를 일본측에 매도했다. 그 후 콜브란은 미국을 거쳐 영국으로 도망쳐버렸다. 자신에게 많은 기회와 은혜를 베풀어준 고종을 배신하고 달아난 것이다.

고종은 콜브란에게서 어떤 보고나 사과도 받지 못했으며 대한제국의 첫 국제 비즈니스를 시작한 당사자로서 결국 쓰디쓴 배신과 실패를 맛보고 말았다.

일제시대에도 각광 받은 전차

일제시대로 접어들면서 전차는 가장 중요한 교통수단으로 본격적인 발전을 거듭했다. 대량 교통수단이 없던 상황에서 자연스럽게 전차가 본격적인 교통수단으로 발돋움한 것이다. 강제적인 한일합병 조약이 체결되자마자 일제는 전차의 노선과 차량 수를 대폭 늘리기 시작했다. 광화문에서 의주로**, 종로에서 안국동, 남대문에서 광화문, 서대문에서 마포, 그리고 노량진에서 신길동까지 새로운 전차 노선이 만들어졌다.

전차가 운행되면서 경성의 모습은 크게 달라졌다. 도시는 빠르게 봉급 생활자들을 중심으로 재편되기 시작했으며, 경성 사람들은 도시의 소비 생활에 익숙해졌다. 일반적으로 생각할 때 식민지 시대의 우울함에 마냥 쫓겨 다닐 것 같지만 사람들은 전차에 몸을 실은 채 창경원 벚꽃놀이를 다니고 청량리 교외에서의 꽃구경, 뚝섬에서 보트놀이 등을 즐기며 나름대로의 낭만을 구가했다. 물론 이 모두를 즐기기 위해서는 적지 않은 돈이 필요했다. 그러나 사람들은 아랑곳하지 않고 해마다 벚꽃이 절정에 이르는 4~5월이 되면 창경원으로 향하는 전차에서 내려 벚꽃놀이를 즐기는 것을 큰 자랑으로 여겼다.

그러나 몇 가지 문제도 있었다. 전차가 교통의 중심으로 자리 잡으면서 전차 때문에 발생하는 교통사고가 꾸준하게 증가했다. 전차노선은 조선인들이 주로 살던 북촌이 아니라 일본인들이 많이 살던 남촌을 중심으로 건설됐다. 을지로와 혜화동을 잇는 을지로 4가선은 을지로, 충무로 지역 일본인들의 편리한 생활을 위해 건설된 것이다. 일본인들은 이 전차를 타고 혜화동에 위치한 총독부의원이나 창경원으로 편하게 놀러 다닐 수 있었다. 또한 요금 역시 조선인들에게는 더 비싸게 받았고, 불친절하게 구는 일도 잦았다. 하지만 우리나라에서 처음 건설한 지하철 1호선 구간이 종로와 청량리였다는 사실만 봐도 전차가 서울의 도시 건설에 얼마나 커다란 영향을 끼쳤는지 쉽게 짐작할 수 있다.

시작이 있으면 끝이 있는 것은 당연한 세상의 이치다. 해방과 함께 전차의 역할은 눈에 띄게 줄어들기 시작했다. 무엇보다 서울의 인구가 엄청나게 늘어났기 때문에 전차로는 이를 감당할 수 없었다. 해방 후 보름 만에 전차 가동은 101대에서 59대로 급격히 줄어들었다. 여기에 한국전쟁이 발발하면서 차량 227대 중 104대가 소실되었으며, 전차선은 거의 대부분 파괴되었다. 전쟁이 끝난 뒤 미국으로부터 전차 40대를 지원받아 정상화되는 듯 싶었으나 1960년대로 들어서면서 차량은 급속하게 노후되었다. 적자폭까지 커지면서 전차에 대한 회의론이 등장하기 시작했다. 결국 1966년 9월 30일 세종로 지하도 공사가 시작되면서 남대문에서 효자동 구간과 서대문에서 종로 네거리간의 전차 운행이 중단되었고, 1968년 11월 30일에는 서울전차의 전 노선이 자정을 기해 완전히 운행 정지되고 말았다.

밤을 대낮같이 밝혀라

고종은 신문물 도입면에서는 얼리어답터(Early adopter)였다. 고종의 얼리어답터적인 면모를 볼 수 있는 또 하나의 신문물이 전기다. 고종은 밤을 두려워했다. 아무도 자신을 지켜주지 못하는 어두운 궁궐에서 늘 어떤 변을 당할지 모른다는 두려움을 가지고 있었다. 고종의 죽음 뒤에는 독살설이 끊이지 않았으며 1919년 당시 일본 궁내성 제실회계심사국 장관이었던 구라토미 유자부라가 쓴 일기에는 고종황제의 독살 배후에 제3대 조선통장이었던 데라우치 마사타케와 당시 조선총독이었던 하세가와 요시미치가 있었다고 기록돼 있다. 고종이 독살된 이유로는 그가 독립운동에 관여했기 때문이라는 정보도 함께 기록돼 있었다. 또한 윤치호의 일기에도 1919년 1월 21일 묘시 건강하던 고종이 식혜를 마신 뒤 30분 만에 사망했다는 기록을 볼 수 있다. 고종이 승하한 뒤 궁녀 2명이 의문사하는 일이 벌어져 의문을 더욱 키웠다.

이태왕(李太王·고종)이 왕세자 이은(영친왕)과 나시모토 공주(이방자 여사)의 결혼식을 꼭 나흘 앞두고 승하하는 바람에 스스로 목숨을 끊은 것이라는 풍문이 나돌고 있다. 정말이지 얼토당토않은 이야기다. 1907년 황제 자리를 빼앗기고, 3년 후 나라마저 빼앗긴 굴욕을 감수한 이태왕이 이제 와서 하찮은 일에 억장이 무너져 자살했다는 게 말이 되는가? 더구나 어린 왕세자와 일본 공주의 결혼이야말로 왕실의 입장에서는 경사스러운 일이 아닌가? 이 결혼을 통해 두 왕실 간의 우호관계가 증진될 것이고, 왕세자는 조선의 어떤 여성보다 우아하고 재기 넘치는 신부를 맞이하게 되는 거니까 말이다. 만약 이태왕이 '병합' 이전에 승하했더라면, 조선인들의 무관심 속에 저세상으로 갔을 것이다. 그런데 지금 조선인들은 복받치는 설움을 이기지 못하고 옷소매를 적셔 가며 이태왕을 위해 폭동을 일으키려 하고 있다.

- 윤치호 일기, 1919년 1월 26일자 -

그래서였을까? 고종은 살아 있을 때 '밤을 대낮같이 밝히라'는 명을 내린 후 에디슨전기회사에 직접 편지를 보내 발전설비 일체를 주문했다. 이것이 1884년의 일인데 편지의 내용은 조선의 궁궐에 전깃불을 밝혀달라는 것이었다. 에디슨은 이 편지를 받고 '동양의 신비한 나라에 내가 발명한 전등을 밝히게 되었다'면서 기뻐했다고 한다. 그러나 예상치 않게 갑신정변이 벌어지면서 조선은 정치적 혼란에 빠져들었다. 그리고 에디슨전기회사에 주문했던 전기설비 일체의 구매도 중단되었다. 결국 1886년 12월이 돼서야 전등을 밝힐 수 있는 전기설비들이 인천항에 도착을 했고, 다음해인 1887년 3월 6일 경복궁 후원인 향원정에 발전설비가 세워졌다.

이때 세워진 발전설비는 향원정의 물을 이용한 화력발전이었다. 석탄을 이용해 화력발전을 하고 여기서 발생한 에너지로 향원정의 물을 끌어 올려 전기를 밝히는 방식이다. 이때 만들어진 발전설비는 16촉광 전등 750개 정도를 밝힐 수 있는 용량이었다. 이 전등들은 고종이 업무를 보던 건청궁과 침소, 그리고 명성황후의 처소 등에 배치되었다.

그런데 문제는 고종이 일본과 중국에 비해 2년이나 먼저 도입한 전기에 대한 주위의 시선이 그다지 곱지 않았다는 것이다. 어느 시대, 어느 나라나 새로운 문물에 대한 거부감은 있기 마련이지만 우리나라에 들어온 전기는 일단 그 명칭부터가 예사롭지 않았다. 경복궁 향원정에서 시작돼 건청전으로 이어지는 전기와 전등은 일명 '건달불'이나 '덜덜불'이라 불렸다. 건달(乾達)이란 말에 먼저 깡패를 떠올리기 쉽지만 사실은 땀 한 방울 흘리지 않고 먹고 놀기만 하는 한량(閑良)을 이르던 말이었다. 당시 사람들에게 향원정의 전등이 꼭 그렇게 보였던 모양이다.

당시 사람들이 전등을 달가워하지 않았던 이유는 무엇보다 많은 유지비가 들었기 때문이다. 전기를 밝히기 위해서는 석탄이 필요했는데, 이 석탄 구입에 적지 않은 경비가 지출되었다. 비싼 돈을 들여서 전기를 밝히는 것에 비해 효율성이 떨어진 것이다. 수시로 불이 흐려지거나 꺼지는 일이 잦았다. 오죽하면 새로 들어온 전깃불을 땀한 방울 흘리지 않고 먹고 노는 건달에 비유했을까? 이뿐 아니다. 새로 들어온 전깃불은 건달불 이외에도 '덜덜불'이라는 명예롭지 못한 이름도 함께 얻었다. 발전시설을 돌릴 때마다 '덜덜'거리는 소리가 하도 시끄러워서 이런 이름이 붙었다고 한다.

더구나 향원정 근처에 설치된 발전시설은 기계의 과열을 막기 위해 데워진 물을 다시 연못으로 보내야만 했는데 이 과정에서 연못에 있던 물고기들이 자꾸 죽어서 떠오르자 나라가 망할 불길한 조짐이라는 낭설까지 퍼졌다. 이것을 '증어'라 했는데 왕조시대 국가에서는 절대 일어나서는 안 될 일이었다. 그러나 이런 사실을 알 리가 없는 궁궐 안쪽의 관리와 내시 등이 망국과 관련한 이야기를 계속 퍼뜨렸다. 당시 대한 제국의 앞날이 그만큼 어둡고 힘들었다는 반증일 것이다.

고종이 꾼 부국강병의 꿈

고종이 개화의 꿈을 실어 달리게 한 전차는 아쉽게도 더 이상 힘찬 속도를 내지 못했다. 그가 대한제국의 밤을 환하게 밝혀줄 것이라고 믿었던 전기 역시 '건달불'과 '덜덜불'이란 손가락질을 받고 말았다. 엄청난 돈을 들여 전차를 가설하고, 전기를 끌어오던 호기는 끝내 무의미한 짓이 되었다.

고종은 급기야 그와 동갑내기이며, 비슷한 시기에 권좌에 올랐던 일본의 메이지천황에게 나라를 바치고 이왕가(李王家)라는 이름으로 왕위만을 보존받는 참혹함을 겪어야 했다.

최근 고종에 대한 평가가 많이 엇갈려지면서 적지 않은 논쟁을 벌이고 있는 것이 사실이다. 그러나 우리나라에 수많은 악행을 저지른 메이지천황이 인재를 소중히 하며 근대로의 개혁을 위해 치밀한 노력을 기울임으로써 상당 부분 성공을 거두었던 것을 생각하면 많은 아쉬움이 남을 수밖에 없다.

메이지천황의 가장 근신(近臣)이었던 이토 히로부미는 총리대신을 꿈꿀 수 없었던 하급무사 중의 하급무사였다. 그러나 이토 히로부미는 이 같은 신분의 벽과 주위의 견제를 오직 자신의 노력과 열정으로 극복하고 총리대신의 자리와 조선통감부의 초대 총독까지 올랐다.

하지만 음으로 양으로 고종을 도와줬던 사람들은 비참한 최후를 맞이한 경우가 대부분이었다. 김옥균을 비롯한 급진개화파와 동양의 정신을 지키며 서양의 기술을 수용하자던 김홍집을 비롯한 온건개화파가 대부분 도태 당했다. 독립협회 창설 시에는 적지 않은 자금을 지원했지만 독립협회가 만민공동회를 열자 간부들을 구속하고 보부상을 시켜 폭력을 행사하도록 했다. 오직 전제왕권을 지키기 위해서였다. 고종에게는 입헌군주제조차 일고의 가치가 없는 헛소리에 불과했다.

근대를 향한 개혁없이 근대를 향한 요란한 치장에만 골몰했던 고종의 전차가 괘도를 이탈한 채 더 이상 달려 나가지 못한 것은 어쩌면 당연한 결과였다.

아홉

글로벌 도시는
그 시대에도 있었다

글로벌 도시

이 땅에 존재했던 글로벌 도시들

서울이라는 도시의 가치와 역할은 때로 대한민국이라는 깊은 역사를 지닌 국가를 앞서서 이끄는 경우가 있다. 서울은 하나의 도시에 불과하지만 때로는 그 이상의 의미를 넘어서 대한민국을 상징하는 역할까지 맡고 있다.

실제로 서울은 조선과 대한제국을 거쳐 600년 넘게 수도 역할을 하고 있으며, 올림픽과 월드컵, 아시안게임을 동시에 치러낸 곳이기도 하다. 최근에는 인구 천만 명을 자랑하는 글로벌 도시로 경제, 금융, 문화, 스포츠 등의 중심 역할을 더해가고 있다. 서울은 600년 이상의 고도(古都)가 지닌 아름다운 전통 유산과 현대적인 도시 경쟁력이 황홀하게 어우러진 세계에서 몇 안 되는 도시 중 하나로 꼽힌다.

또한 최근에는 세계적으로 인정받고 있는 IT 경쟁력과 수출력을 기반으로 한 경제 능력, 그리고 한류(韓流)를 바탕으로 한 문화 중심지로 인정받으면서 국제적인 도시 기능들을 인정받고 있다.

이 같은 사실은 2010년 기준 서울이 국제회의를 개최한 수에서 세계 8위의 성과를 낸 것으로도 확인할 수 있다. 무엇보다 고무적인 사실은 서울이 비슷한 여건에서 경쟁해오던 대만의 타이베이나 일본의 동경 등에 비해 점차 경쟁력을 확보해 나가면서 미래 도시의 가치까지 선점할 가능성을 높이고 있다는 것이다.

일례로 서울의 도시 경쟁력 부문에서 가장 취약했던 것으로 지적받았던 교통 문제 역시 세계 도시 교통 시스템에 새로운 방향을 제시한 것으로 인정받고 있다. 먼저 지속적인 지하철 건설을 통해 서울 도심권은 물론 수도권까지 대량 수송이 가능하도록 했다. 그리고 이를 광역버스, 시내버스, 마을버스 등으로 세분화시킨 후 대규모 환승시설의 유치를 통해 지하철과 버스의 유기적인 협조체제를 만들어 나가고 있다. 여기다 BRT 시설과 교통카드시스템 확립 등 선진적인 교통시스템을 확립시켜 세계 각국으로부터 벤치마킹의 대상이 되고 있다.

서울의 경쟁력은 26대 세계 주요 도시 중 전체 16위를 차지했으며, 특히 IT 경쟁력 면에서는 세계 2위를 차지했다. 또한 교통 및 사회인프라 면에서도 26개국 중 10위를 차지했으나 문화 및 레저생활 부문에서는 22위를 차지해 몹시 취약한 것으로 나타났다.

- 회계법인 PwC와 The Partnership of New York City 연구 보고 中 -

이처럼 서울은 대한민국의 수도이며 동시에 대한민국을 대표하는 글로벌 도시로서 그 역할을 톡톡히 해내고 있다. 그러나 서울이라는 거대한 글로벌 도시가 건설되기 수백, 수천 년 전 이미 이 땅에 글로벌 도시가 존재했었다고 하면 과연 사람들은 믿을까?

고려의 수도였던 개경은 예성강의 벽란도를 통해 거란, 여진, 몽고, 사우디아라비아, 송나라 등 다양한 국가의 외국인이 마음껏 출입할

한양전경

대한민국을 상징하는 광화문 경복궁을 중심으로 펼쳐진 서울의 전경이다. 고도의 전통 유산이 뿜어내는 아름다움과 현대적인 도시 경쟁력이 함께 어우러진 글로벌적인 도시의 위용을 자랑한다.

수 있었다. 또한 일명 회회(回回)아비라 불리던 위구르인들이 쌍화점이라 불리는 자신의 만두집을 운영했던 것은 널리 알려진 사실이다.

이뿐 아니라 신라의 수도였던 서라벌은 인구 백만을 자랑하는 최첨단 글로벌 도시였다. 조선 정조 시대 한성 역시 런던이나 피렌체 등 18세기 세계 어느 대도시보다 쾌적하고 위생적이며, 유교이념이 지향하는 자급자족의 왕도 건설을 이룩한 사례였다.

글로벌 도시 개경, 국제무역항 벽란도

개경은 고려의 수도였다. 고려를 개국한 태조 왕건이 개경을 도읍으로 삼은 이래 이성계와 이방원에 의해 고려가 멸망할 때까지 수도의 자리를 지켰다. 몽고침략으로 인해 어쩔 수 없이 강화도로 천도한 일은 있었으나 이것은 국난(國難)에 의한 예외적인 경우였다. 고려시대에는 개경, 조선시대는 송도 등으로 불렸던 개경은 분단 직전인 1952년 10월, 북측으로 완전히 넘어가기 전까지는 38도선 이남에 위치한 남측 지역의 땅이었다. 그래서 개경은 북한의 다른 지역과 달리 미군의 공습을 덜 받았고 지금도 고려를 비롯한 역사적 유물이 비교적 잘 보존돼 있는 곳이다.

개경이 역사의 전면에 오른 것은 고려 태조인 왕건의 등장과 함께였다. 『편년통록』에는 왕건이 예성강 주변의 군사 및 무역 집단의 수장이었다고 기록되어 있다.

왕건의 집안은 원래 부소산(扶蘇山)에 의지해 살아오다가
영안촌(지금의 개풍군 남면 창릉리 지역) 지역의 해상부호와 결합해
예성강 하구를 중심으로 커다란 해상세력으로 부상하게 되었다.
왕건의 조부인 작제건 대에 4주 3현에 걸친 세력을 확보하고,
부친인 왕융 대에 이르러 경기 북부 예성강 지역의
대표적인 지방세력으로 등장하였음을 알 수 있다.

- 『편년통록』 -

왕건이 개경을 수도로 선택한 것은 왕건의 조부인 작제건부터 혼란한 시대상과 강력한 세력을 바탕으로 새로운 왕조를 꿈꾸고 계획했기 때문이다. 왕건의 아버지인 왕융은 아들의 이름에 세울 건(建)을 쓸 만큼 새로운 왕조에 대한 욕심을 꾸었다.

그렇다면 왕건에게 새로운 왕조를 열어준 은혜의 땅 개경은 어떤 모습을 갖춘 곳일까? 개경은 북쪽의 천마산(762m), 국사봉(764m), 동북쪽의 화장산(563m), 동남쪽의 진봉산(320m), 서북쪽의 만수산(228m) 등의 산으로 둘러싸여 있다. 또한 북쪽 송악산에서 남쪽의 용수산으로 연결되는 구릉의 능선이 이어지도록 나성을 쌓았다. 이 나성이 개경의 방어선이자 개경의 기본 영역을 확정지어 주는 선이 되었다.

왕건의 성장에 가장 큰 도움을 준 지리적 조건은 바로 예성강이었다. 예성강은 개성의 서쪽에 위치해 있는데 황해로 흘러 나가 국내는 물론 중국 송나라를 비롯한 외국과 교역할 수 있는 중요한 해상 수송로 역할을 해주었다. 물론 고려 또한 처음부터 해상교통에 주력한 것은 아니었다. 후삼국 시대와 고려시대 초기에는 주로 수레를 이용한

155

육상교통에 의지했다. 하지만 유목민족인 거란과 여진이 육로를 통해 내륙으로 침입하는 일이 잦아지자 역로를 폐쇄하고 해상교통을 적극 활용하게 되었다.

특히 고려에서는 세곡미를 수도인 개경으로 운반하는 조운제도가 마련되면서 해상교통이 더 활발해졌다. 가까운 한강은 물론 멀리 금강, 낙동강, 영산강, 섬진강 등 내륙 깊숙한 곳에서 거둔 세곡미를 조운선(漕運船)을 통해 운반한 뒤 개경의 국가 창고에 운송하는 방식이 이용되었다.

이에 따라 효율적인 해상교통의 활성화를 위해 고려에서는 내륙과 내륙을 잇는 길목에 도(渡)와 진(津)을 두었다. 넓은 강의 나루를 도라고 했으며, 이보다 좁은 강의 나루를 진이라고 불렀다. 벽란도는 수심이 깊고 넓은 예성강을 대표하는 나루이자 국제무역항이었는데, 고려시대에는 예성강의 벽란도와 함께 임진강의 하원도, 대동강의 관선도, 한강의 사평도, 양화도 등이 대표적인 도로 꼽혔다. 지금으로 말하면 KTX 철도가 개통된 것과 마찬가지의 파괴력을 지닌 일이다.

이중에서 특히 벽란도는 예성강 하류에 위치하고 있었는데 고려 최대의 국제 무역항으로 수많은 물산과 색목인(色目人)*들이 출입하던 곳이다. 지금의 인천국제공항과 같은 역할을 했다. 벽란도는 처음에 예성항이라 불렸으나 벽란도 부근 언덕에 벽란정(碧瀾亭)이라는 관사가 있어서 자주 송나라 사신 일행이 묵게 되었다. 그래서 자연스럽게 벽란정이라는 이름을 따서 벽란도라 불렸다.

예성강은 원래 황해도 고달산에서 발원해 경기도와 황해도 경계를 따라 흐르다가 마지막에는 황해로 흘러 들어가는데 비교적 물이 깊고, 강폭이 넓어 자유롭게 통행할 수 있는 장점이 있다. 또한 벽란도는 개성과 가까워서 물자를 옮기기도 쉬워 천혜의 국제항구로 각광받았다. 조선시대 때 만들어진 송경복원도에 따르면 벽란도는 개경에서 약 30리 정도 떨어져 있고, 예성강 어귀에 자리 잡고 있어 인근 나라에서 수많은 무역상들이 편하게 찾아올 수 있는 곳이라는 사실을 확인할 수 있다.

벽란도에는 고려와 가깝게 교류하던 중국 송나라의 상인은 물론 왜와 위구르, 멀리 사우디아라비아의 해상 상인들까지 자유롭게 드나들었다. 회회인(回回人)이라 불리던 이슬람 상인들은 조선시대로 들어서면서 이질적인 문화를 배척하는 사회 분위기 때문에 우리 땅에서 모습을 볼 수 없게 됐지만 고려시대만 해도 전혀 낯설지 않은 존재였다.

흔히 대식국(大食國)이라 불렸던 사우디아라비아의 상인들은 향약의 길이라고 불렸던 남해항로(南海航路)를 따라 개경을 찾아왔다. 이 바다 항로는 중국 남부인 광주나 양주까지 이어져 있었고, 과거에는 신라의 서라벌과도 통할 수 있는 바닷길이었다.

해외 무역상들은 우리나라에서 금과 은, 구리, 인삼, 종이, 화문석, 나전칠기 등을 수입해 갔으며, 고려에는 성경에도 등장하는 몰약과 수은을 비롯한 각종 약재와 비단, 책, 그리고 이들의 앞선 항해술과 수학을 비롯한 과학기술을 전달했다. 개경에는 또한 마치 아라비안나이트에 등장하는 것과 같은 이슬람사원이 세워져 있었고, 이들은 개경에서 벌어지는 팔관회나 왕실 행사 등에도 자주 초대받을 만큼 좋은 관계를 유지했다.

『고려사절요(高麗史節要)』에 따르면 고종 19년 6월 개경의 호수(戶數)가 무려 10만 호였다고 기록돼 있다. 10만 호라면 한 집에 5명씩만 해도 50만 명이라는 의미이다.

도시 인프라가 완벽했던 계획도시, 서라벌

그러나 더 놀라운 사실은 인구 50만 명을 유지하며 다양한 인프라를 통해 국제도시로서 명성을 유지하던 개경보다 더 오래되고, 더 큰 글로벌 도시가 이 땅에 존재했다는 사실이다. 바로 신라의 수도였던 서라벌이었다. 통일신라의 수도인 서라벌은 90~100만 명의 사람들이 사는 대도시였다. 우리나라에 새롭게 조성된 세종시의 인구 목표가 50만 명이며, 울산광역시가 인구 백만 정도임을 감안한다면 신라 수도 서라벌의 인구는 지금과 비교해도 놀라운 일이 아닐 수 없다.

> 신라 전성기엔 경중(京中)에 17만 8,936호, 1,360방, 55리와 35개의 금입택(金入宅)이 있었다.
>
> - 『삼국유사』 진한조 -

서라벌은 처음부터 계획된 도시였는데 얼마나 깔끔하게 정비됐는지 몇 번째 골목, 몇 번째 집이라는 사실만 알아도 바로 주소를 확인할 수 있을 정도였다. 또한 일정한 간격으로 수십 개의 우물이 발견됐으며 도시의 중요한 기능 중 하나인 배수시설 또한 완벽하게 갖추어져 있었다. 잘 갖춰진 도시 인프라와 쾌적한 자연환경, 그리고 풍부한 경제적 능력은 척박한 사막지역에서 건너온 아랍인들에게 많은 부러움을 샀다.

역사상 최초로 세계지도에 신라(한국)를 명기시킨 아랍의 지리학자 이드리시**는 '신라를 방문한 사람들은 누구나 정착해서 나오고 싶어하지 않는다'고 기록하고 있다. 그는 1104년 세계지도를 만들면서 신라를 중국 동남해상의 섬나라로 명기하는 오류를 범하기는 했다. 그러나 신라는 일 년 내내 사시사철 맑은 물이 흐르고 금도 너무 흔해서 개의 사슬이나 원숭이의 목테까지 금으로 만들 정도라며 신라를 아름다운 낙원으로 묘사하고 있다.

신라나 고려가 이처럼 세계에서 손꼽히는 글로벌 도시를 유지할 수 있었던 것은 단순한 행정도시가 아니라 국제무역도시로 자리매김하고 있었기 때문이다. 근래에 세계에서 손꼽히는 상하이나 뉴욕, 서울 등이 모두 많은 인구를 유지하고 있는 것도 이와 같은 이유 때문이다.

유교적 이상 도시, 한양

고려의 멸망 이후 들어선 조선은 고려와는 다른 도시를 꿈꾸고 만들어 나갔다. 조선 건국을 주도하고 한양 천도와 건설을 주도한 정도전은 유교적인 이상국가를 꿈꿨다.

조선 건국의 일등공신이며 권력자이기도 했던 정도전은 조선의 통치 이념을 정비하고 바탕을 마련함으로써 조선왕조 500년의 기틀을 다져 놓았다. 특히 그는 한양 건설을 주도하며 서울시내 전각과 거리의 이름까지 직접 지을 정도로 커다란 애착을 보였다. 그가 이처럼 한양 건설에 애착을 보인 것은 바로 유교적 이상도시의 완성이라는 그의 또 다른 꿈 때문이었다.

- 위키백과사전 -

정도전은 고려 우왕 1년에 북원의 사신을 맞이하면서 이인임과 경부흥 등이 주도한 친원배명 정책에 반대하다가 나주로 귀양을 떠났다. 그는 이 시기를 전후해 전국을 떠돌아다니면서 백성들의 고단한 삶을 직접적으로 몸으로 체험하고 느꼈는데 이때의 경험이 조선을 건국하고 한양을 건설하는데 많은 영향을 끼쳤다. 정도전은 권력 있는 신하의 횡포를 막고, 부패한 불교를 멀리할 수 있는 여러 가지 정책들을 제안하는 등 유교적 이상국가를 건설하는데 온 힘을 기울였다. 따라서 이성계를 왕으로 옹립한 뒤 중책을 맡아 진행한 한양 천도 역시 유교적 이상 도시 건설이 목표였다.

개경에서 한양으로의 천도는 왕조가 바뀌고 새로운 권력이 등장했음에도 쉬운 일이 아니었다. 낯선 한양으로 이전을 싫어하는 반대 세력이 적지 않았기 때문이다. 이들은 개경이 400년 동안 도읍으로서의 역할을 한데는 그만한 이유가 있다는 사실과 왕조가 개국된 지 얼마 안 된 상황에서 무리하게 도읍을 옮기는 것은 왕조와 백성 모두에게 옳지 않다는 논리를 폈다.

그러나 이성계를 비롯한 조선의 개국 세력 역시 쉽게 천도를 포기할 수 있는 상황이 아니었다. 여전히 고려에 대한 향수를 버리지 못하는 옛 지배세력과 공존하는 일이 쉽지 않았으며 무엇보다 고려의 혼이 서린 개경 땅에 자신들 조상의 신주(神主)를 함께 둘 수는 없었다.

계룡산 인근의 신도안과 현재 파주시 민통선 안에 있는 도라안 그리고 인왕산 서쪽 줄기에 위치한 무악(毋岳) 등이 천도를 반대하는 세력들이 내놓은 새로운 도읍지였다. 신도안은 한강과 같은 수로가 없다는 이유로, 도라안은 지대가 습할 뿐 아니라 비좁다는 이유로, 무악 역시 지세가 비좁다는 이유로 결국 한양이 새로운 도읍지로 선정되었다.

그러나 도읍지가 선정된 후에도 좀처럼 공사가 진전되지 않다가 이성계의 호통과 나무람 끝에 태조 4년인 1395년 도성축조도감을 설치하고 한양 방위를 위한 성곽을 쌓기 시작했으며, 성곽에 4대문과 4소문을 두었다. 4대문으로는 흥인지문, 돈의문, 숭례문, 숙정문을, 4소문은 홍화문, 광희문, 창의문, 소덕문을 두었다.

많은 사람들이 임진왜란과 병자호란 등으로 인해 한양을 외적 방어에 취약한 도시로 여기곤 하지만 한양은 석성으로 둘러싸인 훌륭한 방어체계를 갖춘 도시였다. 또한 삼면이 산으로 둘러싸여 있어 겨울 추위를 막기에 좋고 수량이 깊은 한강이 흐르는 천혜의 조건을 갖추고 있었다. 실제로 한강은 마포나루 등을 중심으로 지방의 물산을 올리고 서울의 앞선 문물을 지방으로 내려 보내는데 훌륭한 역할을 해주었다. 결국 이 같은 판단은 적중해 인구 10만 명의 도시로 출발한 한양은 조선 정조 무렵인 18세기 경에는 정도전이 염원하던 그대로 유교적 예의와 제도를 실현할 수 있는 인구 20만 명의 유교적 이상도시로 성장하게 된다.

한양, 쾌적하고 아름다운 도시

　18세기 영·정조 시대 한양은 유교적 이상도시에서 급속한 상업도시로 발전하기 시작한다. 당시 한양은 세계에서 가장 위생적이고 쾌적한 자급자족하는 도시 중 하나로 성공적인 발전을 이룩하고 있었다.

　당시 세계적으로 손꼽히던 대도시는 런던, 암스테르담, 리스본, 파리, 로마, 비엔나 등이었다. 이 같은 도시들 또한 한양과 마찬가지로 급속한 상업화, 도시화의 길을 걷고 있었다. 특히 영국의 런던 같은 경우는 산업혁명을 통해 발전하는 상업도시의 표본을 만들어 나갔다. 그러나 문제는 이 같은 급작스러운 산업의 발전과 기본적인 도시 구조의 취약성으로 인해 극심한 환경오염과 빈부격차, 범죄의 노출에 시달리게 되었다는 것이다.

　단적인 예로 여러 학자들이 왜 하필 영국에서 산업혁명이 발생했는지 다양한 논의를 발표한 일이 있었다. 이때 많은 사람들에게 호응을 얻은 주장 중 하나가 '말똥' 때문이라는 것이었다. 당시 영국은 말을 주요 교통수단으로 이용하고 있었는데 너무나 엄청나게 쏟아지는 말똥 때문에 사람들이 정상적인 생활을 하기 어려울 정도였다. 말 역시 살아 있는 생물이니 당연히 먹어야 하고, 배설도 해야 했기 때문에 말의 항문을 강제로 틀어막을 수도 없는 일이었다. 그러나 달리던 말이 길바닥에 제멋대로 배설을 해대는 통에 마음 놓고 길을 걷기도 어려웠다. 런던은 말을 대체할 교통수단을 개발하든지 아니면 말똥에 파묻혀서 다 함께 죽든지 양자택일을 해야 하는 상황이었다.

　그러나 한양은 이들 도시와는 조금 다른 양상을 보이고 있었다. 전국적인 농업 생산력 향상을 바탕으로 상업 및 유통 능력까지 커지면서 경강상인(京江商人)을 비롯해 거대한 부를 만들어 가는 계층이 생겨나기 시작했다. 마포나루 등에는 전국적으로 엄청난 물산이 들어왔고, 농사를 짓지 않고 각종 채소나 고기 등을 사서 먹는 사람들도 늘어나기 시작했다. 이뿐 아니라 지방에서 살기 어려운 빈민들이 한양으로 올라와 등짐을 지어주며 하루하루를 살았다. 이들은 주막이나 허름한 집에 월세를 달아 놓고 짐을 날라주고 받은 돈으로 국밥집에서 매식을 하며 살아갔다. 갈수록 빈부격차는 심해졌고 더 이상 유교적 이상만으로 이들을 다스릴 수는 없었다.

그러나 다른 한편으로 부를 움켜쥔 지배층과 상인들은 소비도시로 변모해 가는 한양의 속살을 마음껏 즐기고 있었다. 이 당시 한양에는 벽(癖)이라 해서 전에 없는 취미를 즐기는 사람들이 늘기 시작했다. 정원을 가꾸고, 앵무새를 키우거나, 희귀한 식물을 수집하는 일에 빠져들기 시작했다. 이들은 풍요한 경제기반을 바탕으로 자신만의 정체성을 보여줄 수 있는 도시 생활에 침잠(沈潛)한 것이다. 물론 지금까지 그래왔던 것처럼 풍치 좋은 곳을 찾아 왕족, 양반, 선비 등이 풍류를 즐기는 모습도 자주 찾아볼 수 있었다.

이와 같은 생활 풍조가 유행하면서 자연히 술과 담배의 소비가 늘기 시작했고, 지방에서 많은 인구가 유입되면서 그동안 배추밭이나 무밭, 미나리꽝 등으로 서울 근교 농업지역에 만족했던 왕십리를 비롯한 여러 외곽 지역들이 새로운 주택지구로 개발되기 시작했다. 특히 술에 대한 수요는 조정에서 위기감을 느낄 정도였는데 마포나루 공덕 일대에 소주의 일종인 삼해주(三亥酒)를 담근 술독이 1천여 개나 발견되었다. 특이한 재료로 만든 솜씨 좋은 안주까지 인기를 끌면서 주막마다 손님이 차고 넘쳤다.

이밖에도 종루, 배오개, 칠패, 용산 등에도 또 다른 상업지구가 마련되어 한양이 경제중심지로 발전하는데 결정적인 역할을 해주었다. 그러나 이런 와중에도 한양은 쾌적하고 위생적인 자연환경과 생활공간이 유지되고 있었다.

실제로 조선 중기의 유명한 화가인 겸재 정선(鄭敾)의 한양진경 산수화를 살펴보면 그림이 지닌 아름다움 뿐 아니라 역사, 사회적으로도 쾌적하고 아름다운 한양의 진면목을 그대로 확인할 수 있다. 겸재가 그린 한양진경 중에서 가장 유명한 것은 자신이 살던 옥인동 집을 그린 '인곡유거(仁谷幽居)'라는 그림이다. 병풍처럼 펼쳐진 인왕산을 배경으로 자신의 집 마당에 우뚝 솟은 버드나무와 오동나무를 그려 놓았다. 청명하고 아름다운 풍경이 아닐 수 없다.

또한 겸재는 자하문과 청운동, 옥인동 등 한양 곳곳의 풍경을 진경산수화로 남겨 놓았는데 지금보다 훨씬 수려하고 청명한 풍경을 지닌 아름답고 깨끗한 모습을 기록해 놓았다.

색목인들의 웃음소리가 서울에서 더 자주 들리기를

아쉽게도 서라벌과 개경, 한양의 흔적은 상당 부분 스러지고 그 일부만이 옛날의 영화를 말하고 있다. 이 도시들이 세계에서 인정받던 글로벌 도시였다는 주장에 고개를 갸우뚱 하는 이들도 많다.

글로벌 도시란 무엇일까? 높은 건물이 즐비하고 세계 각국의 다양한 인종이 모여 사는 곳이 글로벌 도시라면 지금 서울은 세계 어느 대도시 부럽지 않다. 서울은 이미 미국의 월간지 포린폴리시(FP) 등에서 세계 10대 글로벌 도시로 선정될 정도로 그 위상을 인정받고 있다. 이에 걸맞게 서울에는 프랑스인들의 집단 거주지인 서래마을을 비롯해 대림역 조선족 타운, 동대문 창신동 네팔 거리, 이태원의 아프리카 타운 등 전에 볼 수 없었던 외국인 집단촌들이 자리를 잡고 있다. 그리고 또한 이들이 들여온 다양한 먹거리와 문화들이 오히려 원래부터 서울에 살고 있던 사람들을 신기하게 만들고 있다.

세계적인 국제 경영컨설팅 전문업체 AT커니는 세계 65개 대도시를 대상으로 글로벌 도시 지수를 조사한 일이 있었다. 이때 서울은 65개 도시 중 10위를 차지했는데 기업활동, 인적자본, 정치참여, 문화경험, 정보교류 등 5개 분야가 주요 평가 대상을 차지했다.

그러나 이 같은 성과에도 불구하고 서울은 경쟁지수를 더 높여야 한다는 주문을 받고 있다. 홍콩, 베이징, 상하이 등이 비약적인 발전을 거듭하고 있기 때문이다.

특히 최근 동북아의 중심지로 서울이 아닌 상하이가 거듭 지목되고 있는 점을 상기한다면 이런 노력이 더욱 필요한 시점이다.

---

* 색목인 : 피부색이나 눈동자가 다른 터키, 이란, 아랍과 중아시아를 비롯한 서역에서 온 외국인들을 이르던 말로 중국 원나라 때부터 사용하였다.
** 이드리시 : 1100년 모로코 사브타에서 태어나 시칠리아 노르만왕 루지에로 2세의 조언자 역할을 하기도 했다. 그는 중세 지리서인 『세계의 여러 지역을 횡단하려는 사람의 즐거운 여행』을 저술하였다.

열

신분상승과 지속가능한
삶을 위한 욕망

결혼

사람들이 오해하는 것 중에 한 가지가 있다. 결혼을 통해 신분상승을 바라는 것이 여자만의 환상이라는 점이다. 대중매체에서 여자들이 결혼에 대해 환상을 갖는 신데렐라 콤플렉스를 빈번하게 다루었기 때문이다. 그러나 남자에게도 부와 명예를 가져다줄 평강공주를 기다리는 온달 콤플렉스는 존재한다. 삶이라는 여정에 가시밭길 대신 아스팔트를 깔아준다는데, 이를 마다할 사람은 없기 때문이다.

결혼에 있어서 사랑이라는 감정이 무엇보다도 중요하지만, 좋은 배경을 지닌 두 집안이 신분을 유지하고 좋은 유전자를 가진 후손을 번성하는 것 역시 결혼이 갖고 있는 목적성이다. 결혼이 집안 대 집안의 결합이라는 말은 괜히 나온 말이 아니다. 재미있는 사실은 결혼을 둘러싼 신분유지와 신분상승, 우월한 종족의 번식이라는 목적이 아주 오래 전부터 지속되어 왔다는 점이다.

신라시대와 고려시대 왕족들의 결혼은 계급적내혼(階級的內婚)의 형태를 띠고 있었다. 왕족으로서의 순수혈통은 그들이 왕위를 물려받는 가장 큰 배경이었다. '왕족은 하늘에서 낸다'는 명제에 따라 순수혈통은 왕족의 권위를 천명하는 바탕이 되었다. 이에 따라 왕족들

167

은 그들의 권위를 공고히 하기 위해 순수혈통을 지닌 친인척들끼리만 혼인관계를 맺었다.

특히 성골(聖骨)만이 왕위를 물려받을 수 있었던 신라시대에는 내혼이 더욱 뚜렷하게 나타났다. 신라시대에 동양 최초의 여왕인 선덕여왕이 즉위할 수 있었던 데에는 왕위를 물려 받을 수 있는 성골 가운데 덕만(선덕여왕의 이름)이 유일했기 때문이었다. 『신당서(新唐書)』라는 신라 전기에는 이를 입증하는 기록이 남겨져 있다.

형제의 딸이나 고종, 이종 자매를 다 아내로 맞아 들일 수 있다.
왕족은 제1골이며, 아내도 역시 그 족속으로, 아들을 낳으면
모두 제1골이 된다. 또 제1골은 제2골의 여자에게 장가가지 않으며,
간다 하더라도 언제나 첩으로 삼는다.

- 『신당서(新唐書)』 신라 전기 -

이처럼 신라시대의 왕족은 철저하게 성골과 혼례를 치뤘다. 성골과 결혼해야 왕위에 오를 수 있는 자격이 부여됐기 때문이다. 결국 신라시대의 왕이 혼인관계를 맺을 수 있는 상대는 자신의 조카딸이나 내외종 누이들 밖에 없었다.

고려시대에도 왕실족내혼의 원칙은 지켜졌다. 대부분의 왕이 모계가 다른 친누나 사촌누이, 조카딸과 혼인관계를 맺었다. 이렇듯 오랜 시간 이어져오던 왕실족내혼의 원칙은 예기치 않은 일에 의해 사라지게 되었다. 바로 고려 말 원(元)나라에 의한 내정간섭의 영향 때문이었다. 원나라는 고려를 군사적으로 위협하면서 원나라에 종

속시키려고 하였다. 이 방법의 하나로 고려를 사위의 나라라고 칭했다. 고려 25대 왕인 충렬왕은 1274년 원나라 세조의 딸인 제국대장공주와 혼인하였다. 『고려사』에는 이후에도 원나라의 공주와 혼인하도록 강요하는 내용이 담겨 있다.

> 경술일에 원나라에서 악탈연과 강수형을 파견해 와서 왕이
> 선의문 밖에 나가서 맞이했다.
> 그들이 가지고 온 조서에 다음과 같이 일렀다.
> '너희 나라에서는 왕씨들이 동성간에 혼인하는데
> 이것은 무슨 도리인가?
> 이미 우리와 한 집안이 되었으니 서로 통혼해야 한다.
> 만일 그렇게 하지 않는다면 어찌 한 집안이 된 의리라고 하겠는가?
>
> - 『고려사』 충렬왕 1년(1275년) 10월 -

이런 까닭에 고려의 왕들은 원나라의 공주와 혼인을 하였고, 고려 25대 왕부터 30대 왕까지 원나라에 충성을 하겠다는 의미를 담아 시호에 충(忠)*자를 붙였다.

왕실족내혼은 1310년 충선왕이 왕실족내혼 금지를 국법으로 공포하면서 사라졌다. 고려 말부터는 외가 4촌, 이성 재종 자매와의 혼인이 금지되면서 근친혼은 법적으로 금지되었다.

그러나 근친혼이 금지되었을 뿐, 결혼을 신분유지 혹은 신분상승의 기회로 활용한 것은 매한가지였다. 특히 조선시대 양반들은 이를 매우 잘 활용하였다.

조선시대는 남녀칠세부동석(男女七歲不同席)이라는 유교윤리에 따라 남녀가 한 자리에 머무는 것을 금지하였다. 결혼 적령기인 남자와 여자의 경우는 만남 자체가 불가능했다. 만남이 불가능했던 것은 물론 결혼에 관한 의사 역시 철저하게 부모에 의해 결정되었다.

양반집에서는 남자의 경우 15세, 여자의 경우 14세가 넘으면 혼례를 올리고 싶은 몇 개의 집안을 고른 후 그곳에 중개인 역할을 할 매파를 보내 혼례 의사가 있는지를 물었다. 혼례의사가 오가는 도중에 상대방 집안의 평판이나 결혼 당사자에 대한 평판을 알려주는 것도 매파의 몫이었다. 지금으로 말하면 매파가 커플 매니저 역할을 한 것이다. 매파는 혼례를 성사시킨 공으로 '고무신값'이라 불리던 대가를 받았다. 당시 매파가 받았던 고무신값은 일정하게 정해진 것은 없었다. 집안의 재력에 따라 각각 다른 대가를 받았던 것으로 전해진다.

신라시대와 고려시대의 왕실족내혼이 왕권의 권위를 극대화하기 위한 선택이었다면 조선시대의 중매결혼은 지배층으로서의 세력을 공고히 하기 위한 선택이었다. 사대부로 대변되던 조선시대의 양반은 매우 정치적인 집단이었다. 세력을 넓히는 방법에는 여러 가지가 있다. 그 가운데 혼인관계는 결속력이 대단히 높다는 장점이 있다. 즉, 양반들은 자신이 속한 학파간의 연합횡종을 통해 인적네트워크를 확대하였다.

여기에 하나 더, 결혼은 신분상승을 위한 목적도 포함되어 있었다. 신분상승의 목적으로 가장 잘 활용된 예가 왕족과의 결혼이었다. 특히 왕의 장인이 되는 부원군(府院君)의 자리는 막대한 권력을 가질 수 있는 자리였다. 조선 후기에 문제가 되었던 외척세력의 월권 역시 외척세력이 갖고 있던 지위가 악용된 경우이다.

혼인관계를 통한 신분상승을 가장 잘 활용한 이는 단종부터 성종에 이르기까지 33년간 정치일선에 있었던 한명회(韓明澮)이다. 계유정난(癸酉靖難)을 통해 세조를 왕좌에 앉힌 한명회는 권력을 더욱 공고히 할 필요가 있었다. 이에 한명회는 세조의 아들인 예종과 자신의 셋째 딸의 혼례를 성사시켰다. 그녀가 바로 장순왕후(章順王后)이다.

여기서 한명회는 한 발 더 나아갔다. 세조의 큰아들인 의경세자는 죽었으나 그 부인인 인수대비의 권력은 분명 살아있는 권력이었다. 이에 한명회는 의경세자의 아들인 자산군과 넷째 딸의 혼례를 성사시켰다. 이후 자산군은 왕좌에 올라 성종이 되었고, 한명회의 넷째 딸은 공혜왕후(恭惠王后)가 되었다. 자신의 두 딸을 왕비 자리에 앉혀 2대에 걸쳐 부원군(府院君)의 자리에 올랐던 한명회는 혼인관계를 통한 신분상승을 가장 잘 활용한 사람이었다.

나라가 구제해준 비혼(非婚)

한 가지 놀라운 점은 양반의 경우 결혼적령기가 지났는데도 혼인을 하지 않으면 나라에서 나서서 결혼을 하도록 도와주었다는 사실이다. 가난 때문에 출가하지 못하는 경우에는 나라에서 혼례비용을 보조해 주었다. 성종 시절에는 스물다섯이 넘도록 혼례를 치르지 않은 남자와 여자를 조사해 쌀과 콩을 내주며 결혼비용에 보태도록 하였다. 그러나 가난 때문이 아닌, 다른 이유 때문에 혼례를 치르지 않은 경우에는 그 집 가장을 중죄로 다스렸다.

전통혼례

오늘날 널리 알려진 유교식 혼례는 고려 후기에 『가례(家禮)』가 유입되면서부터 시작되었다. 혼례는 크게 중매인을 통해 양가의 의사를 전달하고 혼인을 의논하는 의혼(議婚), 신랑이 청혼서를 보내는 납채(納采), 신랑집에서 신부집에 함을 보내는 납폐(納幣), 신랑이 신부집에 가서 신부를 맞아오는 친영(親迎)으로 나뉜다.

그런데 이처럼 나라에서 결혼을 장려한 것은 결혼하지 않은 성인 남녀를 걱정한 까닭은 아니었다. 조선 영조 시대의 문신이던 박문수(朴文秀)는 영조에게 제때에 혼인을 치르도록 하여야 한다고 주장하였다. 다음은 『영조실록』에 기록된 박문수의 말이다.

제때에 혼인하게 하는 것은 정치의 급선무입니다.
지금 전국의 처녀로서 나이가 2,30세가 넘도록 시집 못 간 자가
매우 많으니 이들의 원망이 화기를 손상시킬 것입니다.

- 『영조실록』 6년(1730년) 12월 24일 -

혼기가 꽉 찬 성인 남녀가 결혼하지 않을 경우 음양(陰陽)의 화기(火氣)가 상해 국가적인 재난이 올 수 있다는 의미였다. 때문에 자연재해 등이 몇 년에 걸쳐 지속될 경우에는 음양의 화기가 상해서라는 판단에 따라 혼기가 지난 남자와 여자의 결혼을 더욱 독촉하였다.

한성부 남부에 거처하는 백성 가운데 혼인하지 않은 사람 24인,
혼삿말이 오가는 사람 32인, 장사 지내지 못한 사람 103인을
아뢰니 담당자에게 명령하여 돌보아 주도록 하였다.

- 『정조실록』 15년(1791년) 3월 23일 -

양반의 경우 대부분 매파를 통한 중매결혼을 하였지만 평민의 경우에는 매파를 통해 중매결혼을 하는 것과 남녀 당사자가 연애결혼을 하는 것이 섞여 있었다. 양반집 자제의 경우 남녀칠세부동석의 원

칙 때문에 남자와 여자가 만나는 것이 제한되어 있었지만, 평민의 경우 남녀간의 만남이 상대적으로 자연스러워 연애결혼이 이루어지기도 하였다.

평민까지만 해도 결혼문화가 자유스러웠지만 노비는 결혼 문제에 관해서도 철저하게 소유주의 지배를 받았다. 노비의 소유권이 양반에게 있는 만큼 결혼 상대자를 정하는 것도 양반이 정하였다. 양반 입장에서는 노비의 결혼이 꽤 남는 장사였다. 노비가 결혼을 하면 무한한 노동력을 제공해줄 노비의 자녀가 태어나는 까닭이다. 노비가 자식을 낳으면 그 자식까지 양반의 소유물이 되기에 노비의 결혼은 양반이 재산을 증식하는 또 다른 방법이었다. 이에 따라 노비를 소유하고 있는 양반은 노비가 혼인 적령기에 들어설 경우 집안의 노비와 혼인관계를 맺도록 하였다.

여성에게도 상속권과 재산권은 있었다

그런데 결혼은 혼인관계를 맺는 것보다 어떻게 살아내는가가 중요한 문제다. '검은 머리가 파뿌리 되도록' 잘 살아야 신분상승을 위한 목적이든, 신분유지를 위한 목적이든 결혼의 목적이 온전히 채워지기 때문이다. 그러나 안타깝게도 혼인관계를 맺었다고 해도 검은 머리가 파뿌리 되도록 살지 못하는 경우는 많다. 특히 요즘에는 결혼한 네 쌍의 부부 가운데 한 쌍이 이혼을 한다고 하니, 한평생 부부 관계를 맺고 살아간다는 게 말처럼 쉬운 일은 아닌 듯하다.

그렇다면 여기에서 궁금증이 생긴다. 과거에도 이혼이 가능했을까? 이 물음에 대한 답은 고려시대와 조선시대에서 서로 다르게 적용된다. 고려시대 이전까지만 해도 이혼에는 별다른 제약이 따르지 않았다.

원시시대는 수집과 채취가 경제 활동의 대부분을 차지하였다. 수집과 채취가 여성 중심의 활동인 만큼 원시시대는 여성의 권위가 우위에 있는 모계사회였다. 그러다 사냥과 농경으로 경제 활동이 옮겨오면서 남성 중심의 세상으로 변모하였다. 남성이 생산활동의 중심에 섰지만, 고대 사회에서는 모계사회의 전통 탓에 여성이 남성에 비해 차별을 받지는 않았다.

남성과 여성의 지위가 동등했다는 점은 고구려와 백제를 건국한 소서노의 일화에서 드러난다. 주몽과 함께 고구려를 세우고, 비류, 온조와 함께 백제를 세운 소서노는 두 나라를 건국한 여성이다. 세계 역사상 두 개의 국가를 세운 사람은 존재하지 않는다. 더구나 그녀는 지금으로 말하면 이혼녀였다. 만약 이혼녀에 대한 세상의 시선이 곱지 않았다면 소서노가 두 개의 국가를 건국할 수는 없었을 것이다.

뿐만 아니라 고구려 시대에는 요즘말로 남자들이 처가살이를 하였다. 결혼을 올린 후 아이가 장성할 때까지 처가에서 살다가 일정 시간이 지나면 본가로 돌아온 것이 그것이었다. 아래의 내용은 『삼국지』고구려 전기에 실린 내용이다.

그 풍속에 혼인할 때에는 구두로 미리 약정하면 여자 집에서 본채 뒤편에 작은 별채를 지어 그 집을 사위집이라고 부른다. 저녁 무렵에 신랑이 신부집 문 밖에 도착하여 자기의 이름을 밝히고 무릎을 꿇고 절하면서 아무쪼록 신부와 잘 수 있게 해 달라고 청한다.
이렇게 두세 번 거듭하면 신부 부모는
그때서야 사위집에 가서 자도록 허락하고,
신랑이 가져온 돈과 폐백은 그 집 옆에 둔다.
아들이 낳아서 장성하면 남편은 아내를 데리고 자기 집으로 돌아간다.

- 『삼국지』 고구려 전기 -

　　고려시대에도 남자가 처가에서 생활을 하는 전통은 이어졌다. 『동국이상국집』에서 고려 고종 때의 문인 이규보는 '지금은 장가를 갈 때 남자가 여자의 집에 가니, 무릇 내 몸에 쓰이는 모든 것을 처가에 의지한다. 그러니 장인과 장모의 은혜가 부모와 같다'고 하였다.
　　결혼 후 남편이 아내의 집에 살았으므로 남자와 여자 사이의 차별은 미미하였다. 재산 상속에 있어서도 남자와 여자가 균등하게 분배를 받았다. 남편이 먼저 사망할 경우에는 부인이 호주가 되어 공평한 상속과 재산 분배를 받았다. 결혼한 딸도 아들과 마찬가지로 균등하게 재산을 상속받았다. 남자와 여자가 균등하게 재산을 물려받은 만큼 제사 역시 아들과 딸이 돌아가면서 지냈다. 이혼 역시 서로 합의가 되면 허락되었고, 재혼에 있어서도 제약이 없었다.
　　이처럼 남성과 여성이 차별 없이 동등하게 살았던 삶은 조선시대로 들어오면서 달라졌다. 이는 조선시대에 통치사상으로 받아들인 성리학의 영향이 컸다.
　　그나마 조선초기는 성리학의 영향을 덜 받은 시기였다. 전대인 고려의 영향도 있었거니와 당시의 집권세력이던 훈구파 역시 성리학을 지나치게 강조하지는 않았다. 그런 까닭에 조선 전기만 해도 여성도 고려시대처럼 재산권을 인정 받고, 다양한 권리를 누릴 수 있었다.

조선 전기에 여성이 다양한 권리를 누릴 수 있었음을 알 수 있는 예가 신사임당(申師任堂)이다. 신사임당이 그의 아들 이이(李珥)를 낳고 기른 오죽헌(烏竹軒)은 신사임당의 친정집이다. 신사임당은 이이의 부친인 이원수(李元秀)와 결혼을 한 후에도 시댁이 아닌 친정집에서 살았다. 그러다 이이가 여섯 살이 되던 해에 시댁으로 들어갔다. 16세기까지만 해도 남자가 여자집으로 가서 결혼식을 올리고, 그대로 눌러사는 처가살이가 보편화된 사회였다.

친정집에서 살았을 뿐만 아니라 신사임당은 개인 재산도 있었다. 남편과 사별한 신사임당의 어머니는 다섯 딸에게 재산을 공평하게 나눠주었다. 재산을 공평하게 분배 받은 만큼 제사를 지내는 것도 아들의 몫만은 아니었다. 이이의 외할머니는 이이에게 재산을 물려주면서 이이로 하여금 자신의 제사를 지내도록 하였다.

여성과 남성이 동등한 지위를 갖던 조선 전기에 반해 조선 중기는 여성이 참고 인내해야 하는 존재가 되었다. 이는 당시의 집권세력인 사림파의 영향 때문이었다. 사림파는 성리학의 이기론(理氣論)에 집착하는 학파였다. 이기론은 우주 현상과 인간의 도덕적 실천의 문제에 관한 체계적인 해명을 추구하는 이론이었다. 인성(人性)에 집중하면서 행동에 대한 제약이 강조되기 시작하였다. 이런 흐름에 따라 조선중기부터 가부장제(家父長制)의 문화가 자리를 잡았다. 남존여비(男尊女卑)라는 생각에 따라 여성의 사회적 진출은 물론 집밖 나들이도 쉽지 않게 되었다. 여성들에게는 시집가기 전에는 아버지를, 시집가

177

오죽헌(烏竹軒)

강원도 강릉시 죽헌동에 있는 조선 전기의 주택으로 보물 제165호이다. 율곡(栗谷) 이이
(李珥, 1536~1584년)가 태어난 몽룡실(夢龍室)이 있는 별당 건물로, 우리나라 주택 중에서
가장 오래된 것 중의 하나이다. 검은 대나무가 집 주변을 둘러싸고 있어서 '오죽헌(烏竹
軒)'이라는 이름이 붙여졌다고 한다.

건립 연대는 명확하지 않지만 단종 때 병조참판과 대사헌을 지낸 최응현(崔應賢,
1428~1507년) 고택이라고 불리는 점으로 미루어, 적어도 15세기 후반에는 지어졌을 것으
로 추정된다.

1938년 조선문화재보호령에 의해 국가문화재 보물로 지정되어 보호되다가, 1975년 오
죽헌 정화사업으로 문성사와 기념관이 건립되면서 안채와 곳간채 및 사주문이 해체되
었다. 1995년 오죽헌 뒤의 고택이 다시 복원되어 현재와 같은 모습을 갖추게 되었다.

오죽헌은 조선 중기 사대부주택의 별당 모습을 살필 수 있는 곳이다. 뿐만 아니라 포를
구성하는 방식이 주심포에서 익공식으로 넘어가는 과도기적인 모습을 나타내고 있어
포의 변화과정을 짚어볼 수 있는 중요한 유물이라 할 수 있다. 한국학중앙연구원.

서는 남편을, 남편이 죽은 뒤에는 자식을 따르는 삼종지도(三從之道)의 굴레가 씌워졌다.

국가에서 회의를 거쳐 이혼을 허락했던 조선시대

가부장제의 문화 속에서 여성은 남성 중심의 권력 속에서 숨죽여 살아야 했다. 그렇다고 이혼이 불가능했던 것은 아니다. 조선시대에는 명나라에서 적용하던 대명률(大明律)에 의해 이혼이 법적으로 인정되었다. 이혼을 할 경우 양반들은 증서를 써서 이혼을 확인해주었다. 평민의 경우 옷의 앞섶을 잘라 주는 것으로 표식을 하였다.

조선시대의 이혼방법으로는 강제 이혼, 일방적 이혼, 협의 이혼이 있었다. 강제 이혼은 부부 중 한 사람이 배우자의 친족을 살해, 구타 또는 간통을 했을 때나 남편 스스로가 아내의 간통을 종용했을 경우에 국가에서 강제로 이혼시키는 것을 말한다.

유학을 중시하는 양반의 경우 이혼에 대해 불가론을 폈지만 도에 지나칠 경우에는 집안에서 나서서 이혼을 시켜달라고 요구하는 경우도 있었다. 이 경우 조정에 국왕과 대신들이 모여 이혼을 시킬 것인지에 대해 논의를 했는데, 심한 가정폭력을 행사한 경우 국가에서 이혼을 시켰다. 또한 당사자는 가정을 제대로 돌보지 못한 죄로 관직에서 파면을 하였다.

『태종실록』에는 이혼에 대한 사례가 등장한다. 김 씨라는 여성이 남편과 사별한 후 자신을 처녀라고 속여 마천목(馬天牧)이라는 사람과 혼례를 올렸다. 나중에 이를 안 마천목은 그녀를 쫓아낸 후 사헌부에 고발하였다. 이에 사헌부에서는 '김 씨의 추한 행실이 심하므로 다스려 바로잡지 않으면 풍기가 무너질 것'이라며 김 씨를 유배보냈다.

이 외에 일방적 이혼도 있었다. 일방적 이혼은 처가 도망을 갔을 때나 부모에게 불효를 저지른 경우, 자식을 못 낳은 경우 등의 칠거(七去)에 해당될 때 하는 이혼이다. 그러나 칠거에 해당하더라도 조강지처, 부모의 삼년상을 같이 지낸 아내, 늙어서 의탁할 곳이 없는 아내는 삼불거(三不去)라 하여 일방적으로 이혼을 할 수 없었다.

『세종실록』에는 자식을 낳지 못해 쫓겨난 최 씨의 이야기가 나온다. 그녀는 이미라는 관리와 결혼했는데 마흔 다섯이 되도록 아이를 낳지 못하였다. 이미는 최 씨를 쫓아내고 다른 여인과 결혼을 하였다. 이에 최 씨의 아버지가 화가 나 사헌부에 사위였던 이미를 고발하였다. 이 사실을 알게 된 사헌부에서는 '최 씨가 시아버지 삼년상을 치렀으니 다시 합쳐 살고, 새로 결혼한 여인과 이혼하라'고 판결하였다. 부모의 삼년상을 같이 지낸 아내와는 이혼할 수 없음을 알려준 것이다.

아래에 있는 조말생(趙末生)의 경우를 보면 일방적으로 이혼을 할 경우에는 벌을 주기도 했음을 알 수 있다.

이보다 앞서, 조말생을 사헌부 집의로 삼았다.
사헌부에서는 조말생이 조강지처를 버리고 부잣집 딸에게
다시 장가들어 풍속을 어지럽혔으므로, 그와 동료가 되려 하지 않았다.
이때에 이르러 면직시켰다.

- 『태종실록』 11년(1411년) 1월 7일 -

양반층의 이혼이 어려웠음에 반해 평민들의 경우에는 그나마 쉬웠다. 평민층에서는 사정파의(事情罷議) 또는 할급휴서(割給休書)를 통해 이혼을 하였다. 사정파의는 부부가 부부생활을 유지할 수 없는 이유를 말한 후 결별을 알려 서로의 응낙이 이루어지면 이혼을 하는 방법이었다. 할급휴서는 칼로 서로의 웃옷을 베어 그 조각을 상대방에게 준 후 이혼의 표지로 삼는 것이었다. 지금으로 말하면 이혼 문건과 같은 것이다.

재가를 위한 암묵적인 동의, 보쌈

그렇다면 여성이 이혼이나 사별 등 배우자와 결별했을 경우의 삶은 어땠을까?

조선시대 남성의 경우 20세 전후가 되면 전쟁이나 공사 등에 공역으로 동원되는 경우가 많았는데, 전쟁이나 공사를 하면서 사망하는 경우가 왕왕 있었다. 또한 이혼으로 배우자와 결별을 한 경우도 있었다.

이럴 경우 또다시 결혼을 하는 재가(再嫁)가 있었지만, 조선시대에는 재가가 지극히 적었다. 『경국대전』에 '재가한 부녀자의 아들과 손자는 문과, 생원시, 진사시에 응시할 수 없다'는 조항이 있기 때문이다. 과거에 합격해 관료가 되는 것을 가장 큰 명예로 여기던 조선시대에 과거시험을 볼 수 있는 권리가 박탈된다는 것은 사실상 재가를 금지하는 것과 다름 없었다. 그러므로 재가는 선택할래야 할 수 있는 것이 아니었다.

조선시대에 이혼을 불허하고, 재가를 금지한 것은 성리학 이념에 따른 정절 개념 때문이었다. 이혼이나 재혼을 한다는 것은 한 명의 지아비를 따르는 일부종사(一夫從事)를 할 수 없다는 의미다. 여성을 남성의 소유물로 인식하던 성리학적 관점에서는 여성이 여러 명의 남편을 둔다는 것은 여성의 정절은 물론 나라의 기강이 무너지는 일이라고 생각하였다.

재가를 금지함에 따라 집안의 가장을 잃은 여인네들의 살림살이는 갈수록 힘들어졌다. 그러나 다음의 『성종실록』에 나와 있듯 성리학의 나라였던 조선은 굶주림보다 절개가 더욱 중요하다고 생각하였다.

> 이경동이 '재가한 자의 자손을 사판(벼슬아치 명단)에 함께 하지 말라'고
> 분부하셨는데, 문제가 되지 않을까 두렵습니다'고 아뢰니,
> 임금이 '굶주려 죽는 일은 작은 것이고, 절개를 잃는 일은 큰 것이다.
> 국가가 법을 세운 것은 마땅히 이와 같아야만 한다'고 했다.
> ─ 『성종실록』 8년(1477년) 7월 20일 ─

남성이 아내와 사별했을 경우에는 얼마든지 재혼이 가능했음을 떠올리면 조선이 여성의 정절에 대해 얼마나 그릇된 잣대를 들이대고 있었는지를 알 수 있다.

그런데 이 정절이 점점 극단으로 치달았다. 처음에는 남편이 죽은 뒤 재혼하지 않고 자식을 키우며 살아도 열녀(烈女)라고 여겼는데, 후대로 갈수록 죽은 남편을 따라 죽어야 열녀로 인정해 주었다. 이러한 관념에 따라 남편을 잃은 아내는 남편을 따라 죽었다. 열녀가 나

온 집안에는 열녀문과 함께 세금 감면이라는 혜택까지 주었다. 이는 성리학적 관념을 널리 퍼뜨리기 위한 장치였다. 요즘도 사용하는 미망인(未亡人)이라는 말을 국어사전에서 찾아보면 '아직 따라 죽지 못한 사람'이라는 뜻이다. 열녀라는 이름으로 남편을 따라 죽었던 그 시대의 잔재가 지금까지 이어지고 있는 셈이다.

그러나 열녀라는 이름으로 치장을 하였을 뿐, 결국 열녀라는 것은 자살이었다. 그러나 스스로 목숨을 끊어야 얻을 수 있는 열녀에 대해 비판을 한 사람은 조선 정조시대의 신하인 정약용(丁若鏞)이 유일했다.

나는 확고하게 스스로 목숨을 끊는 것은 천하에서 가장 흉한 일이라고
여긴다. 따라서 이미 의에 합당한 자살이 아니라면 그것은
천하의 가장 흉한 일이 될 뿐이다.
이것은 단지 천하의 가장 흉한 일인데도 관장이 된 사람들은
그 마을에 정표하고 호역을 면제해 주는가 하면 아들이나 손자까지도
요역을 감해주고 있다.
이는 천하에서 가장 흉한 일을 서로 사모하도록 백성들에게
권면하는 것이니 어찌 옳다고 할 수 있겠는가?

- 정약용의 『열부론』 中 -

조선시대에 여성의 재혼이 불가능했던 점은 예상치 못한 방향으로 흘러가기도 했다. 재혼이 불가능한 경우는 양반층의 여성이었는데, 그 여성들이 양반이 아닌 평민들과 혼인을 하기도 하였다.

이는 평민 남성의 경우 결혼을 할 여성의 수가 부족했던 데에서 기

인하였다. 조선시대는 양반들이 첩을 두는 것이 관행처럼 이뤄졌다. 첩을 두는 것이 하나의 풍조였기 때문에 경제력이 있는 양반들은 으레 첩을 두었다. 양반들이 첩을 두어 생활하였기 때문에 평민 남성의 경우 혼인을 올릴 처녀의 수가 부족하였다. 처녀의 수가 부족한 까닭에 평민 남성들은 사별을 한 양반 여성들과 혼인을 하였다. 물론 양반 여성이 평민 남성과 결혼을 올린다는 것은 쉬운 일은 아니었다. 그래서 등장한 것이 습첩과 보쌈이었다. 습첩은 사별이나 소박 당한 여성이 새벽에 성황당 앞에 서 있으면 처음 만난 남성이 여성과 결혼을 올리는 것이었다. 습첩의 경우 여성이 남자의 신분이나 경제력을 따질 권리는 없었다.

보쌈 역시 마찬가지였다. 과부가 잠든 사이에 여성을 업고 나오는 보쌈은 혼기가 지난 남성은 혼처 자리를 찾고, 경제적으로 궁핍했던 여성 입장에서는 생활고를 해결할 수 있는 방법이었다. 혼기가 지난 남성이 늘어나고, 공역으로 인해 과부가 늘어나면서 나라에서는 보쌈을 암묵적으로 묵인해 주었다.

* 충(忠) : 고려 25대 충렬왕, 26대 충선왕, 27대 충숙왕, 28대 충혜왕, 29대 충목왕, 30대 충정왕은 원나라에 충성하겠다는 의미를 담아 시호 앞에 충(忠)자를 붙였다. 이런 흐름은 원나라로부터 자주 외교를 주창한 31대 공민왕에 의해 허물어졌다.

결혼

신분상승과 지속가능한
삶을 위한 욕망

열하나

조선 무역의 블루칩

인삼

무역 물품이 변변치 않았던 조선

과거 동아시아의 무역은 모두 최고 권력자의 통치하에서 이루어졌다. 중국의 황제나 조선의 왕, 왜의 관백(關白)만이 무역을 주재하고 진행할 수 있는 권리를 가진 까닭이다. 우리나라 역시 외면적으로는 경상(京商), 송상(松商), 만상(灣商) 등이 명나라나 청나라와 무역에 나섰지만 실제로는 최고 권력자가 주도하는 관(官) 무역만을 인정했다.

조선은 가난한 나라였다. 조선의 프리드리히 대왕으로 불리는 정조처럼 백성을 사랑하는 왕조차 백성들의 굶주린 일상을 구제하지는 못했다. 그렇다고 이런 경제적인 어려움을 해결할 수 있는 특별한 자원이나 기술이 있는 것도 아니었다.

조선의 산업구조는 85퍼센트 이상이 농업으로 이루어졌으며, 생활에 필요한 물건들은 자급자족 수준을 겨우 벗어난 가내수공업 단계에 머물고 있었다. 따라서 명나라나 청나라, 일본과 제대로 된 무역을 하고 싶어도 마땅한 무역거리를 찾을 수 없었다.

담비를 비롯한 동물의 가죽이나 면포, 인삼, 금과 은 등이 주요 무역품이었다. 조선이 주로 수입하는 상품은 청나라를 중심으로 한 각종 서적과 서양식 기계제품, 화약 등이었는데 적지 않은 무역 적자에 시달리곤 했다.

조선은 과거부터 중국과 조공무역(朝貢貿易)을 맺으면서 중국 황제에게 선물형식으로 물품을 바치고 답례품 형식으로 무역품을 하사받으면서 조선에서 생산되지 않는 물건에 대한 아쉬움을 달래야 했다. 이것은 조선의 외교정책인 사대교린(事大交隣) 정책에 기인한 것이다. 사대교린이란 말 그대로 중국을 받들고 일본이나 여진 등과는 사이좋게 지낸다는 뜻을 담고 있다. 이것은 중국을 중심으로 한 동아시아의 전통적인 외교 및 무역 방식이었으며, 우리가 지금 생각하는 것처럼 굴욕적이기만 한 것은 아니었다.

중국에서 우리나라를 비롯한 조공무역 국가에 답례로 내리는 무역물품을 '회사(回賜)'라고 했는데 천자의 권위와 무게를 유지하기 위해서는 조공품보다 질 좋고, 많은 양의 답례품을 내려야 했다. 조선 뿐 아니라 동아시아 각국과 조공무역을 맺어야 했던 중국으로서는 생각보다 적지 않은 부담이 되는 일이었다.

그래서 명나라는 조공과 회사 이외의 모든 무역을 불허하고 조공과 회사 역시 3년에 한 번으로 제한할 것을 요구하였다. 그러나 조선으로서는 명나라로부터 더 많은 문물을 얻어내야 할 필요가 있었다. 이에 따라 조선은 연삼공(年三貢)이라고 해서 하정사(賀正使, 정월 초하루), 성절사(聖節使, 明 황제의 생일축하), 천추사(千秋使, 明 황태자의 생일축하)에다가 동지사(冬至使)까지 추가했다. 이뿐 아니라 사은사(謝恩使)·주청사(奏請使)·진하사(陳賀使)·진위사(陳慰使)·진향사(陳香使) 등 갖가지 명목으로 사신을 꾸려 조공품을 보내고 답례품을 받아왔다.

무엇보다 자주 조공무역이 꾸려진 이유 중 하나는 정사(正使)와 부사(副使) 등 40여 명으로 이루어진 사신단이 조공품 이외의 물건으로 사사롭게 사무역을 행했던 이유도 있었다. 조선 후기 들어서 인삼 대신 은(銀)으로 경비를 대신하게 되었을 때 당상관 이상은 은 천냥 이상을 사사롭게 가지고 나갈 수 있었기 때문에 막대한 이익을 볼 수 있었다. 이들은 주로 중국산 비단을 들여와서 왜인들이나 양반 귀족들에게 파는 것으로 커다란 치부를 하였다.

그렇다면 변변한 수출품 하나 가지고 있지 못했던 조선에서 사무역까지 나서도록 부추긴 가장 매력적인 무역물품은 무엇이었을까? 그것은 바로 조선 무역의 블루칩 '인삼'이었다.

상상을 초월한 조선 인삼의 인기

인삼은 전적으로 왕실에서 관리하던 전매품이었고 이를 어긴 채 사사롭게 손을 댔다가는 자칫 목숨까지 잃을 수 있을 정도로 귀한 물건이었다. 인삼의 인기는 17세기 암스테르담 시에 이미 조선 인삼을 거래할 수 있는 암시장이 존재하고 있을 정도였으며, 인삼의 가격도 상당했다.

조선이라는 가난한 나라는 다른 나라와 교역할 아무런 상품도
가지지 못하고 있었지만 인삼(ginseng)이라는
대단히 중요한 교역 아이템을 가지고 있었다.

- 니콜라스 비첸, 17세기 암스테르담 시장(市長) -

189

암스테르담에서 인삼의 인기가 이 정도였으니 가까운 중국과 일본, 서남아시아에서의 인기는 상상을 초월할 정도였다. 일본에서는 인삼을 교역할 때만 쓸 수 있는 순도 80퍼센트의 전용화폐인 인삼대왕고은(人蔘對往古銀)을 발행하기도 했다. 이 화폐는 오직 조선으로부터 들여오는 인삼을 구입하기 위한 전용화폐였다.

조선시대 인삼으로 가장 큰 부를 축적한 사람은 조선 정조에서 철종시기까지 생존했던 상인 임상옥이었다. 임상옥은 개인의 상술과 시대적 배경에 힘입어 인삼을 통해 거만(巨萬)의 꿈을 이룬 사람이다. 임상옥은 가난한 집에서 태어났지만 조선의 중국행 무역의 주요 루트였던 의주에서 태어나 어려서부터 상술에 눈을 떴다. 그의 아버지 또한 상인으로 중국 연경에 내왕하던 봉핵(鳳翮)이었다. 그는 아버지에게서 단순히 돈에만 욕심을 내는 하치의 장사꾼이 아니라 사람을 살리는 가장 윗길의 장사꾼이 될 것을 교육받았다.

임상옥은 뛰어난 장삿술과 함께 '재물이 사람을 앞설 수 없다'는 독특한 경영관을 가지고 있었다. 그는 당시 이조판서였던 박종경의 도움으로 의주 상인 5명과 함께 최초로 국경지방에서 인삼무역 독점권을 획득했다. 여기에 의주를 비롯한 서북지역의 많은 상인들이 홍경래가 주도한 평안도농민항쟁에 동조해 함께 봉기했으나 그는 중앙군을 도와주는 의병에 참가함으로써 신뢰를 쌓았다. 임상옥과 서북지방의 상인들이 인적관계나 이익을 얻는 방법이 달라서 벌어진 일이지만 어쨌든 임상옥이 절체절명의 순간에 현명한 판단을 내린 것은 분명한 일이다.

임상옥은 또 1812년 변무사의 수행원으로 청에 갔는데 청나라 북경상인들이 인삼 불매동맹을 펼쳐 인삼값을 낮추려 하자 가지고 갔던 인삼의 일부를 태울 정도로 대담한 상술을 발휘했다. 이 결과 그는 지니고 갔던 인삼의 원가보다 10배 이상의 이익을 남겼다. 임상옥은 단순한 인삼 장사꾼에서 뛰어난 상술을 바탕으로 한 무역활동을 전개해 인삼 무역의 새로운 개척자로 입지를 다졌다.

또한 그는 조선 최초로 새로운 가공방법으로 제조된 인삼의 한 종류인 '홍삼'을 개발해 상인으로서의 입지를 더욱 단단히 굳혔다. 그러나 임상옥이 자신의 전 재산을 백성들의 구휼에 바치고 떠났음에도 불구하고 조선시대 백성들의 삶은 계속 고단하기만 했다. 특히 인삼과 관련된 지역의 백성들은 평생 동안 인삼 공물을 바치라는 시달림에서 벗어나지 못한 채 혹독한 고난을 겪어야 했다.

백성의 고혈을 짜내는 인삼 공출

조선 정조 11년 강계부사(江界府使)가 올린 장계에 따르면 인삼을 바치라는 관리들의 재촉을 견디다 못한 백성들이 도망친 일이 있었다. 이런 까닭에 처음에는 2만 호 가까운 주민이 살았으나 이제 겨우 4,518호밖에 남지 않았다는 기록이 남아 있다. 백성들의 고통이 얼마나 심했는지 짐작이 가는 문구이다.

조정과 백성들 모두 인삼을 마음껏 재배할 수 있는 기술을 학수고대했지만 생각만큼 쉬운 일이 아니었다. 인삼은 6년근을 최상품으로 여길 정도로 재배기간이 길 뿐 아니라, 햇볕을 싫어하고, 조금만 지저분한 양분을 뿌리면 금방 죽어버릴 정도로 재배가 까다로운 약용식물이다. 실제로 조선시대 이전부터 공물로 바쳤던 인삼은 대부분 인위적으로 재배한 것이 아닌 산삼이었던 것으로 추측된다. 어쨌든 해마다 이렇게 많은 양의 인삼이 공출되면서 풍기를 비롯한 인삼 재배 지역의 백성들은 관아의 시달림을 견디다 못해 결국 자신이 살던 고향 마을을 떠나게 되었다. 그나마 다행스럽게도 조선 중종 때 풍기 군수로 재임하던 주세붕(周世鵬)이 마을 사람들과 함께 직접 인삼을 재배하기 시작하면서 어느 정도 대량 생산에 성공하기 시작했다.

그렇다면 이렇게 재배된 인삼의 소비와 판매 루트는 어떻게 이루어졌을까? 분명한 한 가지는 인삼이 이렇게 대량 생산되면서 인삼의 판매량과 루트가 상당히 넓고, 복잡해졌다는 것이다.

인삼의 주요 생산지로 꼽혔던 개성은 원래 의주와 함께 중국과의 무역을 통해 번성한 도시이다. 개성상인(開城商人)이라고 불릴 정도로 상술에 능했던 개성 사람들이 인삼의 가치를 몰랐을 리 없다. 지금도 많은 인삼 판매점에서 개성이라는 상호를 내세우는 것만 봐도 당시 인삼을 기반으로 부를 축적한 개성상인의 신뢰와 위세가 얼마나 대단했는지 짐작이 간다.

실제로 조선이 망하기 직전인 19세기 말에도 중국에 수출된 조선 인삼의 양은 한 해에 약 4만근에 달했다. 이를 은으로 환산하면 400만 냥이었는데 1냥에 구한말과 같은 6천 원 정도의 가치만 부여해도 지금 돈으로 2백 40억 원에 가까운 돈이 거래됐다는 계산이 나온다. 중국인들은 조선 사신이 들어와 여비로 가져왔던 인삼을 건네받으면 이때부터 사신관 앞에서 인삼국을 차리고 인삼거래를 시작하였다. 중국에서 인삼에 대한 인기가 얼마나 좋았던지 인삼국의 규모가

육조거리

육조거리는 오늘날 종로구 세종로를 가리키며, 조선시대에는 7궤(軌) 56척(尺)의 한성부
대로로 국가를 상징하는 가장 넓은 길이었다. 육조거리는 경복궁 정문인 광화문 앞에
직선으로 개설되어 주작대로 기능을 하였다. 독립기념관.

몇백 호에 달했다고 한다.

조선 최고의 갑부는 역관?

조선에서는 인삼이 나라에서만 관리할 수 있던 전매상품(轉賣商品)이었기 때문에 중국으로 향하는 사신이라 해도 가지고 갈 수 있는 인삼의 양이 정해져 있었다. 사신들에게도 별도로 여비를 지급하지 않고 다만 여덟 자루의 인삼을 중국으로 가져다가 팔아서 필요한 경비로 사용하도록 했다. 이것을 팔포(八包)라 했는데 인삼이 흉년이 들면 은으로 가져가도록 하고, 은이 귀해지면 인삼을 가져가도록 조치했다. 그러나 중국에서 워낙 인삼의 인기가 높았기 때문에 관원들은 어떻게 해서든 조금이라도 더 많은 인삼을 가지고 나가려고 하였다. 조선 인조 때 인삼 1근의 가격은 25냥이었고, 인삼 여덟 자루 정도면 대략 2천 냥 정도였기 때문에 필요한 경비로 사용하고도 조선에서 귀하게 여기는 물건을 구해다가 판매함으로써 더 큰 이문을 볼 수 있었다.

그런데 문제는 당시 사신들이 일반 장사치를 만날 수 없었다는 것이다. 그래서 이들 관리를 대신해 중국의 상인을 만난 사람들이 바로 역관(譯官)이었으며 이들이 역상(譯商)으로 천하게 불린 이유도 바로 여기에 있었다. 물론 조정에서는 이를 엄격히 금지시키고 임금이 바뀔 때마다 사신이 들고 나갈 수 있는 인삼의 양을 수시로 제한하도록 했으나, 명나라나 청나라와의 공무역 이외에 송상, 만상이 앞장선 인삼의 사무역을 엄격하게 금지시키기기는 어려웠다. 또한 중국과 일본에서 인삼에 대한 엄청난 수요가 있었고 권세 있는 대신들이 송상과 만상 등의 뒤를 봐주고 있었기 때문에 목숨을 걸고라도 인삼 밀무역에 매달리는 사람들은 줄지 않았다. 인삼은 조선에서 부를 이룰 수 있는 거의 유일한 방법이었다. 여기서 역관의 역할은 나날이 늘어났다. 특히 역관이 개입한 밀무역은 왜와 거래를 할 때 더욱 빈번하게 일어났다. 왜관에서 종사하는 역관들은 간장이나 술독에 인삼을 넣고 납으로 밀봉하기, 야간에 선박을 이용하기, 고구마 등으로 위장하기 등 별의별 방법을 이용해 개인적인 치부에 열을 올렸다. 결국 현직 역관이 오를 수 있는 가장 높은 벼슬인 정헌대부(正憲大夫·정2품)까지 올랐던 최상집(崔尙嶸)*마저 인삼 밀무역에 관여해 조선과 대마번 모두를 깜짝 놀라게 만들기도 했다.

그러나 모든 역관들이 정헌대부 최상집처럼 비운의 길을 걸은 것은 아니다. 조선 숙종 때의 역관이었던 변승업(卞承業)은 당대의 세도가는 물론 왕실까지 우습게 볼 정도로 큰 부를 이루었다. 변승업은 자신의 아내가 일찍 죽자 당시 왕실에서만 할 수 있던 상례(喪禮)방법이었던 관에 옻칠을 해서 물의를 일으켰다. 변승업은 왕실과 양반가들의 이 같은 질타를 일금 십만 냥으로 잠재우고, 경기도 양주군 망우리면에 당시 역관으로서는 상상도 할 수 없었던 선산을 마련해서 다시 한번 위세를 떨쳤다. 실제로 그의 묘는 화려하기 그지없었으며 당시 양반가에서도 엄두를 내지 못했던 대리석을 묘비로 사용했다.

세계와 경쟁하기 시작한 조선 인삼

인삼 무역에 관여했던 임상옥이나 변승업 등이 이 정도 치부를 할 정도였으니 인삼에 대한 전매권을 가지고 있던 왕실과 정부가 얻는 이익은 상상을 초월할 정도였다.

조선 순조와 철종대에 조선 조정의 상인들이 인삼을 판매한 대가로 거둬들인 포삼세(包蔘稅)는 총 15~25만 냥 가량이었다. 당시 조선 정부 각 부서의 일 년 사용 예산이 대략 25만 냥 정도였던 것을 감안한다면 엄청난 금액이었다.

그런데 조선 철종 때 서울과 개성, 의주 등에 흩어져 있던 인삼 관련 상인들이 놀라움을 금치 못할 조치가 발표된다. 철종 4년이던 1853년 8월, 철종 임금은 신하들과 의논 끝에 당시 조선에서 청나라로 수출하던 인삼 수출량을 4만근에서 2만근으로 줄일 것을 결정했다. 이것은 인삼의 수출량 확대를 통해 꾸준하게 세수 증가를 위해 노력했던 정부나 이를 통해 막대한 이익을 보고 있던 정부 고관, 그리고 전국 각지의 상단에게 놀라운 일이 아닐 수 없었다.

> 철종께서 왕위에 오른 지 얼마되지 않아 역관들은 포삼(包蔘)액수가 많은 것을 큰 폐단으로 생각했다. 이것은 역관들이 그 값이 낮아질 것을 두려워해 포삼액수가 지나치게 많아지는 것을 원치 않았기 때문이다. 그래서 역관들은 인삼수익을 채우기 위하여 높은 자들에게 뇌물을 주며 갖은 방법을 동원해 포삼의 수량이 낮아지도록 도모하였다.
>
> － 『중경지』 －

실제로 순조 임금 이후로 전반적인 인삼 수출량을 늘임에 따라 만상이나 송상의 이익 배분 또한 점차 늘어나고 있는 상황이었다. 인삼을 수출할 때마다 받던 증포세도 대폭 줄여주었으며, 인삼의 판매와 판로 확장에도 많은 노력을 기울이고 있었다.

이것은 대신(大臣)을 비롯한 상인들의 입장에서도 마찬가지였다. 그들은 개성이나 의주상인들에게 막대한 뇌물을 받으며 인삼 쿼터를 유지시켜주고 있었지만 또 한편으로는 자신의 돈을 의주상인과 개성상인들에게 투자해 이익을 불려 나가고 있었다. 서울의 권문세가, 각 아문, 평안 감영, 지방의 병영 또한 인삼 사업에 적극적으로 투자해 막대한 이익을 올리고 있었다.

이 말은 인삼 사업이 요즘의 투자 사업과 마찬가지로 쉽게 포기할 수 없는 엄청난 수익사업이었다는 말이다. 그런데 철종 임금과 조선 정부는 어째서 이런 결정을 내린 것일까?

이 당시 중국에는 조선 정부에서 도저히 감당할 수 없었던 거대한 변화가 시작되고 있었다. 그리고 이 변화를 이끌어낸 인삼 속에는 조선의 패망을 앞당긴 또 다른 비밀이 숨겨져 있었다.

조선 인삼의 패배와 몰락

철종 4년인 1853년 8월 9일 승정원일기에는 '작년 포삼(인삼)판매에서 이득을 얻지 못한 뒤 의주 상인들이 모두 손해를 보았습니다. (중략) 금년의 포상을 2만 5천근으로 감소시켜 책정하고 그 외의 잡세는 사정을 고려하여 감함으로써, 조정이 진력을 다하고 있음을 보여주소서'라고 전하니 왕이 윤허했다는 기록이 나온다. 여기서 눈여겨 볼 것은 의주 상인들이 모두 손해를 보았다는 말이다. 이 말을 다시 한

번 살펴보면 명나라에 인삼을 판매했던 의주 상인들이 인삼을 제대로 팔지 못했거나 인삼을 팔긴 팔았으되 크게 이문을 남기지 못했다는 말이다.

중국에서 인삼은 고대부터 지속적으로 높은 관심과 인기를 끈 상품이다. 백제 인삼부터 고려 인삼에 이르기까지 한때는 죽은 사람도 살린다는 영약으로 인정을 받았다. 하지만 조선의 인삼이 본격적으로 귀한 상품 대접을 받기 시작한 것은 명나라 말기였다. 이때 특히 중국 강남 지역의 부가 증진되면서 생활 수준이 올라가고 원하던 물건을 구매할 수 있는 능력이 향상됐다.

생활 수준이 올라가게 되면 사람들은 자연히 웰빙에 관심을 기울이게 마련인데 이 중 하나가 바로 조선의 인삼이었다. 조선 인삼은 워낙 값이 비싸고 귀해서 이 당시 중국인들은 자신의 부모님이 병이 날 경우 약국에 보관 중인 인삼을 대여해 와 병상에 누워 있는 부모님 곁에 놓아두기까지 하였다. 인삼에 대한 선망이 얼마나 대단했는지, 인삼이 얼마나 비싼 약재였는지 쉽게 짐작할 수 있다.

실제로 조선에서 은 100냥이었던 인삼 1근이 중국으로 넘어가기만 하면 1근당 300냥, 운이 좋으면 그 이상으로도 받을 수 있었다. 조선 정부는 물론 명나라와 청나라 정부에서 이렇게 엄청난 이문이 남는 사업을 그냥 보고만 있을 리가 없었다.

청나라를 건국한 누르하치조차 인삼을 교역하는 방법과 가공법, 품질 개선, 한족 인삼상인이나 수집꾼들의 활동을 억압함으로써 청나라 황실의 수익을 최대한 높이기 위해 애썼다.

그런데 여기서 한 가지 예상치 못했던 변수가 발생했다. 당시 청나라 황제들은 예수회 선교사들을 적극 환영하는 대신 중국 내에서 자신들의 능력으로 해결하기 어려운 지식산업 과제를 내주곤 했다. 현재도 마찬가지지만 예수회는 동서양에 걸쳐 엄청난 지식 네트워크와 인적 네트워크를 구축하고 있었고, 이들이 인삼에 대한 효능을 유럽 등에 알리면서 인삼에 대한 상업적 관심이 빠른 속도로 커지기 시작했다.

현재도 이 같은 관심과 함께 우리나라의 고려 인삼과 치열한 경쟁을 벌이고 있는 북미 인삼이 중국 사람들을 찾기 시작했고, 중국인들은 이들이 원하는 모피와 가죽 등을 수출했다. 하지만 곧 북미 인삼은 씨가 마르는 상태가 됐고, 중국 사람들도 자명종이나 장식품처럼 사치품을 원하는 경우가 많아서 거래는 소강상태로 빠져들기 시작했다.

하지만 미국은 영국에서 독립한 1800년대 이후 새로운 수출 상품을 찾아야 하는 국가적인 절실함을 안고 있었다. 미국은 결국 1850년대 인삼을 주요 수출 상품으로 선정해 중국과의 무역을 본격화하기 시작했다.

이때 당시 미국은 너나없이 돈이 되겠다 싶은 야생 인삼을 다투어 채취했다. 그 결과 미국 인삼의 수출량이 조선 인삼을 넘어설 정도였다. 엎친 데 덮친 격으로 미국 인삼은 조선 인삼보다 가격 역시 턱없이 쌌다는데 문제가 있었다. 여기에 중국 사람들은 조선 인삼이 몸에 좋은 점은 충분히 인정하지만 미국 인삼 역시 어느 정도 효능은 있다고 생각했다. 이제 더 이상 비싼 조선 인삼을 고집해야 할 이유가 없었다.

그러나 조선 정부는 이미 농지를 포기하고 인삼 농사를 적극 권장한 상태였고, 엄청난 자본이 투자된 상태였다. 다른 대체 수출품도 뚜렷하지 않았기 때문에 인삼 가격을 대폭 내려서라도 적극적으로 판매에 뛰어들 수밖에 없는 상황이었다.

몰락한 인삼 무역이 몰고 온 무서운 결과

결론적으로 조선 무역의 인삼 정책은 완전히 실패하고 말았다. 미국은 한때 채취에만 의존하던 인삼을 점차 재배로 전환시켜 1900년 이후 재배 농지를 확대하고, 품질을 향상시키면서 전 세계 인삼 상권의 80퍼센트를 장악하는 성과를 올리게 되었다.

더 안타까운 것은 우리나라가 앞선 인삼 재배기술과 인삼 재배에 필요한 자본력까지 갖추고 있으면서도 이를 충분히 활용하지 못한 채 실패의 쓴잔을 마셔야 했다는 사실이다. 우리나라 역시 인삼 시장 회복을 위한 몇 번의 좋은 기회를 맞았던 것이 사실이다. 1850년대는 인삼이 아편 치료와 해독에 좋다는 소문이 돌아 일시적으로 인삼 판매량이 증가했고, 1870~1900년대는 미국의 인삼 재배가 제 괘도에 오르지 않아서 인삼 수출이 2만근에서 2만 5천근까지 오르는 호재를 맞기도 했다.

그러나 고종이 친정을 시작한 대한제국에서는 누가 인삼에 대한 수익권을 장악하느냐를 두고 황실과 대신을 비롯한 이익 세력이 첨예하게 대립을 벌이다가 결국 황실 소속인 궁내부에서 독점하게 되었다. 고종은 수삼의 매수권과 홍삼 제조 감독권까지 자신의 밑에 두고, 1899년에는 왕실 재정을 관리하는 내장원(內藏院) 산하에 삼정과(蔘政課)를 설치한 뒤 수확과 유통, 전매수익까지 모두 전용시키는데 성공했다.

권력을 유지하는 데는 많은 자금이 필요하다. 고종 역시 개혁에 필요한 군대 유지, 산업시설 개발, 전차 및 철도 개설 등에 천문학적인 돈이 필요했다. 그러나 마땅한 재정 수입이 없는 상태에서 인삼 뿐 아니라 광산, 철도, 잠사, 양잠사업까지 고종을 중심으로 한 황실에서 독점했기 때문에 실제로 국가 실무를 집행해야 할 각 아문(衙門)에서는 고종의 눈치만 보며 돈을 구걸해야 했다.

이에 따라서 갑오개혁을 주도한 김홍집 내각 등에서 지금까지 의주부, 지방 감영, 각 아문별로 나뉘어져 있던 포삼세 징수를 탁지아문(度支衙門)으로 일원화시키고, 세금을 인하하며, 개별 인삼 농가의 재배량 등을 파악하는 등 장기적인 인삼사업의 근대화를 위한 노력을 기울였다. 그러나 이 같은 인삼 사업의 근대화 방향은 고종의 의중과는 전혀 다른 것이었다.

결국 정부의 공공사업을 집행하는 탁지아문은 내장원에 돈을 구걸하다시피해서 사업을 진행해야 하는 웃지못할 상황까지 연출했다. 하지만 더 큰 문제는 내장원에서 탁지아문에 돈을 빌려줄 때는 반드시 다른 공공재원에 이를 붙여서 거둬들임으로써 정부의 재정을 고갈시키는데 한몫했다는 것이다. 턱없이 재정이 부족했던 아문에서는 일본에게 악성 차관을 요구할 수밖에 없었고 나라를 병들게 만든 중요한 계기가 되었다.

황실의 인삼 재배에 대한 이익의 독점은 결국 인삼 재배 농가를 피폐하게 만들었고, 외부 경쟁력을 약화시켰으며, 포삼세의 독점으로 인한 관리들의 부패와 횡령에 일조하는 일까지 만들고 말았다. 비슷한 시기에 인삼을 산업화시킨 미국과의 인삼 전쟁에서 어떤 이유로 패배했는지 쉽게 짐작할 수 있게 하는 일이다.

인삼 재배는 지금으로 말하면 반도체와 같이 끊임없는 시설투자와 기술개발, 신품종의 개량 등이 필요한 첨단산업이었다. 그러나 조선 무역의 블루칩 인삼은 이렇게 점차 몰락하면서 끝내 일본 자본에 종속되는 비극을 겪게 된다. 겨자씨

---

* 최상집(崔尙集) : 1664년생으로 조선 현종 때 출생해 놀라운 실력으로 역관이라는 한계를 딛고 인삼을 발판으로 정헌대부까지 올라설 정도로 출세가도를 달렸으나 끝내 인삼 때문에 패가망신하였다.

인삼

조선 무역의 블루칩

열둘

조선의 놀이판을 지배한

연예기획자

별감

예로부터 흥이 많았던 우리 민족

갑작스러운 한류(韓流) 열풍에 어리둥절함을 느끼는 사람이 많다. 세계인들이 우리나라 문화에 열광하는 모습이 어색할 수도 있다. 그러나 우리 민족은 예부터 흥이 많은 민족이었다. 하늘에 제사(굿)를 지내고 난 뒤 며칠 밤낮을 가무를 즐기며 놀았다. 이 같은 사실은 『삼국지』 위지동이전 부여조와 『삼국지』 위지동이전 마한조 등에 기록되어 있다.

> 정월에 하늘에 대해 제사하는데,
>
> 이때 형벌과 옥사를 중단하고 죄수들을 풀어주었다.
>
> - 『삼국지』 위지동이전 마한조 中 -

그렇다고 해서 우리 민족이 아무 생각 없이 무절제한 음주가무를 즐겼다는 말은 아니다. 하늘에 제사를 지낸 뒤 만물의 빠른 생육을 기원하고 수확을 기뻐하며 감사드리는 전통 축제를 벌인 것이기 때문이다. 이 같은 전통 축제는 사라지지 않고 삼국시대의 화랑도와 고려시대 연등회, 팔관회까지 이어지면서 우리 민족의 놀이 풍습은 지

205

속되었다.

성리학의 나라인 조선에서도 놀이의 전통은 이어졌다. 『영조실록』 49년 8월 9일 자(字)에는 연로한 문신들을 위로하기 위해 의정부 중추부 주원에서 잔치를 벌인 모습이 기록돼 있다. 잔치가 무르익자 영조가 영의정 한익모 부자와 판서 조영진 부자, 그리고 조창규, 김사목 등에게 자리에서 일어나 춤을 출 것을 명령했다. 근엄하기 짝이 없던 왕과 대신 사이가 이 정도였으니 일반인들은 말할 것도 없는 일이다.

조선시대에 양반들이나 평민들이 즐기던 춤은 대무(對舞)가 기본이었다. 대무란 둘이 짝을 이뤄서 마주보고 추는 춤을 말하는데 남자는 소매를 떨치고, 여자는 손을 뒤집어서 추는 춤이었다. 조선 정조 때 유득공이 쓴 『경도잡지(京都雜志)』에도 남자와 여자가 짝을 이뤄 춤을 추는 것이 일반화된 풍속임을 증명하고 있다.

놀이꾼 혹은 패셔니스타, 별감

조선시대에는 별감(別監)이라는 직업이 있었다. 이들은 조선시대 임금의 왕명을 전달하거나 임금에게 필요한 붓과 벼루를 공급하고, 궁궐의 열쇠를 보관하거나 임금을 비롯한 왕실 가족들을 호위하는 등 다양한 업무를 맡아서 행하던 자들이다.

별감은 그 종류와 함께 하는 일도 많았는데 크게 장원서 소속의 동산별감, 액정서 소속의 가무별감, 봉도별감과 상언별감, 무예청 소속의 무예별감을 비롯해 임금을 모시는 대전별감, 그리고 왕비를 모시는 왕비전별감과 세자를 모시는 세자궁별감 등으로 나눌 수 있다. 그 가운데 임금을 모시는 대전별감이 가장 기세가 좋았으며 임금과 대비, 동궁전 등 각 처소마다 많게는 궁녀 100명, 내시 50명, 별감 46명 등의 인원이 배정돼 왕명 전달, 궁중음식 장만, 대궐문 경비, 청소 등 각자 맡은 임무를 처리했다. 이들은 대개 내시의 지휘 하에 서로 협력해서 궁궐 일들을 처리해 나갔다.

별감은 궁녀나 내시와 달리 독특한 생활과 문화로 조선 후기 사회를 풍미했다. 별감 중에서도 임금을 지근거리에서 모시는 대전별감들은 그 휘하에 노래를 잘 부르는 가기(歌妓)와 가객(歌客), 가야금을 잘 타는 금기(琴妓), 거문고의 명인인 금객(琴客), 광대, 재주꾼 등을 두고 걸판지게 놀이판을 꾸려 나갔다. 별감은 지금으로 치면 연예 기획자 혹은 쇼의 연출자라고 생각해도 무방할 것이다.

별감은 자신의 기본 업무 이외에 놀이를 주관하는 일을 맡아
연회 행사장을 꾸미고, 기생을 훈련시켜 가무를 제공하며
승전(承傳)놀음 등에 참여한 양반과 고관대작 등에게 유흥을 제공하는
일을 맡아 진행했다.

- 『한양가』 中 -

또한 이들은 눈이 부실정도로 화려한 외모와 옷치레로 후기 조선시대의 남성 패션을 이끌어 가는 패셔니스타의 역할까지 담당했다. 이들은 붉은 빛깔의 옷을 입어야만 밖으로 나갈 수 있었으며 화려한 장식과 치장으로 뭇 남자들에게 선망의 대상이 되었다. 별감의 모습

207

은 혜원 신윤복의 풍속화 주사거배(酒肆擧盃)를 비롯해 정조 임금의 화
성행궁 행차를 그린 원행을묘반차도, 유곽쟁웅(遊廓爭雄) 등에 소상
하게 묘사돼 있다.

그렇다면 조선시대 연예 기획자 별감은 어떤 행사를 주관해 놀이
판을 흥겹게 만들고 자신의 고객들에게 즐거움을 선사했을까? 가상
의 인물인 윤치호를 내세워 일명 별감놀음으로도 불리던 승전놀음
에는 어떤 종류들이 있으며, 어느 정도 규모로, 어떻게 놀음을 이끌
었는지 살펴보자.

별감의 치장하는 모습 좀 보소

대전별감(大殿別監) 윤치호는 여느 날과 마찬가지로 인시(寅時)인
새벽 5시에 자리를 털고 일어났다. 늦어도 묘시(卯時)인 아침 7시까
지는 입궐을 해야 하기 때문에 서둘러 준비를 해야 한다. 명색이 대
전별감인데 어설프게 의복 치레를 할 수도 없고 오늘 저녁에는 모처
럼 북일영에서 승전놀음*을 열기로 했기 때문에 서둘러 일을 마치고
궁을 빠져 나와야 한다. 아마도 지금쯤 별감놀음이 열린다는 소문
을 듣고 장안의 내노라하는 오입쟁이와 풍류쟁이, 기생들이 들떠서
자리에 앉지도 못하고 서지도 못하는 우스운 광경을 벌이고 있을
것이다.

윤치호는 기분 좋게 힝~하고 콧바람을 뀐 뒤 방짜 대야에 물을 붓
고 기생들이나 쓴다는 녹두 가루를 손에 풀어 뽀득뽀득 비누질을 했
다. 세수를 마치고 방에 들어온 윤치호는 머리카락을 한 올 한 올 쫙

퍼서 반달 모양으로 상투를 튼 뒤 밀화(蜜花) 동곳을 상투가 흐트러
지지 않도록 정성스럽게 꽂아 주었다. 웬만한 양반들도 엄두를 못내
는 밀화 동곳을 꽂으니 기분이 날아갈 것만 같았다. 그리고 얼마 전
새로 장만한 평양 망건을 썼다. 이마가 훤하게 비치는 것이 왜 사람
들이 평양 망건을 제일로 치는지 알 것 같았다. 그리고 망건을 죄어
주는 당줄을 힘껏 잡아당겨 이 줄을 관자에 꿰었다. 비록 벼슬아치들
이 다는 옥관자나 금관자, 도리옥은 아니지만 그래도 바닷거북의 등
딱지로 만든 대모관자라면 지나가는 사람들의 눈을 휘둥그렇게 만
들 수 있다. 이제 상투를 짜고 동곳을 꽂고 망건을 둘렀으니 모자를
쓸 차례이다. 윤치호와 같은 별감은 특별히 제작한 초립을 쓰는데 오

늘 쓰는 초립은 특별히 임금님의 의복과 궁중 보물을 맡아보는 상의 원(尚衣院)에서 직조한 옷감으로 초립 안쪽을 받쳤다. 또한 남빛 나는 융으로 초립의 가장자리를 장식한 최고급품이다. 자, 이제 장식을 모두 갖췄으니 홍의를 입으면 된다. 홍의는 별감만이 입을 수 있는 옷으로 별감은 절대 하얀색 옷을 입고 밖으로 나갈 수가 없다.

붉은색 홍의 안에 입은 저고리와 바지 모두 누비로 만든 것이다. 누비는 손이 많이 가서 값을 갑절로 달라고 한다. 그러나 돈을 흙처럼 퍼다 쓰는 별감으로 이 정도에 개의할 이유가 없다. 윤치호는 누비 저고리 위에 배자를 덧입었다. 배자는 조끼와 비슷한 것이지만 단추가 없고 양쪽 겨드랑이 아래를 터놓은 것이다.

한양 거리 어디를 가도 이 정도면 고관대작을 막론하고 부러움을 한 몸에 받을 차림이다. 그런데 이런 아차차, 너무 치장에 신경을 쓰다가 등청에 늦고 말았다. 오늘 승전놀음을 주관하려면 서둘러야 하는데 낭패다.

오늘은 승전놀음이 열리는 날

오늘은 주상 전하께서 유난히 자주 찾으셔서 하루 종일 바쁜 일과를 보내야 했다. 전하께 평소보다 자주 종이와 붓을 대령한데다 대신들마저 심부름을 보내서 정신이 하나도 없었다. 그래도 무사히 하루 일과를 마치고 유시(酉時), 그러니까 저녁 5시가 되기 전에 서둘러 북일영(北一營)으로 발걸음을 옮겼다.

대전별감 정도나 되니까 그렇지 북일영은 아무나 쉽게 놀이판을 벌일 수 있는 곳이 아니다. 윤치호는 얼른 눈대중으로 오늘 놀이판을 벌일 곳을 살펴보았다. 먼저 놀이판 주변으로 맵시 나는 휘장이 쳐져 있고 눈과 바람을 막아줄 차일이 구름처럼 높게 올라 있다. 여기에 기름을 빳빳하게 먹인 유둔까지 깔아 놓았다. 심부름하는 중노미와 방자들이 알아서 치장을 잘한 것 같다. 무엇보다 놀이판 분위기를 한층 따뜻하고 부드럽게 만들어 줄 수 있는 사촉롱과 양각등을 곳곳에 매달아 둔 것이 만족스럽다.

오늘은 한동안 여흥을 찾지 못했던 왕실의 종친들이 주로 모이는 자리다. 그래서 추위를 이길 수 있도록 청동화로에 따뜻한 숯불을 가득 넣었고, 전(氈)이라 해서 짐승의 털로 짠 고급방석을 앞에 하나씩 놓아 두었다. 이뿐인가? 기분 좋게 침이나 가래를 뱉을 수 있는 백동타구와 요강, 그리고 은재떨이까지 일습을 갖추어 놓았다.

윤치호는 빠진 것은 없는지 별감놀음이 벌어질 놀이판을 둘러보았다. 왕실의 종친들이 모여 앉아 있다가 윤치호에게 아는 척을 하며 성대한 놀이판을 벌인 것을 치하했다. 윤치호는 서둘러 종친들에게 일본에서 수입한 왜찬합과 중국에서 수입한 당찬합에 음식을 담아 올렸다. 온갖 산해진미를 즐기는 종친들도 음식이 입에 맞는지 연신 감탄을 하며 부지런히 젓가락질을 해댄다. 교자상 뒤로는 부귀를 상징하는 모란병풍과 새가 그려진 영모병풍, 그리고 산수화를 멋들어지게 그려 넣은 산수병풍 등이 모양 있게 늘어서 있다.

대전별감 윤치호는 종친을 비롯한 구경꾼들이 기분 좋게 식사하는 모습을 보며 서둘러 놀이판에 등장할 가기(歌妓)와 가객(歌客), 금기(琴妓), 금객(琴客), 광대, 재주꾼 등을 불러 모았다. 오늘 놀이판에 등장할 예인(藝人)들은 모두 조선 팔도에서 내노라하는 실력과 재주를 가진 사람들이다. 그래서 제법 높은 벼슬자리에 오른 벼슬아치들에게도 가끔 위세를 부리는 윤치호지만 오히려 이들만큼은 조심스럽게 대하는 편이다. 별감놀음을 펼치는 사람이 윤치호 하나뿐이 아닌데다가 재주 가진 사람들은 그만큼 자존심도 높아서 조금이라도 마음에 엇나가는 소리를 들었다가는 아예 놀이판에 오르려 하지 않는 경우도 많기 때문이다.

소리와 재주를 얼추 맞춰본 예인들이 고개를 끄덕이자 윤치호는 악기 연주자들을 자리에 앉혔다. 예인들이 연주가 시작되기 전에 악기와 음을 조율하고 있다. 소리가 잘 나오도록 피리에는 침을 뱉고, 해금 줄에는 송진도 긁어 놓는다. 장고 또한 굴레를 팽팽하게 쥔 뒤 장고를 '더덕궁' 하고 치자 꾀꼬리가 날아오르는 것처럼 한바탕 노래 자락이 뒤따른다.

요즘 한창 가객으로 이름을 올리기 시작하는 어린 기생 윤심이가 한 손을 툭하고 차올린 뒤 이마를 반쯤 숙이며 춘면곡(春眠曲), 처사가며 어부사, 상사별곡, 황계타령, 매화타령 등을 맛나게 불러 제낀다. 자리에서는 제대로 된 놀이판이 시작되기도 전에 벌써 흥이 오른 종친들과 구경꾼들이 저도 모르게 손으로 장단을 맞추고 추임새를 넣는다. 그러나 흥겹게 막이 오르는 놀이판과 달리 오늘의 연예 기획자 윤치호의 얼굴에는 조금씩 조바심이 비치기 시작했다. 별감놀음의 사실상 주인공이라고 할 수 있는 기생들이 아직 모습을 보이지 않고 있기 때문이다.

조선시대에 기방을 운영하는 사람들을 기부(妓夫)라고 했다. 기부
는 윤치호처럼 종 8품 이상의 벼슬인 대전별감과 같은 별감이나 승
정원 사령, 의금부 나장, 포도청 포교 혹은 왕실 외척의 청지기들만
할 수 있는 일이었다.

조선후기의 기생들은 대개 내의원과 혜민서(惠民署), 상의원(尙衣
院), 공조(工曹) 등에 소속돼 있었다. 우리가 TV드라마 '허준'에서 보
았던 의녀들이 바로 내의원 기생들이다. 이들은 의녀 소임을 맡으면
서 동시에 기생 노릇도 했다. 가난한 사람들을 치료해주기 위해 만든
혜민서 역시 마찬가지이다. 이에 반해 상의원은 임금의 의복과 대궐
안의 보물을 관리하는 곳인데 상의원의 침선비는 임금의 의복을 짓
기도 했지만 기생 노릇도 함께 해야만 했다. 또한 공조에도 군사들의
의복을 짓는 침선비가 있었는데 이들 또한 기생 역할을 했다.

그런데 이들 중에는 서울에서 나고 자란 기생도 있지만 지방 출신
의 기생도 있었다. 이들은 서울에서 왕실 잔치 등이 벌어지면 올라와
서 기생 노릇을 하다가 지방으로 내려가거나 그대로 눌러 앉기도 하
는데, 이때 기생들에게 먹을 곳과 잘 곳을 제공해 주면서 기생의 영
업권을 행사하는 사람들이 바로 '기부'들이었다.

이때 기부들은 서울이나 지방에서 온 기생이나 악공, 재주꾼 등을
눈여겨보았다가 스카우트를 해서 먹여주고 재워줄 뿐 아니라 세심
하게 재주를 가르쳐서 이들을 놀이판에 내세웠다. 따라서 기생들은
양반이나 부호의 명을 거스를 수는 있어도 대전별감의 명령은 듣지

213

않을 수 없을 정도로 그 위세가 당당했다.

윤치호가 기생들이 어디쯤 오고 있는지 심부름하는 아이를 급히 기방으로 보내려는 순간 드디어 기다리고 기다리던 기생들이 도착했다. 기생 특유의 쪽진 머리에 기름을 자르르 바르고 잘 생긴 말 위에 올라타 갖은 교태를 부리며 놀이판으로 들어서고 있다. 마음 속으로 애타게 기생을 기다리던 여러 남정네들이 저도 모르게 '아!'하고 탄식을 내뱉었다.

윤치호는 그제서야 한숨을 길게 내쉬며 제일 앞줄에 들어서는 늙수그레한 기생을 붙잡고 왜 이렇게 늦었는지 다그쳤다. 그 기생 말이 오늘 제법 산다는 양반댁에서 놀이판이 벌어졌는데 그 집에서 급히 기생을 데려가겠다고 승정원별감을 앞세워 들이닥치는 바람에 늦었다고 답했다. 윤치호는 감히 자신의 놀이판에 훼방을 놓은 승정원별감을 오늘 밤 안으로 물고를 내겠다고 다짐을 하며 기생들을 자리마다 앉히기 시작했다. 뽀얗게 피어오르는 등촉과 함께 기생들이 자리를 잡고 앉으니 놀이판이 본격적으로 달아오르기 시작했다. 기다리고 기다리던 승전놀음이 본격적으로 판을 벌이기 시작한 것이다.

조선에서 으뜸가던 놀이판, 승전놀음

승전놀음이 언제부터 시작됐는지는 정확하게 알 길이 없다. 다만 승전이란 말이 왕명을 전달한다는 뜻이며, 별감의 고유한 업무를 이르는 말임을 알 수 있다. 지금으로 말하면 재미있는 놀이를 지칭하는 말이 아니었을까 짐작될 뿐이다.

214 별감

승전놀음은 한마디로 조선 후기에 벌어지던 모든 놀이를 집대성한 버라이어티쇼였다. 예를 들어 조선 후기에 가장 인기 있던 레퍼토리로 십이가사(十二歌詞)가 있는데 이 역시 승전놀음에 포함돼 있다. 십이가사로는 춘면곡, 처사가, 어부사, 상사별곡, 황계타령, 매화타령 등이 있는데 여기에 유산가, 적벽가, 제비가, 집장가, 소춘향가, 선유가, 형장가, 평양가, 달거리, 십장가, 출인가, 방물가 등이 포함되면 십이가사가 완성된다.

노래가 있으면 춤도 있어야 한다. 웃영산 늦은춤, 중영산춤, 잔영산 입춤, 배떠나기 북춤, 대무, 남무, 검무의 순서로 이어진다. 하지만 웃영산 늦은춤, 중영산춤, 잔영산 입춤 등은 어떻게 추었던 춤인지 알 수가 없다. 다만 입춤은 즉흥적인 춤을 말하는 것으로 팔만 벌리거나 관절만 움직이거나 혹은 아래 위로만 움직이는 것을 말하는데 요즘으로 말하면 즉석춤이나 막춤 등일 것으로 짐작된다. 또한 배떠나기 북춤은 서도 민요인 배따라기곡을 따라 부르면서 북을 치거나 춤을 추던 것으로 짐작된다.

승전놀음은 처음에 악기를 다루는 금객 등이 나와서 관현악곡을 연주해 흥을 돋우면 그 다음에 기생들이 들어와서 당시 사람들이 선호하던 십이가사, 잡가, 시조 등을 구성지게 부른다. 그리고 다양한 춤을 춘 다음 검무로 마무리를 장식하는 버라이어티급 공연이다.

물론 요즘 진행하는 쇼와 마찬가지로 순서를 조정할 수도 있고, 내용을 늘이거나 줄일 수도 있었으며, 지급받는 경비나 출연하는 인원에 따라 놀이판의 규모도 조정할 수 있었다. 승전놀음은 양반댁 마당, 마을 공터 등 어디서나 놀이판을 벌일 수 있었지만 워낙 돈이 많이 들고 참여하는 인원도 많은 터라 윤치호와 같은 힘센 연예 기획자를 끼지 않고는 성사시키기가 힘든 놀이판이었다. 별감은 조선 최고의 연예 기획자로 대중문화를 이끄는 일등공신이었다.

노는 만큼 성공한다

현재 한류는 세계 곳곳에 커다란 물결을 만들고 있다. 한류는 우리 음식과 K-POP, 국악, 공연 등으로 점차 범위가 넓어지고 있으며 앞으로도 세계 각국으로 더 확산돼 나갈 것으로 예상된다.

한류가 인기를 끄는 요인에는 오랜 시간 음악과 춤을 사랑한 우리 민족의 뿌리가 후세에 전수된 영향도 무시하지 못할 점이다. 우리나라에서 음악하는 사람들 중에 K-POP에 우리 전통 국악의 뼈대인 궁상각치우(宮商角徵羽)음계를 접목시키기 위해 얼마나 많은 노력을 기울였는지 아는 사람은 알고 있기 때문이다.

그런데 아이러니한 것은 음주가무를 좋아하고, 예술을 사랑한 우리 민족이 언제부턴가 노는 걸 부끄러워하기 시작했다. 성공 일변도의 정책 때문에 노는 문화는 게으르고 나태한 것으로 치부되었다. 그 결과 우리나라 문화는 세계 속에서 한류라는 이름으로 각광받고 있지만, 정작 우리나라 사람들에게는 별다른 놀이문화가 없다. 우리나라 사람들은 제대로 된 콘텐츠도 없이 오직 술에 의존한 문화로 젊음을 발산하는 경우가 많다.

그러나 이것은 바람직한 현상이 아니다. 창의적인 사고가 성공의 원동력이 된 시대에 잘 놀고, 이를 통해 긍정적인 에너지를 얻은 후

다시 업무에 몰두하는 건 개인과 사회의 발전을 위해 상당히 중요한 일이기 때문이다. 더구나 주5일 근무가 일반화된 상황에서 재미있게 여가를 즐기는 문화는 혁신적인 사고의 배양을 위해서도 상당히 바람직한 일이다. 여러 사람이 어우러져 큰 놀이를 즐겼던 승전놀음과 같은 놀이판이 필요한 이유가 바로 여기에 있다.

---

* 승전놀음 : 조선후기 별감들이 중심이 되어 기생과 악공, 노래를 부르는 사람, 악기 다루는 사람, 재주꾼, 광대 등을 규합해 벌이던 놀이판을 말한다. 『한양가』라는 책에는 놀이판에 참가하는 인원과 놀이규모, 놀이판의 차림새 등이 화려하고도 볼만했다고 전해진다.

열셋

소통이 불러온 소통의 부재

전화

1876년 그레이엄 벨이 전화를 발명한 지 130여 년이 흐른 지금, 우리는 1가구 1전화 시대를 지나 1인 1휴대전화 시대를 살아가고 있다. 전화가 없던 시대는 어떻게 살았는지조차 가늠이 안 될 만큼 전화에 기대 살아가고 있다. 모든 비즈니스의 시작과 끝에는 전화가 함께 한다. 인간관계 역시 전화로부터 시작되고 끝나기는 마찬가지다.

전화에 기대 사는 것은 세계 어느 나라나 마찬가지지만, 우리나라에 있어서는 더욱 특별한 의미를 갖는다. 현재 우리나라가 이동통신 강국이자 IT 강국이 된 배경에는 전화가 자리하고 있기 때문이다.

1960년대와 1970년대 산업화 시대를 통해 국가의 기틀을 마련한 정부는 새로운 산업의 필요성을 인지하였다. 제조업으로 수출입이 늘어나기는 했지만, 제조업은 노동집약산업이라는 한계가 있었다. 정부는 다가오는 시대를 미래정보화시대로 규정하였다. 그리고 미래정보화시대를 대비해 당시 낙후했던 통신시설을 대대적으로 정립하기로 하였다. 이런 계획에 따라 시행된 사업이 1981년 한국전기통신공사가 시행한 '전화광역자동화사업'이었다. 전화광역자동화사업은 우리나라가 최초로 시행한 중장기 전략사업이었다.

사실 1960년대와 1970년대 우리나라는 전화회선의 부족 때문에 골 머리를 앓았다. 전화를 사용하고 싶어 하는 수요에 비해 전화회선의 공급이 턱없이 부족해 전화에 권리금을 붙여 사고 파는 경우까지 생 겨난 것이다. 전화가격이 올라가자 전화를 매점매석하는 투기꾼까 지 등장하였다. 이런 까닭에 1960년대와 1970년대의 전화는 부와 권 력의 상징이었다. 전화회선이 부족한 탓에 전화가입신청을 한 지 일 년이 지나도 전화회선을 얻지 못하는 경우가 수두룩하였다. 돈만 있 다고 전화를 가입할 수 있는 게 아니었기 때문이다. 지위와 권력을 이용해 전화가입 청탁을 하는 경우가 줄을 이어, 순번만 기다렸다가 는 전화가입이 불가능했다. 이런 이유 때문에 당시에 전화를 사용한 사람들은 힘 꽤나 쓴다는 사람이 대다수였다. 많은 사람들의 부족한 전화회선 때문에 전화가 있는 곳까지 이동해서 전화를 사용할 수밖 에 없었다.

　1960년대와 1970년대에 다방의 수가 늘어난 것 역시 전화의 영향 이 컸다. 당시 다방에는 전화가 있었기 때문에 전화를 사용하려는 사 람들은 으레 다방을 찾았다.

　전화가입을 둘러싼 이권청탁 양상이 거세지면서 정부는 한 가지 방법을 내놓았다. 전화가입에 있어 매점매석을 할 수 있는 전화와 매 점매석 없이 전화만 사용할 수 있는 전화로 구분을 한 것이다. 당시 재산의 일종이던 전화가입권을 사용권으로 제한하고 가입권의 양도 와 증여를 금지하는 조치였다. 이것이 바로 백색전화와 청색전화이 다. 백색전화는 전화가입권을 양도할 수 있는 전화였고, 청색전화는 전화사용권만 인정하는 전화였다. 백색전화와 청색전화라는 이름 때문에 전화기 색깔이 백색과 청색으로 나뉘었을 거라고 생각하기 쉽지만, 이는 사실과 다르다. 백색전화와 청색전화로 명명한 것은 전화가입대장 명부의 색이 백색과 청색으로 나뉘어서 붙여진 이름이었다.

그런데 백색전화와 청색전화는 또 다른 문제를 야기하였다. 전화가입권을 양도할 수 있는 백색전화의 프리미엄이 치솟기 시작한 것이다. 그러다보니 투기 목적으로 백색전화를 사는 부유층마저 있었다. 전화문제를 근본적으로 해결하기 위해서는 전화회선 공급을 늘려야 하는데, 근본적인 해결책 없이 청색전화와 백색전화로 구분한 것은 당장의 문제를 해결하는 미봉책일 뿐이었다. 결국 백색전화의 소유자가 비싼 값에 전화선의 권리를 사고 팔게 되어 투기 대상으로 변질되는 부작용을 낳았다. 백색전화의 가격은 한없이 올랐다. 당시 서울의 집 한 채 가격이 230만 원 정도였는데, 백색전화 가격이 260만 원까지 할 정도였다.

이처럼 전화회선 부족과 중장기전략 사업의 육성이라는 목적 아래 시행된 사업이 '전국광역자동화사업'이었다. 1981년부터 6년 동안 시행한 전화광역자동화사업은 전화회선 부족 문제를 해결해주었다. 뿐만 아니라 통화권 광역화 사업, 도서전화자동화, 시외전화자동화, 국제전화자동화의 4개 영역으로 나눠 단계적으로 실시된 결과 전국 어디서나 시내, 시외는 물론 국제전화까지 자유롭게 사용할 수 있게 되었다.

1년 동안 1조 원이 넘는 돈을 투자한 전화광역자동화사업은 6조 7,000억 원을 들인 거대한 프로젝트였다. 그러나 충분히 투자할 만한 가치가 있었다. 전국 어디서나 시내 전화는 물론 시외, 국제전화가 가능하다는 사실은 많은 가능성을 의미하고 있기 때문이다. 지방이든 세계든 어느 곳에 있는 누구와도 어느 시간에나 연락이 가능하기에 전 국토와 세계가 동시 생활권으로 편입될 수 있다는 의미였다. 또한 다가오는 미래정보화시대에 발맞춰 통신 관련 사업의 수준을 한 단계 끌어올릴 수 있다는 의미이기도 하였다. 통신시설 인프라를 통해 국가 발전의 초석을 쌓겠다는 계획은 30년이 지난 지금 'IT 강국 코리아'라는 이름으로 증명되고 있다.

전화, 시공간을 압축한 위대한 발명

역사는 예상치 못한 곳에서 만나기도 한다. 우리나라가 1981년 국가 발전 인프라로 전화광역자동화사업을 선택했던 것처럼 과거에도 전화는 부국강병(富國强兵)을 위하여 받아들여졌다. 바로 구한말 고종에 의해서였다.

조선은 '통신은 부강의 기본이요, 개화의 근원'이라는 구호 아래 통신망을 개설하였다. 구한말 조선의 상황은 강대국 앞에 놓여 있는 풍전등화(風前燈火)와 같은 존재였다. 그러한 상황에서 고종은 통신 주권은 나라를 지키고, 근대화를 일구는 시작이라고 생각하였다.

이런 계획에 따라 1885년 처음 전신시설이 들어왔다. 우리나라에 처음 설치된 전신시설은 한성과 제물포, 지금으로 말하면 서울과 인천간에 놓여진 전신시설이었다. 당시에 전화를 개설한 덕분에 목숨을 부지한 사람도 있었다.

1896년 8월 26일, 고종은 그날 한 사형수의 형이 집행된다는 보고를 받았다. 그런데 사형수의 죄목에 '국모보수(國母報讐)'라고 써 있었다. 국모보수는 국모의 원수를 갚기 위해 일본인을 죽였다는 말이다. 명성황후의 원수를 갚기 위해 일본인을 죽였다는 청년을 사형에 처하게 할 수는 없었다. 고종은 즉시 인천감옥에 전화를 걸어 청년의 사형을 중지해 줄 것을 요청하였다. 고종의 명을 받은 인천감옥에서는 사형수의 형 집행을 중지하였다. 그날 고종의 전화 덕분에 목숨을 부지한 이는 김창수라는 청년이었다. 김창수는 김구의 젊은 시절 이름이다.

여하튼 대군주(고종)께서 친히 전화하신 것만은 사실이었다. 이상하게 생각되는 것은, 그때 경성부 안에는 이미 전화가 가설된 지 오래였으나, 경성 외의 지역에 장거리 전화가 설치된 것은 인천이 처음이었다는 사실이다. 인천까지의 전화 가설공사가 완공된 지 3일째 되는 병신년 (丙申年, 1896년) 8월 26일의 일이었다. 만에 하나 그때까지 전화 준공이 못 되었다면, 바로 사형이 집행되었을 거라고들 하였다.

- 김구 『백범일지』 中 -

김구는 고종의 전화 한 통으로 사형을 면할 수 있었고, 우리 역시 근대사에 없어서는 안 될 김구를 만나는 것이 가능했다.

궁내부에 설치된 전화를 시작으로 우리나라는 전화를 설치할 수는 있었지만, 전화 사업을 시작할 수는 없었다. 당시 조선의 운명을 쥐고 있던 일본이 한일통신협정체결을 통해 우리나라의 통신권을 빼앗아갔기 때문이다. 일본은 통신사업을 대륙침략의 교두보로 활용하였다. 나라를 지배하기 위해서는 통신시설이 반드시 필요하였기 때문이다. 통신시설을 장악한 일본은 전화기술과 관련해서도 많은 발전을 이뤄냈다.

뿐만 아니라 전화가입 역시 철저하게 일본인들에게 유리하도록 하였다. 1928년 조선인에게 전화를 보급한 것은 1천 명당 1.5개였다. 그에 반해 일본인은 1천 명당 56개에 달했다. 전화가입에서까지 차별을 둔 것이다.

자석식 전화에서 공전식 전화로 바뀐 것도 일제시대였다. 처음 우리나라에 들어온 전화는 자석식 전화였다. 자석식 전화는 전화기에 붙어 있는 자석발전기를 손으로 돌려 교환원을 호출하고 교환원이 상대를 연결해주는 방식이었다. 전화를 돌리는 사이 전화기 내부에 있는 발전기가 가동해 전화 연결이 되는 방식이다. 그러다가 1908년 등장한 것이 공전식 전화였다. 공전식 전화는 전화를 손으로 돌릴 필요 없이 수화기만 들면 교환원과 즉시 연결이 되는 방식이었다. 지금도 공전식 전화는 인터폰 등의 기술로 활용되고 있다.

그러나 일제시대는 행정용 전화를 제외하고는 별다르게 사용되지는 않았다. 전화기가 있다고 해도 전화회선이 부족해 한정된 사람들끼리만 통화를 할 수 있었다. 특권층의 사치품으로 활용되는 게 전부였다.

시대의 추억이 된 공중전화

전화하면 빼놓을 수 없는 게 공중전화이다. 지금은 1인 1휴대전화시대라 공중전화 박스가 갑자기 내린 소나기를 피하는 장소로 전락하였지만, 전화가 흔하지 않던 시절의 공중전화는 소통을 가능하게 한 일등공신이었다.

우리나라에 공중전화가 처음 선을 보인 것은 1902년이다. 그런데 이 당시의 공중전화는 지금처럼 외부 공간에 별도로 나와 있는 것이 아니었다. 당시의 공중전화는 길거리가 아닌 전화소라는 곳에 있었다. 전화소에는 전화 교환시설과 통신원이 있었다. 전화를 걸기 전에는 통신원과 어느 정도 통화를 할지 미리 얘기를 나누었다. 시간을 조율했다고나 할까? 당시의 전화요금은 서울에서 인천까지의 경우 5분에 50전이었다.

지금과 같은 개념의 공중전화는 1962년 7월 1일 산업박람회장에 설치된 전화가 처음이었다. 빨간 네모 상자 모양의 본체에 동그란 다

다이얼식 공중전화기

우리나라 최초의 공중전화기로 다이얼식 번호판이 붙어 있다. 과거를 배경으로 한 드라마나 영화에 단골 소품으로 심심찮게 볼 수 있는데, 이 당시만 해도 이런 공중전화기도 흔한게 아니었다. 이후 1983년부터 국내에서 자체 제작한 일명 DDD 시내외 자동공중전화기가 활발하게 보급되었다. 한국학중앙연구원.

이얼식 번호판이 붙어있는 공중전화는 우리나라 최초의 공중전화였다. 공중전화하면 떠오르는 이 공중전화는 요즘도 과거 배경의 영화와 드라마에서 향수를 자극하는 단골 소품으로 등장하고 있다.

전화회선이 부족했던 만큼 공중전화의 가격도 비쌌다. 당시 자장면 한 그릇이 15원이었는데, 공중전화 한 통의 사용료가 5원이었다. 전화 한 통의 가격이 자장면 3분의 1 가격이었던 셈. 그래서 경제적으로 부유한 사람이 아니라면 웬만해서는 전화통화를 할 수 없었다.

공중전화가 대중들에게 본격적으로 보급된 것은 1983년 DDD(Direct Distance Dialing) 공중전화기부터였다. 국내에서 자체 제작한 시내외 자동 공중전화기였던 이 전화는 동전 투입량과 잔량이 나오는 기능으로 유명했다.

1986년 아시안게임을 계기로 카드식 공중전화기도 등장하였다. 이 전화기는 마그네틱 카드를 사용하는 전화로 우리나라 최초의 카드식 공중전화였다.

그러나 공중전화 사업은 갈수록 내리막길을 걷고 있다. 1가구 1전화를 지나 1인당 1휴대전화 시대로 가면서 길거리의 공중전화를 찾아 전화하는 경우가 거의 없기 때문이다. 한때 50만 대를 넘어섰던 보급대수도 최근 20만 대로 감소하였다.

공중전화는 시급을 다투는 중요한 일이거나 누군가와의 약속 등 우리 생활에 없어서는 안 될 필수품이었다. 공중전화의 쓰임새가 다해 벌어들이는 수익보다 관리에 들어가는 비용이 두 배 이상 많은 상황이라는 소식을 들을 때면 공중전화의 긴 줄을 보며 애를 태웠던 마음이나, 잠깐 자리를 비운 사이에 통화가 엇갈려 속을 태웠던 지난 시절이 그리워진다.

이동통신산업의 성공이 가져온 소통의 부재

1981년에 시행한 전화광역자동화사업 이후 우리나라의 전화가입자 수는 급격하게 늘어났다. 전화를 걸기 위해 공중전화에서 긴 줄을 서고, 전화를 받기 위해 다른 집을 서성였던 일은 이제 역사 저편으로 사라졌다.

기술의 진화는 사람의 일상을 진화하게 한다. 집에서 전화를 사용하는 일이 일상화되면서 사람들은 집이 아니라 외부에서 전화를 사용하는 일에 관심을 기울이기 시작했다. 길에서든, 차속에서든 이동하면서 전화를 받는 것으로 관심이 바뀐 것이다.

이런 흐름에 따라 생겨난 것이 이동통신사업이다. 이동통신사업은 1988년 처음으로 시작되었다. 당시에는 무려 400만 원이라는 비싼 가격이었지만, 기술의 진화와 사람들의 관심은 이동통신 기술 발전과 대중화된 가격을 불러 왔다.

결국 1988년 784명의 가입자로 시작한 이동통신사업은 현재 4,500만 가입자를 육박하고 있다. 1인 1휴대전화 시대가 도래한 것이다. 국민 1인당 1대꼴로 휴대전화를 사용하고 있는 우리나라는 세계 최고 수준의 정보통신 인프라와 서비스를 갖춘 IT 강국으로 자리매김했다.

이동통신산업의 발달은 이동통신 시스템, 단말기, 콘텐츠 등 다양한 관련 산업 성장에 막대한 효과를 유발시켰다. 이동통신산업의 수

익은 우리나라의 경제를 살리는 일등공신이 되었으며, 이동통신산업의 발달은 사람의 일상에도 획기적인 변화를 가져왔다. 이제 사람들의 손에는 어디를 가나 휴대전화가 있다. 휴대전화 없이는 아무 곳도 갈 수 없는 지경에 이르렀다. 스마트폰 등장 이후 영상전화는 물론이요, 인터넷, 쇼핑, 길안내, 모바일 뱅킹 등 편리한 기능을 갖추고 있어 일상의 편리를 담보하는 매개체가 되었다. 처음 이동통신이 등장했을 때는 집이라는 한정된 공간에서 벗어나 어디서나 소통을 하려는 목적이었지만, 휴대전화의 기능이 발전하고, 스마트폰이 등장한 이후 휴대전화는 엔터테인먼트의 기능까지 추가되었다.

1인 1휴대전화는 사람의 라이프스타일까지 바꿔 놓았다. 휴대전화가 등장하기 이전에는 약속시간과 장소를 정확하게 잡아야 했다. 그러나 이제는 대략의 장소에서 만나자는 의사소통만 하면 그곳에 가서 전화를 하거나 상대가 있는 곳으로 움직이면 된다. 시간 약속의 개념도 느슨해졌다. 예전에는 약속시간에 늦으면 바삐 달려갔지만, 이제는 문자메시지로 늦어지게 됨을 전했고, 상대도 스마트폰이 있어 인터넷을 하거나 DMB를 보면서 여유 있게 기다리게 되었다.

새로운 세대도 등장했다. 음성통화를 사용하고 남는 전파 대역을 활용할 방법으로 등장한 문자메시지는 음성통화 못지 않게 열광적으로 활용되고 있다. 전화를 받기 불편한 직장이나 학교는 물론, 일부러 음성통화를 하지 않고 문자메시지만 보내는 경우도 많다. 특히 청소년들 사이에서 엄청난 문자메시지를 보내는 층을 일컫는 엄지족은 청소년을 규정하는 말 가운데 하나가 되었다.

휴대전화 때문에 제품의 성격이 달라진 경우도 있다. 휴대전화의 등장 이후 시계는 더 이상 시간을 보기 위해서 착용하지 않는다. 이제 시계는 시간을 보는 목적이 아닌, 멋스러움을 내기 위한 액세서리의 개념으로 사용되고 있다.

그런가 하면 휴대전화의 사용이 전혀 예상치 못한 곳에서 이득을 주기도 하였다. 수사를 할 때 통신 수사는 이제 범죄 수사의 기본이 되었다. 범죄자의 동선이나 범죄 행위를 파악하는 중요한 단서가 되기 때문이다.

처음에 소통을 목적으로 휴대전화가 등장하였지만, 지금 휴대전화는 소통의 목적보다 엔터테인먼트의 성격이 강해졌다. 인터넷, DMB, MP3, 게임 등 휴대전화에 놀이의 개념이 더해지면서 소통보다 엔터테인먼트의 개념이 강해진 것이다.

그런데 휴대전화에 놀이의 성격이 더해지면서 전혀 생각지 못한 일이 벌어졌다. 사람과 사람을 잇는 소통의 목적으로 사용되었던 전화가 혼자서 충분히 놀 수 있는 유희물이 되면서 사람들간의 단절을 만들고 있는 것이다. 휴대전화의 등장 이후 가족간에 대화의 시간이 줄었다. 대화 대신에 각자의 휴대전화를 보면서 휴대전화와 놀기에 한창이다. 친구들과의 만남에서도 마찬가지다. 친구들끼리 만나도 누군가에게 문자를 보내고, 전화를 받느라 정작 앞에 앉아 있는 친구를 외면하기 일쑤다. 이런 모습은 시간이 갈수록 더 강해질 듯하다. 이미 휴대전화를 통해 놀이에 익숙해진 사람들은 더 자극적이고 더 즐거운 것을 찾으려 할 것이기 때문이다.

그럴수록 사람들 사이에는 관계의 단절 문제가 심해질 듯하다. 홀로 있음을 견디지 못하니 휴대전화를 통해 더 재미있고, 더 자극적인 것을 찾고, 그럴수록 사람들과의 관계에는 섬 하나가 놓여 있을 것이다. 소통을 위해 사용하기 시작한 전화가 불러온 소통의 부재, 우리는 그 속에서 살아가게 될 것이다. 거자씨

전화

소통이 불러온
소통의 부재

열넷

행주산성에는
행주치마가 없다

신기전

행주대첩(幸州大捷)으로 유명한 고양 행주산성(幸州山城)은 경기도 고양시 행신내동에 위치한 작은 산성이다. 행주대첩은 한산대첩, 진주대첩과 함께 우리나라가 임진왜란 중에 거둔 가장 커다란 승전 중 하나로 권율장군 지휘하의 관군 2천여 명과 처영(處英)이 지휘하던 승병 1천여 명이 3만의 왜군을 무찌른 3대 대첩 가운데 하나이다.

흙으로 쌓아올린 해발 124.8m의 행주산성에 올라서면 성 남쪽은 한강과 맞닿아 있고, 동남쪽은 창릉천이라는 하천이 산성을 휘돌아서 한강으로 유입되는 것을 확인할 수 있다. 행주산성은 비록 낮은 흙으로 쌓아올린 산성에 불과하지만 동쪽은 가파른 낭떠러지이며, 남쪽은 한강으로 둘러싸인 천혜의 요새 중 하나이다.

이 같은 지리적 이점으로 인해 행주산성은 백제의 영토였던 삼국시대 초기부터 신라, 고구려가 각축을 벌이던 삼국후기까지 손꼽히던 전략적 요충지 중 하나였다. 무엇보다 작은 규모의 성이지만 산꼭대기를 둘러싼 내성과 골짜기 전체를 감싸고 있는 외성의 2중 구조를 갖추고 있어서 비슷한 규모의 성 중에서는 비교적 지키기가 수월한 편이기도 했다.

233

행주산성 초입에 세워진 안내판에는 '권율장군과 행주치마'라는 제목과 함께 이곳이 임진왜란 당시 권율장군이 왜군을 무찌른 3대 대첩지 중의 하나이며, 여성의병대가 치마에 돌을 날라 무기로 사용할 수 있게 해줌으로써 전쟁에서 크게 이길 수 있도록 했다는 설명이 적혀 있다. 그래서 이때부터 여자들이 집안일을 할 때 두르던 앞치마를 '행주치마'라 부르게 되었다며 그 공을 치하하고 있다. 이 같은 사실은 지난 1988년 중학교 국어 교과서(1-1)에 실린 내용으로도 확인된다.

이 싸움의 경과를 살펴보면, 비단 실전(實戰)한 장졸(將卒)만이 아니라
백성들의 단결된 국토 수호의 정신을 찾아볼 수 있으니,
부녀자들이 일제히 앞치마를 해 입고, 그 치마폭으로 돌을 날라 다투어
석전(石戰)을 도운 것이 그것이다.
이로 하여 앞치마를 행주치마라고 부르게 되었다고 한다.
　　　　　　- 중학교 국어 교과서(1-1)에 게재된 행주산성 이름의 유래 -

교과서에서는 애써 백성들의 애국하는 정신을 강조하고 있지만 어딘가 좀 어색해 보인다. 아군은 고작 2천 명이 조금 넘었고, 왜군은 열 배에 가까운 3만 명이나 됐는데 도대체 여인들이 얼마나 많은 돌을 옮겨야 3만의 왜군에게 결정적인 타격을 입힐 수 있었을까? 성벽으로 기어오르는 왜군을 무찌르려면 적어도 어른 머리통만한 돌을 옮겨야 했을텐데 아무리 행주치마를 둘렀다해도 여인네들의 힘으로 가능한 일인지 의문스럽다. 행주대첩이 벌어진 1593년 2월 12일 하루 동안 권율장군과 조선군은 무려 일곱 번이나 왜적의 공격을 받았

행주산성 기념비

1593년(선조 26년) 권율(權慄)이 행주산성에서 왜군을 물리치고 승리를 거둔 것을 기념하기 위하여 1602년(선조 35년)에 설립하였다.

1593년 2월 권율이 정예군 2,300명을 거느리고 행주산성에 주둔, 일본군의 공격에 맞서 육박전으로 승리하고 적군의 깃발·투구·갑옷·무기 등을 노획한 혁혁한 전과를 밝히고 있다. 권율의 가문과 같이 좋은 가문에서 비롯된 인격과 덕은 전투를 승리로 이끌 수밖에 없었으며 나아가 이를 기리지 않을 수 없어 비를 세운다는 등의 내용이 실려 있다.

한국학중앙연구원.

다. 전쟁 중이라 제대로 먹지도 못한 채 고생했을 여인들이 무거운 돌을 얇은 행주치마에 담아 군사들에게 제공했다는 것은 아무래도 무리가 있는 듯 싶다. 특히 행주치마라는 말은 1527년 최세진이 쓴 『훈몽자회』라는 책에서 이미 '행자초마'라고 기록된 사실을 발견할 수 있기 때문에 단순히 행주라는 말과 발음이 비슷하다고 해서 행주산성에서 유래됐다고 생각하기에는 무리가 있다.

> 행주는 본래 고구려 계백현에 속해 있었다. 그러나 신라 경덕왕이 그 이름을 우왕이라 고쳐서 한양군의 속현으로 만들었다. 또한 고려 초기에는 행주라고 고쳤다가 현종 9년에는 고봉, 행주 두 현을 모두 양주에 속하도록 하였다.
>
> - 『신증동국여지승람』 -

전쟁을 이끌 동력을 상실한 조선 정부

그렇다면 권율 장군과 조선군은 어떻게 자신보다 열 배 많은 왜의 정규군을 이기고 전투를 승리로 이끌 수 있었던 것일까?

행주대첩의 승리를 이해하기 위해서는 임진왜란이 발발한 원인과 행주대첩이 벌어졌던 당시의 전황을 이해하는 것이 좋다. 1592년 4월 13일 일본군 제1군 대장 고니시유키나가 쓰시마 섬에서 자신의 부하들을 이끌고 조선으로 출군하던 시점, 명나라는 점차 강성해지는 여진족들의 위협에 놓이기 시작했다. 이 여진족들은 '멧돼지 가죽'이라는 뜻의 이름을 가진 누르하치를 중심으로 명나라를 압박해 금나라를 세우고, 이 금나라가 후일 청나라로 발전하는 기반을 마련하게 된다. 동북아시아의 축을 이루고 있던 명나라의 쇠퇴는 결국 힘의 공백을 불러 일으켰고 왜가 정명가도(征明假道)를 외치며 조선을 침략하는 계기를 마련하였다.

반면 당시 조선은 약 2백 년간의 평화에 안주하며 중단 없는 정쟁으로 세월을 낭비하고 있었다. 어느 나라, 어느 시대에나 정쟁은 있었지만 조선의 문제는 지배층이 분열되면서 위기를 극복할만한 동력을 상실하고 말았다는데 있었다.

실제로 조선 역시 임진왜란이 일어나기 몇 년 전부터 성을 쌓거나 무기를 비축하는 식으로 일정 부분 전쟁을 대비한 것이 사실이다. 사간원(司諫院)의 그악스러운 반대에도 불구하고 유성룡의 천거를 받은 이순신을 전라좌수사로 임명했으며, 충주 탄금대에서 순절한 신립과 이일로 하여금 여러 지방을 순시하며 전란에 대비하도록 했다.

그러나 당시 조선이 유지하고 있던 군 운영 체제인 제승방략(制勝方略) 자체에 문제가 있었다. 제승방략은 한마디로 전쟁이 나면 고을 수령들이 미리 군사를 이끌고 정해진 장소에서 대비를 하다가 조정에서 이를 지휘할 장수가 내려오면 함께 나가서 싸우도록 하는 제도였다. 그런데 문제는 제승방략에 의해 끌고 나갈 군사가 없었다는 것이다. 양반들은 병역에서 면천되었고, 평민과 노비들은 훈련이 부족했다. 수령이 이끌고 있는 군사 역시 한줌이 되지 않을 정도였다. 무엇보다 서울에서 내려온 장수가 전략을 잘못 세워 패하기라도 하면 더 이상 싸울 군사도 장수도 없다는 문제가 있었다. 결국 조선이 믿었던 장수 신립은 최정예부대인 자신의 기병대를 충주 탄금대에서 잃고 달래강에 몸을 던져 순절했다.

선조는 신립이 충주에서 패전했다는 소식을 듣자마자 임금이 도성을 버리고 피란을 가는 파천(播遷)을 입에 올렸다.

일이 이렇게 됐으니 내가 어디로 가는 것이 옳으냐?
마음을 숨기지 말고 말하라.

『선조실록』 25년(1592년) 5월 1일 -

선조가 말한 '어디'란 요동을 의미하는 것으로, 명나라로 귀부하자는 뜻을 내포한 것이었다. 그는 요동으로 귀부해 명나라 황제의 보호하에서 조선 유민들을 모은 후 그곳에서 왕 노릇을 계속할 생각이었다.

이것은 명나라로서도 거절하기 어려운 요청이었다. 만약 선조가 왜군에게 포로로 잡히게 되면 전쟁은 왜의 승리로 끝나는 것이고, 왜는 조선인들을 병사로 징발해 명나라 정벌을 시도할 가능성도 있기 때문이었다.

선조는 조선을 명나라에 바치되 백성에 대한 통치권을 유지하고 영토를 보존하는 방법을 원했다. 선조 25년인 1592년 6월 22일 백성들을 버리고 의주에 도착해 명나라에 내부(來附)할 경우 자신에 관한 처우를 어떻게 할 것인가를 물었다.

그런데 선조의 기대와 달리 명나라가 내민 조건은 보잘 것 없었다. 압록강변 위에 있는 관전보(寬奠堡)라는 지역의 텅 빈 관청 하나만을 내주겠다는 답변이었다. 관전보는 여진족과 맞닿아 있는 군사적 경계지역이었고 더구나 사람도 살지 않는 텅 빈 건물에 불과했다. 결국 선조는 아래의 『선조실록』에 나와 있는 것처럼 명나라로 내부하는 것을 포기하고 다시 왜와 싸울 것을 결심하였다.

> 천조(명나라)께서 우리 본국에서 내부하겠다는 물음을 전하자 본국을
> 관전보(寬奠堡)의 텅 빈 관청에 두겠다는 답변을 하셨다.
> 이에 상(선조)께서 계속 의주에 머물 것을 결심하셨다.
>
> - 『선조실록』 25년(1592년) 6월 26일 -

만약 행주산성이 함락됐다면

임진왜란이 일어나기 전 왜는 오다 노부나가와 토요토미 히데요시의 주도로 전국시대의 막을 내리고 사무라이들이 주축을 이루는 통일된 나라를 만들었다. 그런데 문제는 전국시대를 통일하면서 너무나 많은 무사들이 양산되었고, 이들이 평화로운 시기를 제대로 견디지 못했다는 점이다. 결국 토요토미 히데요시는 정명가도를 외치며 조선과 명나라 침탈을 공언했다. 이뿐 아니라 토요토미 히데요시는 조선과 명을 공략한 뒤 류구국(현재 오키나와), 고산국(현재 타이완), 루손(현재 필리핀), 천축(현재 인도)까지 공략한다는 과대망상(誇大妄想)에 가까운 야심에 사로잡혀 있었다.

임진왜란 당시 조선을 침략한 왜의 전략은 처음부터 끝까지 수륙병진(水陸駢進)이었다. 즉, 왜의 육군이 북쪽으로 진격을 해가면 왜의 수군이 서해안을 따라서 노획한 식량과 무기를 지원해준다는 전략이었다. 전란 초기에는 이 같은 작전이 비교적 잘 맞아 떨어졌다.

1592년 4월 14일 고니시 유키나가 부산에 상륙해 부산진을 공격한지 열흘 만에 경상북도 상주에 도착했으며, 다시 열흘 뒤에는 한강에 도 착하는데 성공했다.

그러나 왜군의 상승세는 평양까지였다. 아무리 전쟁에서 단련된 왜군이라 해도 먹지 않고 입지 않은 채 전쟁에서 이길 수는 없었다. 이순신 장군이 남해의 제해권을 장악한 채 서해안을 따라 한강으로 들어가려는 왜의 수군을 괴멸시켜 버린 탓에 왜는 보급품을 받지 못 했다. 평양까지 진군한 왜군은 더 이상 북쪽으로 나가질 못했다.

행주대첩은 바로 평양성에서 막혀 더 이상 북진하지 못한 왜군이 다시 남쪽으로 남하하면서 한양을 중심으로 한 새로운 근거지를 찾 기 위해 벌인 전투였다.

드디어 시작된 왜군의 공격

1593년 3월 14일(음력 2월 12일) 권율 장군과 승병 처영이 이끄는 2,300여 명의 조선군은 경기도 고양시 덕양산 정상에 자리 잡은 행주 산성에 이중, 삼중의 방어망을 치고 왜군의 공격을 기다리고 있었다. 이에 반해 왜군은 평양성에서 대패한 뒤 총퇴각하며 한양 인근에 집 결한 상태였다. 이들을 이끄는 총대장은 우키타였으며 수하에 고니 시, 이시다, 구로다, 요시가와 등이 7개의 부대로 나뉘어 총대장인 우 키타의 공격 명령을 기다리고 있었다.

그러나 전쟁이 시작되기도 전에 승패는 완전히 왜군쪽으로 기우는 듯 싶었다. 일단 왜군은 조선군에 비해 병력이 10배 이상이나 됐으며, 무엇보다 당시 최신 무기로 꼽히는 조총으로 무장한 상태였다. 당시 왜군이 사용하던 조총은 합판 6장을 한번에 뚫을 정도로 강력한 무기였다. 이들이 사용하던 조총은 1분에 2발을 쏠 수 있었는데 일반적으로 3열로 줄을 지은 뒤 1열부터 차례대로 총을 발사하고 뒷열은 다시 발포를 준비하는 과정을 반복했다.

사실 조총이 보급되기 전까지 왜군이 보유하고 있던 대나무 활은 조선군이 가지고 있던 물소뿔로 제작한 각궁이나 두 가지 이상의 목재를 심줄로 조여서 만든 합성목궁에 비해 현격하게 성능이 떨어지는 무기였다. 왜는 조총의 보급으로 전투력에서 자신감이 생기자 임진왜란을 발발시킨 것이다.

그리고 드디어 묘시(卯時, 아침 5시~7시)부터 왜군의 공격이 시작됐다. 왜군은 예상대로 가파른 낭떠러지인 행주산성의 동쪽과 한강이 가로막고 있는 남쪽을 피해서 성의 서북쪽으로 병력을 집중 배치했다. 조선군이 선점하고 있는 행주산성은 흙으로 쌓은 얕은 토성으로 이루어져 있기 때문에 권율장군은 이중으로 목책을 두르게 하고 주위에 참호를 파도록 했다. 또한 행주산성 인근에 살고 있던 주민들을 적극적으로 성 안으로 수용해서 부족한 군사력을 보완했다.

적군의 선봉은 왜군 1대인 고니시 유키나가였다. 고니시는 가장 먼저 조선에 발을 디딘 선봉군답게 부하들을 독려하며 행주산성을 향해 진군했다.

그나마 다행스러웠던 것은 고니시 유키나가의 부대가 평양성 전투 등으로 인해 가지고 있던 병력을 절반 가까이 잃어버렸다는 것이다. 이 당시 『선조실록』의 기록에 따르면 왜와 내통했던 반적인 김덕회,

김웅관, 김서남 등을 추문하자 이들이 고니시의 병력이 4,000~5,000명 정도에 불과하다는 사실을 실토했다고 적혀 있다. 그나마 권율 장군이 이끄는 조선군은 적의 전력이 절대적으로 줄어들었다는 사실에 안도하며 전투에 임할 수 있었다.

행주대첩을 승리로 이끈 신무기

왜군 1, 2대가 몰려오자 권율 장군은 먼저 궁수들을 전진 배치시켜 한꺼번에 화살을 날리도록 했다. 행주산성을 기어올라 막 제1 목책을 넘으려던 왜군들은 갑작스런 화살 공격에 일시에 전열이 무너지면서 우왕좌왕하기 시작했다. 그러자 조선군은 미리 준비했던 승자총통(勝字銃筒)을 꺼내서 적에게 겨냥했다.

승자총통은 쇠로 만든 총통*에 기다란 막대기를 끼워 만든 것으로 한꺼번에 철환 열 발 정도를 쏠 수 있었다. 왜군이 사용하던 조총에 비해서는 조준과 직사가 가능했기 때문에 조선에서 독자적으로 개발한 승자총통은 월등히 우수한 성능을 자랑했다. 실제로 사격 거리가 200m 정도인 승자총통은 신립 장군이 북방의 여진족을 상대로 실전에서 그 우수성을 입증시킨 무기 중 하나였다.

하지만 승자총통으로 적을 막기에는 그 수가 너무나 많았다. 조선군은 이번에는 숲 속에 감춰두었던 비격진천뢰(飛擊震天雷)를 전진 배치했다. 비격진천뢰는 일종의 시한폭탄으로 주둥이가 넓적해서 커다란 돌덩이나 쇳덩이를 이용해서 쏠 수 있는 중완구(中碗口)라는 총통을 이용해 발사하는 무기이다. 조선 선조 때 무기 제조 기술자인 이장손(李長孫)이 개발한 우리나라의 독창적인 시한폭탄인 비격진천뢰는 발사된 뒤 바로 터지는 게 아니라 잠시 시간 차를 두었다가 갑자기 폭발한다. 왜군들은 자기 앞에 떨어진 비격진천뢰를 한동안 쳐다보며 의문스러운 눈길을 보내게 되는데 이때 갑자기 엄청난 폭음소리와 함께 비격진천뢰가 터지게 되고 그 속에 집어넣은 철조각이 사방으로 튀어 나가면서 사람이나 말을 다치게 한다.

예상치 못한 조선군의 완강한 수성에 당황한 왜군은 잠시 전열을 고르며 숨고르기를 시도했다. 이번에는 왜군의 총대장인 우키다가 공격 전면에 나서기 시작했다. 자신의 군대는 3만 명이나 되고, 권율이 이끄는 조선군은 겨우 2천 3백 명에 불과한데 새벽부터 퍼부은 공격이 허사로 돌아갔다는 사실이 믿겨지지 않았다. 우키타는 소리 내어 전투를 독려하며 일선에 서서 왜군 병사들과 함께 전쟁을 수행했다. 우키타의 이런 분전 덕분에 왜군들 또한 한층 사기가 오른 듯 제5군인 요시카군을 중심으로 제법 공격력을 높이기 시작했다.

제5군의 지휘관인 요시카는 부하들과 함께 요란하게 조총을 쏘며 드디어 행주산성의 제1차 방어 목책에 접근을 했고, 조선군이 주춤한 사이에 목책에 불을 지르며 제2차 방어 목책으로 진입을 시도했다. 자칫하면 낮은 토성과 목책으로 이루어진 행주산성의 방어망을 뚫고 본진으로 진입할 수도 있는 상황이었다. 더구나 왜군의 숫자가 워낙 압도적으로 많았기 때문에 한 번 저들에게 진입을 허용하면 결정적인 타격을 입을 수 있었다.

이때 권율 장군에게서 다시 명령이 떨어졌다. 그것은 조선군 최고의 첨단무기, 아니 당시 세계 최고의 첨단무기였던 '화차(火車)'의 발사를 명한 것이다.

우리에게는 신기전이 있다

권율 장군의 명령과 함께 조선군이 숲 속에 숨겨 두었던 '신기전기(신기전, 神機箭)' 화차를 신속하게 이동시켰다. 조선군이 이동시키는 '신기전' 화차는 길이 2. 31m, 폭 0.734m의 수레 위에 길이 1.455m의 소형 로켓에 해당하는 중신기전이었지만 대신기전 백 발을 탑재해 한꺼번에 발사할 수 있도록 만든 무기이다. 중신기전에 이어 발사를 기다리는 대신기전은 전체 길이만 약 5.5m에 달하며, 무게는 6.5kg에 달했다.

신기전의 위력은 곧 드러났다. 이제 막 목책이 뚫릴 것이라고 생각하며 악착같이 행주산성의 방어망을 뚫고 성 안으로 진입하려던 왜군은 비격진천뢰보다 더 엄청난 신기전기의 화력 앞에 망연자실할 수밖에 없었다.

일반 화살이 한꺼번에 백발씩 날아와도 감당하기 어려운 상황에서 폭약이 탑재된 신기전이 왜군 한가운데로 쏟아졌으니 그 피해가 어느 정도였을지 충분히 상상할 수 있을 것이다.

신기전이 이처럼 실전에서 강력한 위력을 발휘하는 것은 화살 앞부분에 방화통이라고 불리던 화약통을 매달아 심지를 뒤로 길게 뺀 뒤 불을 붙여서 적진으로 날려 보낼 수 있도록 만들었기 때문이다. 특히 적이 밀집된 대형으로 공격을 감행할 때 한꺼번에 백 발의 신기전을 퍼부으면 당연히 적의 진형은 무너지고 확실한 승기를 잡을 수

신기전

조선 전기의 로켓 병기인 중·소신기전의 대량 발사장치.

1451년(문종 1년) 문종에 의하여 발명된 화차(火車)의 한 부분이다. 문종 때 화차는 신기전기와 총통기(銃筒機) 중 하나를 화차의 수레 위에 올려놓고 사용하였다.

『국조오례서례』의 '병기도설(兵器圖說)'에 의하면, 신기전기의 구조는 길이 7촌 5분(229.9㎜), 너비와 두께가 각각 1촌8분(55.2㎜)인 사각나무기둥에 지름 1촌5분 (46.0㎜)의 둥근 구멍이 뚫린 나무통 [圓孔木桶] 100개를 나무상자 속에 7층으로 쌓은 것이다.

제일 아래층에는 10개를, 둘째 층부터 일곱째 층까지는 각 층마다 15개씩 쌓았 는데 이 나무통의 구멍 속에 중·소신기전 100개를 꽂아 사용하였다. 나무를 이 용하여 만든 신기전기는 대략 길이 3척7촌5분(1,149. 4㎜)이며, 높이 1척3촌(398. 5㎜)이다.

발사 때에는 신기전기가 실려 있는 화차수레의 발사 각도를 조절한 뒤 각 줄의 신 기전 약통에 부착된 점화선을 한데 모아 불을 붙이면 동시에 15개씩 위층에서 아 래층까지 차례로 100발이 발사되었다. 세계에서 제작설계도가 남아 있는 가장 오 래된 것이다. 한국학중앙연구원.

있는 계기가 마련된다.

신기전이 이처럼 강력한 위력을 발휘할 수 있었던 것은 신기전의 가공할 화력과 함께 신기전의 타격 위치를 정확하게 잡아주는 화차 정밀 시스템에 그 비밀이 숨어 있다. 화차는 일반적으로 짐을 나르는 수레와 달리 밑바닥이 바퀴보다 위에 있는 구조로 만들어진다. 이것은 신기전의 발사 각도 조절을 자유롭게 하기 위해서이다. 실제로 일반 수레 바퀴의 발사 각도가 20도 이하인데 비해 신기전 화차는 수평 사격인 0도부터 최대 43도까지 사격 각도를 조절할 수 있다. 신기전 이후 서양에서 개발됐던 구형 로켓 역시 자체적인 제어장치가 없었기 때문에 발사 각도와 화약의 양으로 사거리를 겨냥했던 것을 상기한다면 신기전의 제작이 얼마나 정밀하게 이루어졌는지 알 수 있다.

최일선에 나서서 전투를 지휘하던 총대장 우키다는 결국 날아오는 신기전에 큰 부상을 입고 다시 자신들의 부대로 급하게 후퇴할 수밖에 없었다. 1593년 3월 14일(음력 2월 12일) 새벽부터 시작됐던 전투는 왜군 총대장 우키다의 퇴각과 함께 잠시 소강 상태에 접어드는 듯했다. 그러나 왜군은 여전히 많은 수를 자랑하고 있었고 행주산성에는 오후의 긴긴 해가 남아 있었다.

뛰어난 조선의 과학이 승리의 일등공신

총대장과 함께 퇴각한 왜군은 잠시 전열을 정비한 뒤 이번에는 모리가 지휘하는 제6대를 중심으로 행주산성의 서북쪽을 향해 돌진하기 시작했다. 이곳은 조선군이 아닌 처영이 이끄는 승병들이 지키는 곳이라 화력을 집중하면 승산이 있다고 판단한 것이다. 모리의 6대 뒤에는 고바야가와가 지휘하는 제7대가 뒤를 받쳐주고 있었다.

그러나 왜군들의 기대와 달리 승병들 역시 분전을 거듭하며 맡은 자리를 충실히 지켜나갔다. 특히 이들은 성민들과 혼연 일체가 되어 함께 움직였다. 행주산성의 성민들은 연신 뜨거운 물과 기름을 끓여 왔으며, 나무를 태운 재를 날랐다. 또한 여성들은 승병들이 왜군을 향해 마음 놓고 던질 수 있도록 돌을 나르기도 했다.

적은 인원과 물자로 전투를 치르던 권율 장군과 장졸들은 마지막 까지 몰려드는 왜군을 향해 화살과 신기전, 비격진천뢰, 천자총통, 돌과 재, 뜨거운 물과 기름 등 온갖 것을 동원해 최후의 일전을 벌였다. 그러나 신기전이 떨어져 더 이상 화차가 위력을 발휘하지 못하고, 화살이 떨어져 적의 조총을 이겨낼 수 없는 상황이 벌어졌다. 왜 군 또한 조선군의 이런 상황을 금세 눈치 채고 제6대와 7대가 연합해 공격의 꼬리를 잡기 위해 갖은 힘을 다 썼다. 왜군들이 쏘아대는 조 총 소리는 더 강하게 콩 볶듯이 들려왔고 어쩔 수 없이 맨몸으로 부 딪치는 조선군과 승병들은 점차 어려운 상황에 몰리고 있었다. 그때 조선군 사이에서 환호성이 들려오기 시작했다. 경기수사 이빈(李頻) 이 군선 가득히 화살을 비롯한 군수 물자를 싣고 달려왔기 때문이 다. 결국 왜군은 수많은 사상자와 부상자를 남겨둔 채 서둘러 퇴각 할 수밖에 없었다.

행주대첩의 승리는 권율 장군의 뛰어난 전략과 리더십, 몸을 아끼 지 않은 군사들의 분전, 그리고 성민들의 눈물 어린 희생이 바탕이 되었다. 더불어 지금까지도 우리에게 비교적 잘 알려져 있지 않았던 조선의 과학기술이 이룬 결과였다.

우리나라보다 외국에 더 잘 알려진 신기전

행주대첩에서 위력을 발휘한 신기전이 본격적으로 개발되기 시작한 것은 조선 문종(文宗) 때였다. 문종은 병약한 몸 때문에 짧은 시간 동안 재위했지만 누구보다도 강력한 자주 국방의 의지를 가지고 신기전을 비롯한 신무기 개발에 많은 노력을 기울였다. 『조선왕조실록』에서는 신기전을 여진족의 침략을 막기 위해 설치되었던 4군6진에서 주로 사용했던 무기라고 적고 있다.

신기전의 원형은 고려시대 말 최무선이 개발한 주화통(走火筒)이라는 무기로, 이를 세종대왕 때 신기전으로 새롭게 개량했으며 문종임금이 더욱 성능을 향상시켰다.

그러나 신기전이 우리들에게 알려지기 시작한데는 다소 가슴 아픈 사연이 숨어 있다. 신기전은 지난 10여년 사이에 외국에서 제작한 '에이지 오브 엠파이어II' 확장 팩이나 '문명5' 등의 역사 관련 게임에 한국의 단골 무기로 등장하면서 비로소 우리에게도 알려졌다. 먼저 외국에서 개발한 게임에 등장하면서 그 존재감을 알리게 된 것이다.

또한 세계적으로 유명한 사무라이 연구가 중 한 사람인 영국의 스테핀 턴불(Stephen Turnbull)이 쓴 『사무라이의 침략, 한일전쟁 1592~1598』에 화차의 복원된 모형이 수록되면서 더 유명세를 타게 됐다.

다행스럽게도 외국의 게임이나 다큐멘터리에 등장하던 조선의 신기전 화차는 1474년에 출간된 『국조오례의서례(國朝五禮儀序例)』라는 병기 도감에 상세한 규격과 세부 도면이 남아 있다는 사실이 알려지면서 실제 전투에서 사용하던 것과 같은 정밀한 복원 제작이 시도되었다.

이 과정에서 신기전은 실제로 0.3㎜에 해당하는 리(釐) 단위로 부품을 제작했으며, 화차 역시 3mm급에 해당하는 분(分) 단위로 부품이 제작됐다는 사실이 확인됐다. 현재 제작되고 있는 무기에도 뒤지지 않을 정도의 초정밀함을 유지한 것이다. 놀라운 일이 아닐 수 없다.

그러나 아쉽게도 신기전은 조선말로 접어들수록 사람들의 기억에서 잊혀져가기 시작했다. 가장 큰 이유는 신기전이 한꺼번에 너무 많은 화약을 소비한다는 이유였다. 화약의 원료가 되는 염초는 거의 대부분 청나라를 비롯한 중국에서 구해야 했는데 결코 쉽지 않은 일이었다. 실제로 북벌을 꿈꾸었던 효종의 동생 인평대군이 청나라 염초 구입과 연루돼 곤혹을 치른 일이 『조선왕조실록』에 기록돼 있다. 중국에서 우리나라의 화약 비축량을 철저히 통제했기 때문에 현실적으로 상당한 제약이 있었던 것으로 보인다.

하지만 어떤 어려움 속에서도 조선의 과학이 행주치마 한 조각으로 덮을 수 없을 정도로 뛰어난 능력을 지니고 있었다는 사실만큼은 부인할 수 없다.

* 총통 : 화약을 이용한 무기인 화기를 총칭한 것으로 청동이나 철로 된 통 속에 화살이나 탄환을 넣은 뒤 화약을 이용해 발사하는 무기를 말한다. 승자총통은 조선 선조 10년에 개발되었으며 우리나라에서 독자적으로 개발한 소총이다.

열다섯

점(占), 혼돈 속에서
방향을 묻다

강신무와 세습무

점이나 보러 갈까?

현재 대한민국의 점(占)* 시장은 연간 3조 원의 매출을 올리는 것으로 추측되고 있다. 사주, 역학(易學)에서부터 신점(神占) 그리고 최근 젊은 사람들을 중심으로 자리 잡은 타로점과 인터넷을 파고든 다양한 사이트까지 점 시장은 해마다 폭발적인 신장세를 계속하고 있다.

얼핏 생각하면 요즘처럼 과학 문명이 발전한 세상에 점으로 해결할 수 있는 일이 뭐가 있을까 싶지만 유교경전 중 하나인 역경(易經)을 공부하며 세상의 변화를 연구하는 사람도 있고, 새벽마다 별이 잘 보이는 곳을 찾아다니며 우주의 변화와 천기의 움직임을 살피는 자미두수(紫微斗數)에 몰입하는 사람들 또한 적지 않다.

하지만 또 한편으로는 수많은 점집과 점쟁이들이 모여 있던 미아리 점집촌들은 세월의 변화와 함께 쇠퇴를 거듭하고 있다. 반면 서울 강남에서는 머리를 길게 기르고 한쪽 귀에 귀걸이를 한 신세대 점쟁이가 화창한 화술로 인생의 첫발을 내딛는 젊은이들에게 점이라기보다는 상담에 가까운 카운슬링을 해주며 인기를 끌기도 한다.

우리나라는 어느 나라 어느 국민보다 많은 스트레스를 받으며 살고 있다. 그러나 스트레스 지수에 비해 정신과를 찾는 경우는 매우 드물다. 정신과를 찾는다는 사실을 수치스럽게 여기는 사회풍조 때문이다. 그래서 우리나라 사람들은 쌓이는 스트레스를 해소하기 위해 점집을 자주 찾는다. 점을 통해 모호하고 혼란스러운 현실에 대한 불안감을 해소하고자 하는 것이다. '맞아도 그만, 안 맞아도 그만'이라는 말을 하면서 용한 점집을 찾는 이유이다.

역학의 원리와 비법

우리나라 점시장은 현재 크게 역학과 신점으로 양분돼 있다. 역학은 유교 경전 중 하나인 주역(周易)을 학문적으로 해석한 것이다. 대대로 우리나라에서는 철학, 윤리, 종교적 차원에서 주역을 최고의 원리로 인정하고 있다. 그러나 점과 관련된 부분은 아주 짧고 일종의 은어로 구성돼 있어서 해석하기에 따라 여러 가지 결론을 내릴 수 있다. 주역에 나오는 64괘 역시 복잡할 정도로 무질서하게 배열돼 있는데 오히려 이런 무질서한 배열을 통해 어떠한 해석도 가능하며 이를 수용할 수 있다는 의미가 담겨져 있다.

지난 1980년대까지만 해도 역학을 통해 점을 보고 싶은 사람들은 미아리점집** 골목을 자주 찾았다. 이곳에서도 역학을 이용한 사주풀이가 주를 이루고 있었다. 사주풀이란 점을 보고 싶어 하는 사람의 태어난 연(年), 월(月), 일(日), 시(時)를 네 개의 기둥으로 보고 여기에 해당하는 간지(干支)를 두 글자씩 여덟 자를 통해 해석하는 방법이다. 간지에서 간은 열 가지이고 지지는 열두 가지여서 십이지(十二支) 또는 지지(地支)라고도 한다.

십간(十干)은 갑을병정무기경신임계(甲乙丙丁戊己庚辛壬癸)를 말하며 십이지지는 자축인묘진사오미신유술해(子丑寅卯辰巳午未申酉戌亥)를 말한다. 십간은 하늘에 자리해서 천간이라고 하고, 십이지지는 땅에 머물기 때문에 지지라고 한다.

십간과 십이지지를 조합하면 60간지가 되며 이를 기본으로 생극화합과 형충화합 등 다양한 사주를 추출하게 된다.

천간과 지지는 음양과 오행으로 분류되고 방위와 계절 등을 나타내며 이를 모두 순열 조합하면 육십갑자가 되는데 속된 말로 '병신 육갑 떨고 있다'는 말이 바로 여기서 유래됐다.

역학은 원래 같은 책을 놓고 해석해도 보는 사람마다 관점에 따라 조금씩 차이가 있게 마련이다. 이것은 마치 의사가 어디를 중시하느냐에 따라 진단이 달라지듯이 사주를 보는 사람도 어느 관점을 중시하느냐에 따라 해석에 큰 차이가 나는 것이다. 또한 주역에서 뻗어나온 명리학 서적을 어떤 것으로 공부했느냐에 따라서도 해석에 큰 차이가 날 수밖에 없다.

최근 우리나라에서 가장 명성을 날리던 명리학자 중 한 사람은 일명 대구 박사주로 불리던 고(故) 박재현 선생이다. 그는 노태우 씨가 대통령직에 오를 것이라는 사실을 대통령 취임하기 이미 7년 전에 정확하게 맞췄다고 한다.

이에 반해 신점은 자신의 조상신이나 능력을 갖춘 장군신 등에게 신내림을 받아서 신의 대리인으로 앞날을 예언하고 어려움을 겪는 사람들의 미래를 풀어주는 역할을 하고 있다. 이들은 일반인들이 예측하기 어려운 나라에 관련된 큰일을 예언하거나 재난을 경고해서 사람들을 놀라게 하기도 하지만, 우리가 아는 무당들이 모두 신내림을 받은 것은 아니다. 대개 한강을 기준으로 한강 이북에서는 강신무(降神巫) 즉, 신을 받은 무당들이 많이 활동했고 한강 이남에는 무당직을 세습해서 수행하는 세습무(世襲巫)들이 주로 활동을 하였다.

한강 이북지방에 강신무들이 많이 활동한 것은 황해도 지역 등이 북방 샤먼의 영향을 많이 받았기 때문이다. 북방의 유목민족들은 늘 이동을 해야 했고, 전쟁의 위험과 늑대를 비롯한 짐승들의 공격에도 대비해야 했기 때문에 샤먼이라고 불리는 무당들에게 의존할 수밖에 없었다. 이들 샤먼은 단순하게 개인의 안녕을 위해 점을 봐주는 존재가 아니라 가족 혹은 집단의 생사와 안전을 책임지는 역할을 담당하였다. 따라서 강력한 능력을 가질 필요가 있었고 자신의 능력을 일으켜주는 강력한 신의 대리인이 되어 부족민들에게 확실한 믿음을 안겨줄 수 있는 카리스마도 필요했다.

강신무들의 특징을 보면 무속과는 전혀 상관없이 살다가 어느 날 갑자기 신내림을 받고 빙의 상태로 들어가게 되는 경우가 많다. 물론 이들은 우리가 아는 것처럼 무당이 되기 전에 신병을 앓는 경우가 많으며 신을 받기 전에도 꿈이나 공수를 통해 무당으로서의 재능을 보이게 된다.

예비 무당들이 앓게 되는 신병은 신들림 때문에 정상적인 행동이 불가능해지고 남들이 이해하지 못하는 행동과 정신적 혼란 등을 일으켜 현대 의학으로도 치료가 불가능하다. 신병에 걸리면 시름시름 앓거나 몸이 마비되거나 밥을 먹지 못하고 몸이 대나무처럼 마르는 경우가 많다. 또한 갑자기 집을 뛰쳐나가 옛날 큰 무당들이 입었던 무복(巫服)이나 칼을 비롯한 무구(巫具) 등을 파내서 가져오는 경우도 있으며, 자신과 전혀 상관이 없는 먼 곳의 상황을 거짓말처럼 짚어내는 경우도 있다. 내림굿을 받지 않으면 신벌을 받게 되는데 심한 경우 가족들의 눈이 멀거나 심지어는 죽음에 이르는 경우도 있다. 이들은 대부분 신어머니나 신아버지를 만나 신굿(내림굿, 명두굿) 등을 치르고 정식으로 무당 역할을 하게 된다.

물론 우리나라에서는 강신무와 세습무를 가리지 않고 그 인식이 좋은 편이 아니다. 고려시대 성리학을 우리나라에 처음 들여온 안향(安珦)***은 무당들이 어리석은 백성들을 현혹하는 것을 보고 큰 벌을 내렸다.

『쇄미록』이라는 책을 통해 임진왜란 당시의 일상사를 적은 오희문 역시 백성들이 무당을 찾는 모습을 비판하였다.

요즘 들어 내 아들과 손자가 몹시 심한 기침에 시달렸다. 아침, 저녁 밤낮으로 기침이 그치지 않아 고생이 이만저만이 아니다. (중략)
내 아이들뿐 아니라 마을 아이들 모두가 심한 기침에 시달리고 있다. 하지만 어리석은 백성들이 무당을 불러 치성을 드리니 가소로울 뿐이다.
- 『쇄미록』 1600년 7월 15일 -

255

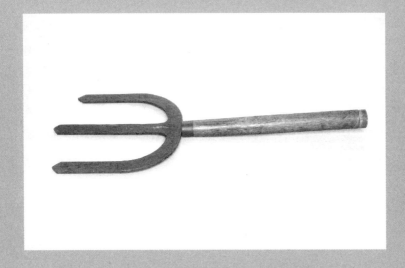

무구-삼지창

무당의 방울이 부채와 함께 한 조를 이루는 것처럼 삼지창(三支槍)은 강신무당들이 언월
도(偃月刀)와 한조를 이뤄 사용하는 무구이다. 창 끝이 세가닥으로 벌어져 있으므로 삼
지창이라 이름하였다. 삼지창은 창 부분과 창자루 부분으로 나누어지는데 창은 쇠로 만
들고 자루는 단단한 나무로 만든다. 굿에서 사냥거리, 군웅거리, 타살거리, 대감거리, 장
군거리 등에서 장군신, 군웅신, 대감신 등을 불러들일때 삼지창을 들고 춤을 추어서 신
을 기쁘게 하거나 위험을 나타낸다. 또한 삼지창은 사냥거리에서 무당이 신에게 바칠
돼지나 소를 사냥하러 갈때 필히 가지고 다니는 무구이다. 삼지창은 무당이 굿을 하면
서 소고기, 돼지고기, 닭고기, 떡 등을 신에게 바칠 때 삼지창에다 꽂아서 세우기를 하기
때문에 어떠한 무구보다도 중요하게 사용된다. 국립민속박물관.

단골네(전라도), 심방(제주도), 무당(경상도) 등으로 불리던 세습무는 농경사회를 중심으로 무당 역할을 하는 경우가 많았기 때문에 강신무처럼 보다 강력한 메시지보다는 생활 속에서 차근차근 보살펴주는 역할을 선호했다.

세습무의 가장 큰 특징은 무직이 세습된다는 것이다. 어머니나 아버지 두 사람 중 한 사람만 무당이어도 그 자녀는 자연스럽게 무당으로 살아가곤 했다. 따라서 이들은 다른 계층에 비해 다소 폐쇄적인 삶의 구조를 가질 수밖에 없고 다른 계층과 결혼도 곤란해서 계속 세습무로 살아갈 수밖에 없다.

세습무는 강신무와 달리 신을 모시는 신단이나 굿을 하는 도중에 공수라고 해서 신탁을 내리는 일이 없으며 부모에게 무업을 배워서 무당 역할을 해내는 경우가 많다. 물론 이들 역시 경기도 남부에서 하는 군웅굿처럼 큰 굿을 치르기도 하고 드물게 강신무와 같은 신내림 무당이 되는 경우도 있지만 일단 내림굿을 통해 신을 받는 경우는 거의 없다.

이들은 어려서부터 부모를 따라다니면서 무업을 위해 춤과 악기를 배우고 굿을 이끌어 나가는 법을 배우기 때문에 자신들의 의례를 예술까지 승화시키는데 큰 공헌을 한 것으로 평가받고 있다. 특히 여자들은 굿판에서 춤과 노래로 신을 모시는 경우가 많기 때문에 더 많은 관심을 가지고 이를 연마해야만 했다.

우리가 점을 보는 이유?

『한국무속인열전』이라는 책을 펴낸 고(故) 서정범 교수는 우리나라에서 가장 권위 있는 무속 연구가 중 한 사람이었다. 서 교수는 살아 생전에 우리나라에서 유명하다는 무속인들을 거의 만나본 것으로도 유명하다.

무속인들에 대해서 아주 용하다고 소문난 무당이

약 60퍼센트 정도의 확률을 가지고 있으며 오랜 관찰과 연구의 결과

그들이 주장하는 것처럼 신의 공수를 받는다기보다

몸 안에 저장된 기억 프로그램을 읽어내는 것 같은 느낌을 많이

받았다. 그리고 나머지는 찾아온 손님들에게 얼마나 마음을 열고

친절한 카운슬링을 해주는가에 성패가 달려 있다.

- 서정범 교수의 말 -

실제로도 점을 보는 사람들 가운데 그 말이 100퍼센트 다 맞을 것이라고 생각하는 사람은 드물다. 그렇다면 왜 사람들은 100퍼센트 확실하지 않다는 걸 알면서도 점을 보는 걸까?

사람들은 지금까지 지내온 과거가 어떤 이유로 일어났는지를 알고 있다. 그러나 과거에 일어난 일과 그 원인을 안다고 해서 내게 닥쳐올 현재와 미래의 일까지 알 수는 없다. 삶에는 너무나 많은 변수가 존재하고 있기에 미래의 일이 어떻게 전개될지는 알 수 없는 것이다. 그런 까닭에 앞으로 다가올 미래는 언제나 혼돈의 상태이다. 사람들

은 앞으로 다가올 미래를 통제할 수 있는 질서를 만들어내고 싶어한다. 바로 이것이 사람들이 점의 내용을 100퍼센트 믿지 않더라도 역학자나 무당을 찾는 이유이다. 결론적으로 말해서 점을 본다는 것은 현재의 혼란 속에서 미래의 질서를 찾아내고 만들어 내기 위한 간절한 행동이다.

몇 가지 예를 들어보자. 지금도 아프리카에서는 짐승의 내장을 이용한 점술이 성행하고 있다. 짐승의 내장을 이용한 점술은 과거 메소포타미아에서 기원했다고 하는데 몽골과 같은 유목민들에게도 흔히 볼 수 있는 점술법이다. 점술법은 의외로 간단하다. 그러나 보통 사람들의 눈에는 도무지 짐승의 내장이 가르쳐주는 혼돈 속의 질서를 찾아낼 방법이 없다. 이때 주로 샤먼이 나서서 해석을 해주는데 특별히 잘 기른 양이나 소를 끌어내서 신성하게 죽인 후 짐승의 내장을 열어본다. 이때 위 부분을 볼 수도 있으며 간 부위를 살펴볼 수도 있다. 간이나 위의 생김새, 피가 흐르는 방향, 금방 꺼낸 간이나 위의 특징 등을 보고 어떤 질서를 찾아낸다. 예를 들어 간이 어느 쪽 방향으로 부었다든가, 아니면 위의 어느 부분에 특별한 색깔이나 돌출 부분이 있으면 그것이 전해주는 메시지를 읽으면 된다.

우리들이 흔히 사용하는 말 가운데 '다 된 일에 산통(算筒)을 깬다'는 말이 있다. 산통은 점을 볼 수 있는 산가지가 새겨진 괘(卦)를 담아 놓은 통을 말하는 것으로 이 산가지의 괘로 점을 치는 것을 산통점이라고 한다. 막 점을 보려고 하는데 산가지가 담긴 산통을 엎어버렸으니 다 된 일을 망가뜨린다는 의미로 해석할 수 있다. 산통에는 보통 여덟 개의 산가지가 들어가는데 왼손으로 산가지를 세 번 집어

산통

이 통은 산가지를 담았던 산통으로 수통(數筒), 계산통이라고도 한다. 통은 대나무로 제작되었는데 그 길이는 11.5cm이고, 둘레는 5.2cm이다. 이 산통에는 산가지가 24개 들어있다. 산가지는 숫자를 계산하기 위해 만든 막대이다. 산가지를 일정한 방법으로 늘어놓아 숫자를 표시하거나 계산하는데 쓰였다. 산가지의 재료는 대나무가 많으며 목재, 금속, 상아 등으로 제작된 것도 있다. 그리고 산가지는 고대로부터 근대에 이르기까지 사용되었는데 중국, 일본에서는 주산이 보급되면서 사라졌다. 그러나 우리나라에서는 산학의 기본적인 계산방법으로 한말까지 사용되었다. 국립민속박물관.

산가지

전통 셈법 때 수를 표시하고 계산하는 데 사용하는 셈기구. 산가지란 숫자를 계산하는 막대, 또는 이를 사용하는 방법을 말한다. 산가지는 산목(算木), 산대(算-), 산책(算策)이라고도 한다. 이러한 셈기구들은 사용자가 직접 만들어 쓰기도 하고, 이 산가지와 산통처럼 잘 만든 제품을 구입하여 사용하기도 했다. 산가지는 조선시대 사회제도와 관련하여 유통 부문의 셈구에 해당한다. 산가지는 나무막대 몇 개를 옮겨 간단히 숫자의 변화를 표시할 수 있기 때문에 매우 오래전부터 상인들에 의해 사용되어졌다. 국립민속박물관.

내서 초, 중, 종 각 괘를 만들어 낸다. 그리고 이 괘를 다시 주역에 나오는 64괘에 맞춰서 점괘를 맞춰보는 일종의 육효점(六爻占) 중 하나이다. 여기서 육효점이란 타로카드와 같이 지금 당장 알고 싶은 일을 가르쳐주는 일종의 동양식 즉석점이라고 생각하면 된다.

우리나라에서 많이 보던 쌀점이나 엽전점 또한 이와 비슷한 육효점이다. 쌀을 세 번 던져서 던져진 숫자를 가려낸 뒤 그 안에서 일정한 법칙을 읽어 내거나 엽전의 앞뒷면이 합해진 수로 일정한 질서를 추측하는 방법이다.

우주시대에도 살아남을 점

현재 우리나라의 무속 시장은 강신무가 대세를 장악했다는 것이 정설이다. 본래 세습무가 성행했던 전라도나 경상도 지역에도 내림 굿을 받은 무당들이 전반적인 주도권을 쥐고 있다. 이런 현상이 벌어진 가장 큰 이유는 한국전쟁 때문이다. 한국 전쟁 당시 강신무 지역에서 활동하던 무당들이 대거 남한으로 내려와 활발하게 활동을 하였다. 또한 한국전쟁과 함께 개발독재와 근대화 과정 등을 거치면서 사람들이 더 강력한 메시지를 얻을 수 있었던 강신무에게 매료된 점도 커다란 이유이다.

강신무가 받드는 신은 다양한데 대표적으로 조상신과 특정지역의 수호신, 또는 천신과 산신, 관우와 장비 같은 전내신(殿內神), 최영장군과 같은 장군신 등이 있으며 드물게는 객귀(객사한 귀신)나 잡귀를 받드는 경우도 있다.

그런데 명성황후의 경우를 살펴보면 점이 혼란 속에서 질서를 가르쳐주는 것만은 아니라는 생각이 든다. 명성황후는 점을 즐겨봤다. 횟수가 지나치게 빈번해 자신의 지아비이자 정치적 동반자였던 고종에게조차 '궁궐이 정숙치 못해서 부녀자가 치성을 자주하니 이것이 나의 죄'라는 말을 듣기도 하였다. 하지만 명성황후가 점을 보기 시작한 까닭은 한편 안쓰럽기도 하다.

명성황후의 첫 왕자는 항문이 없는 장애를 가지고 태어났다. 그리고 태어난 지 일주일도 채 되지 않아 대원군이 보내준 산삼 끓인 물을 먹은 뒤 열이 치솟아 죽고 만다. 그 뒤부터 명성황후는 전국 명산대천에서 굿을 벌이며 치성을 드리는 것으로 날을 보냈다. 뒤늦게 얻은 순종마저 건강하지 못한 생활을 하자 전국의 이름난 무당을 불러다 더욱 치성에 열중해 국고를 탕진하기 시작했다. 나라의 부패와 망국의 역사가 모두 이 탓만은 아니겠지만 백성들의 민심을 그녀에게서 돌아서게 만들었던 것만은 분명한 사실이다.

결국 나라의 재정 고갈은 임오군란의 봉량미 문제로 터져 버렸고 명성황후는 나인들의 등에 업혀 궁궐을 빠져 나간 후 지금의 이천시 장호원읍에 위치한 민응식의 집에 숨어 지내며 다시 때를 기다리게 된다. 이때 스스로를 관운장의 신령을 받은 자라고 말하는 무당 한사람이 찾아와 명성황후에게 '마마, 오는 8월이면 모든 문제가 해결돼 다시 환궁할 것'이라고 자신 있게 아뢰었다. 명성황후가 무당의 말을 믿지 못해 반신반의하고 있는데 실제로 자신의 시아버지이자 정적인 홍선대원군이 청국에 납치되어 꿈에도 그리던 환궁을 하게 되었다.

그 후 명성황후는 이 무당을 궁궐로 불러 진령군(眞靈君)이라 칭하였고 고종부터 순종까지 진령군의 말 한마디로 움직이는 무당정치가 펼쳐졌다. 그 모습이 오죽했던지 조선의 우국지사였던 매천 황현(黃玹)은 『매천야록』에서 분기를 참지 못하고 대한제국을 '귀신의 나라'라고 불렀다. 그러나 무당정치의 효험은 오래 가지 않았다. 명성황후의 죽음을 막지 못했고, 대한제국의 패망을 막지도 못했다.

바로 이것이 지나치게 점에 의존하면 안 되는 이유이다. 삶에 안개가 끼어 있는 것처럼 혼돈스러울 때는 점을 보면서 방향을 생각해보는 것도 나쁘지 않다. 그러나 점은 혼돈스러운 마음에 위안을 줄 수는 있으나 혼돈스러운 상황에 대한 정확한 답을 내려 주지는 않는다. 그러므로 지나치게 점을 맹신하기보다 스트레스가 쌓일 때 한 번씩 마음에 위안을 받는 경우로 활용하는 것이 적당할 것이다.

---

* 점(占) : 미래의 운수나 길흉을 특별한 행동이나 행위를 통해 알아내는 것을 말한다. 개인을 하나의 소우주로 보고 여기에 특정한 행동을 반복한 뒤 여기서 일어나는 일정한 패턴이나 징후를 통해 현재와 미래에 예측되는 일정한 질서를 찾아내는 방법이다. 몇 개의 쌀이나 작은 돌을 던지는 방법, 거북이의 등 표면에 생긴 균열, 전체의 움직임을 일정하게 관찰하는 방법 등이 여기에 속한다.
** 미아리 점집 골목 : 대한민국 점술의 브랜드 파워를 형성하던 곳이다. 1990년대까지만 해도 약 200여곳의 점집이 성업을 이루었으나 현재 약 50군데 정도가 명맥을 잇는 것으로 알려져 있다. 아직까지도 대한민국 점술의 맥을 잇는다며 자부심을 갖는 사람들이 많다.
*** 안향(安珦) : 우리나라에 주자학을 처음 소개한 고려 말기 학자이자 개혁세력. 고려말기의 유학 진흥에 크게 기여했으나 불교와 샤먼 등에 대해 혹독한 비판을 계속했다.

열여섯

결핍이 부른 자생적 종교

천주교

우리나라에서 천주교가 갖는 위치는 매우 특별하다. 천주교는 어느 종교 못지 않게 경건한 종교윤리를 갖고 있지만, 다른 종교에 대해 배타적이지 않다. 천주교가 종교적으로 우월하다고 주장하지도 않는다. 종교간의 차이를 인정하면서 천주교의 종교윤리를 실천할 뿐이다.

그러나 뭐니뭐니해도 천주교가 다른 종교와 갖는 가장 큰 차이점은 사회적인 참여에 많은 관심을 기울이고 있다는 점이다. 다른 종교가 자신의 종교윤리와 관련된 사안에만 관심을 두는 것과 달리 천주교는 정의의 실현과 사회적인 참여에 많은 관심을 기울이고 있다. 이는 우리나라에 천주교가 들어오게 된 배경과 밀접한 관련을 맺고 있다.

우리나라는 천주교를 받아들이게 된 과정부터 다른 나라와는 다르다. 본래 종교는 앞서 종교를 믿기 시작한 나라가 종교를 믿지 않는 나라로 전파하면서 전교(傳敎)된다. 전쟁 기간 중에 종교 전파가 빈번한 까닭이 바로 여기에 있다. 전쟁의 혼돈을 틈타 특정 종교와 관련된 이들이 다른 나라에 들어와 전교를 하기 때문이다.

물론 전쟁의 경우 외에도 종교가 전파되는 경우는 있다. 삼국시대 때 불교가 들어온 것은 인도의 승려가 교역사신으로 위장해 입국한 것에서 비롯되었다. 기독교는 구한말 선교사들이 우리나라에 들어와 기독교를 전파하였다.

그러나 우리나라의 천주교는 우리나라 사람들이 자발적으로 받아들인 종교였다. 앞서 종교를 믿던 나라에서 종교와 관련된 이들이 들어와서 전교한 것이 아니라, 그 종교를 몰랐던 사람들이 스스로 받아들인 종교였다. 미사를 집도하는 신부가 우리나라에 파견된 것은 우리나라 사람들이 본격적으로 천주교를 믿기 시작한 지 10년이 지난 1794년이었다. 10년 동안 천주교를 스스로 받아들인 천주교인의 수는 4천여 명에 달했다.

그렇다면 우리나라 사람들이 세계 종교 역사상 유래 없이 스스로 천주교를 받아들인 까닭은 무엇일까?

결핍을 채우려는 의지로 천주교를 받아들이다

어느 시인의 싯구 가운데 '나를 키운 건 팔할이 바람이다'라는 구절이 있다. 그 싯구에 빗대 설명하면 세상을 키우는 건 팔할이 결핍이다. 세상은 결핍된 것을 채우기 위해 끊임없이 움직이는 수레바퀴와 같다.

천주교를 받아들인 것 역시 결핍을 채우기 위함이었다. 그럼 우리나라 사람들이 천주교를 받아 들인 18세기 조선의 모습을 살펴보자.

당시 조선은 성리학의 굴레에 둘러싸인 상황이었다. 성리학의 유교적 사고에 고착된 조선은 논리와 이론에만 몰입해 있는 상태였다.

행여 실천의지가 있다고 해도 성리학의 발목에 잡혀 시행할 수가 없는 형국이었다.

성리학의 논리에 몰두한 결과 조선은 고여 있는 물과 같았다. 성리학이라는 고인 물위에 떠 있는 당쟁이라는 오염물은 조선을 더 깊은 수렁에 빠지게 하였다. 18세기 조선을 지배한 사대부는 노론(老論)이었다. 당쟁에서 승리한 노론은 의정부를 자신들의 세력으로 채워 넣었다. 그리고 현실적인 문제 대신에 성리학의 형이상학적인 논리에 몰두하였다.

당시 노론과의 당쟁에서 실패해 재야에 머물며 학문에 전념하던 사람들이 남인(南人)이었다. 벼슬자리에 나갈 수 없던 그들은 다양한 책을 읽으며 학문에 관해 토론을 하며 지냈다. 그때 남인들의 손에 들어온 것이 서학을 한문으로 정리해 놓은 한역서학서(漢譯西學書)였다. 서양의 학문 경향이 담겨 있는 서학(西學)은 실천의 결핍을 한탄하던 남인들이 찾던 가르침이었다. 또한 노론에 의해 침잠(沈潛)하는 조선을 수면 위로 끌어올릴 수 있는 학문이었다.

당시 남인들 사이에서 서학(西學)과 함께 널리 읽혀진 책이 천주학(天主學)이었다. 천주학이라는 말에서 알 수 있듯 남인들은 천주학을 종교가 아닌, 서양정신문화의 기초가 되는 학문으로 받아들였다. 학문으로 받아들였기에 남인들은 자신들이 공부한 천주학에 대해 여럿이 토론하기를 원했다. 그런 취지로 만들어진 모임이 천진암주어사강학회 모임이다. 정조 3년인 1779년에 열린 천진암주어사강학회에 모인 참석자는 권철신(權哲身), 이벽(李檗), 이승훈(李承薰), 정약전(丁若銓), 정약종(丁若鍾), 정약용(丁若鏞)이었다. 이 당시만 해도 그들은 천주교를 종교가 아니라 학문으로 받아들였다. 그러나 이후 모임에 참석했던 이들이 천주학을 연구한 결과, 이것이 종교라는 사실을 알게 되었다. 그리고 그 모임에 참석했던 사람들은 이후 천주교를 종교로 실천할 것을 다짐하였다. 한국 천주교에서는 1779년에 천진암주어사강학회가 열렸던 천진암 성지를 한국 천주교의 발상지라고 부르고 있다.

종교가 아닌 학문으로 첫발을 디딘 천주교

한국 천주교는 자생적으로 천주교를 받아들였다. 그렇다면 천주교를 받아들이는데 선구자 역할을 한 사람도 분명히 있을 것이다. 천주교를 받아들이는데 선구자 역할을 한 사람들을 살펴보기 위해서는 1779년에 있었던 천진암주어사강독회의 참석자를 보면 된다. 참석자 가운데 정약전, 정약종, 정약용은 나주 정씨 가문의 한 형제였다. 또 다른 참석자였던 이벽은 정씨 형제들 가운데 큰 형이었던 정약현의 처남이었다. 이승훈은 나주 정씨 집안의 사위였다. 천진암주어사강독회의 참석자들은 나주 정씨 가문의 사람들이거나 그 가문과 관련된 사람들이었다. 이후에도 나주 정씨 가문의 사람들은 천주교를 전파하는데 선구자적인 역할을 하였다.

천주교 전파를 위해 천주교의 조직을 만든 사람은 정약현의 처남인 이벽이었다. 이벽의 집에는 천주교 서적 일부가 있었다. 이벽의 고조부인 이경상이 1636년 선양에 인질로 간 소현세자(昭顯世子)를 모셨는데, 소현세자가 베이징에서 독일인 신부 아담 샬(Adam Schall)

천진암

한국천주교회의 발상(發祥)과 관련되는 사적지로, 지금은 폐사(廢寺)되었다.

18세기 중엽 권철신(權哲身)을 중심으로 한 남인계 소장학자들은 이익(李瀷)의 서학열을 이어받아 독특한 학풍을 형성하고 있었는데, 경기도 광주시와 여주군 등지의 사찰에서 강학(講學)을 가졌다. 이 강학 장소 중의 하나가 바로 천진암이다.

천주교에 관계하였던 인물들 중 이곳을 자주 방문하였던 인물로는 이벽(李檗)과 정약용(丁若鏞)이 대표적이다. 정약용의 『여유당전서 與猶堂全書』에는 천진암과 관련된 시문이 여러 편 보인다. 그 때 벌써 퇴락된 모습을 나타내고 있다는 기록이 있다.

천진암은 그 뒤 폐허가 되었으나 1962년 남상철(南相喆)에 의하여 절터가 확인되었으며, 1979~1981년 사이에 이벽(李檗)·정약종(丁若鍾)·권철신(權哲身)·권일신(權日身)·이승훈(李承薰) 등 한국천주교회 초기 인물들의 묘소가 이 곳으로 이장되었다.

천주교 수원교구가 중심이 되어 이 일대 개발이 추진되어 현재 신도들의 순례에 필요한 각종 시설들이 설치되어 있고, 가르멜수도원이 세워져 있다. 한국학중앙연구원.

에게 천주교 서적과 천주상(天主像) 등을 받아 가지고 온 까닭이었다. 집안에 있던 서적을 보며 천주교도로서의 신앙심을 기른 이벽은 천주교 전파를 위한 조직을 만들었다.

처음 천주교가 전파될 당시 천주교도들은 천주교가 유교의 충효사상과 배치된다고 생각하지 않았다. 부모님이나 임금님을 공경하는 것처럼 천주님을 믿고 따르는 것이라고 생각하였다. 당시 천주교인들이 갖던 생각은 이벽이 지은 천주공경가(天主恭敬歌)의 가사에서도 드러난다.

집안에 어른이 있고 나라에는 임금 있네
내 몸에는 영혼 있고 하늘에는 천주 있네
부모에게 효도하고 임금에게 충성하네
삼강오륜 지켜가자 천주공경 으뜸일세

아비 없는 자식 봤나 양지 없는 음지 있나
임금 용안 못 뵈었다 나라 백성 아니런가
천당지옥 가보았나 세상사람 시비마소
있는 천당 모른 선지 천당 없어 어이 아노

- 천주공경가(天主恭敬歌) -

이후 이벽은 함께 천주교를 믿던 이승훈을 북경 북당으로 보내 한국인 최초로 영세를 받도록 하였다. 1784년 2월, 이승훈은 북경 북당의 그라몽 신부로부터 영세를 받으며 한국인 최초 세례자가 되었다.

이승훈이 세례를 받고 조선으로 돌아온 후 천주교의 전파는 더욱 빠르게 진행되었다.

천주교 전파를 위해 1785년부터는 명례방(明禮坊 ; 지금의 명동)에 있던 김범우(金範禹)의 집에서 모여 미사를 올렸다. 미사에 참석하는 사람들의 계층은 다양했다. 양반과 중인, 상민 등 계급의 구별도 없었고 남성과 여성의 구별도 없었다.

그런데 김범우의 집에서 미사를 보는 모습이 관원들에게 발각되었다. 결국 현장에 있던 천주교 서적과 천주상은 압수되고 김범우를 옥에 가두었다. 바로 이 사건이 조선에 천주교인의 존재를 알린 을사추조적발사건(乙巳秋曹摘發事件)이다.

이 사건은 조선을 깜짝 놀라게 하였다. 이후 성균관 유생들을 중심으로 천주교를 금지시키라는 상소가 줄을 이었다. 『정조실록』에는 사헌부 장령 유하원이 천주교를 금지시킬 것을 청한 상소가 기록되어 있다.

관상감의 역관 무리들이 서양책들을 가져오기 시작한 지 여러 해가 되었는데 날로 백성들을 속여 그것을 믿는 무리들이 많아졌습니다. 이른바 도라는 것이 하늘에 있다는 것만 알고 임금이나 부모가 있는 줄을 알지 못할 뿐만 아니라 천당이니 지옥이니 하는 말로써 백성들을 속이고 세상을 현혹시키니 그 해독은 홍수나 맹수보다도 심합니다. 마땅히 법사로 하여금 더욱 강하게 금지해야 할 것입니다.

- 『정조실록』 9년(1785년) 4월 9일 -

천주교 탄압의 단초가 된 제사

을사추조적발사건 이후로 세상은 천주교인들을 눈엣가시로 여겼다. 천주교인들에 대한 탄압도 점점 강해졌다. 점점 심해지는 탄압 속에서 천주교인들은 천주교를 믿을 것이냐, 아니면 천주교를 버릴 것이냐의 선택에 순간에 놓이게 되었다.

문제의 발달은 1790년 북경 천주교구에서 들려온 소식이었다. 당시 조선 천주교도들 사이에서는 두 가지의 의견이 대립을 하고 있었다. 제사를 지내는 것이 천주교에 위배되느냐 아니냐의 문제였다. 이에 조선의 천주교인들은 북경에 있던 구베아 주교에게 답을 구해보기로 하였다. 구베아 주교는 '제사는 우상을 숭배하는 것이고, 이는 하느님을 믿는 것과 위배된다'는 의견을 보내왔다.

천주교인들은 조상에 대한 공경과 종교적 신념 사이에서 고민에 빠졌다. 그 즈음 천주교인들은 물론 조선 전체를 놀라게 한 사건이 벌어졌다. 정약용의 외사촌인 윤지충(尹持忠)이 부모의 위패를 불지른 사건이 발생한 것이다.

정조와 대신들은 그동안 조선에 천주교가 전파되고 있음을 알고 있었다. 정조에게 여러 번 천주교를 금지하자는 내용의 상소를 올리기도 하였다. 그러나 정조는 천주교가 성리학의 실천적 의지가 결핍된 탓에 사람들이 받아들이고 있음을 알고 있었다. 『정조실록』에 따르면 성리학이 바르게 자리 잡으면 천주교 역시 자연스럽게 사라질 것이라고 에둘러 말하기도 하였다. 천주교를 탓하기 전에 노론이 할 일부터 제대로 하라는 정조의 꾸짖음이었다.

정학(正學 ; 성리학)이 밝아져서 사학(邪學 ; 천주교)이 종식되면
상도를 벗어난 이런 책들은 없애려 하지 않아도 저절로 없어져서
사람들이 그 책을 연초의 잡담만도 못하게 볼 것이다.
그러니 근본을 바르게 하는 방법이 급선무이다.

- 『정조실록』 12년(1788년) 8월 6일 -

또 하나, 정조가 천주교를 엄하게 다스리지 않았던 이유는 천주교인의 주축이 남인이었기 때문이었다. 정조는 정치적, 사회적 개혁을 추진하고 있었다. 그가 추진하는 개혁을 완성하기 위해서는 노론을 견제할 남인세력이 반드시 필요하였다. 그런데 남인을 천주교인이라는 이유로 배척하면 정조가 추진하는 개혁을 이뤄줄 인재를 찾기란 불가능했다. 결국 정조는 천주교에 대해 묵인하는 태도를 유지하였다.

노론 역시 정조가 남인 세력을 보호하기 위해 천주교를 묵인하고 있음을 알고 있었다. 그렇기에 더더욱 노론은 언젠가 자신들의 목을 조를 지도 모를 남인을 내버려 둘 수가 없었다.

게다가 남인들이 믿는 천주교는 자신들이 숭배하는 성리학과는 너무도 동떨어진 것이었다. 성리학은 충과 효, 높음과 낮음으로 대변되는 신분을 중시하는 학문이었다. 그런 노론 세력들에게 만인이 평등하다고 주장하는 천주교는 조선의 신분제에 대해 부정하는 것이었다. 신분제를 부정한다는 것은 조선의 사회체제를 반박하는 것과 다름 없었다.

노론은 천주교를 탄압할 명분을 찾고 있었다. 이를 이용해 자신의 정적인 남인을 제거하고, 노론의 기득권을 단단하게 할 날을 기다리

고 있었다.

그때 노론의 눈에 들어온 먹잇감이 윤지충이 부모의 위패를 불지른 사건이었다. 부모의 위패를 불지른다는 것은 조선의 정신적 기둥인 충과 효를 부정하는 사건이었다. 충과 효가 모든 것의 중심인 나라에서 부모의 위패를 불태웠다는 것은 나라의 기반이 흔들릴 수 있는 문제였다. 노론의 거센 주장 속에서 정조도 더 이상 천주교를 묵인할 명분을 찾을 수 없었다. 정조 역시 천주교인들을 잡아 오라고 명령하였다.

구베아 주교가 제사가 우상숭배며 제사를 지내지 말 것을 명령한 이후 조선 천주교인들은 선택의 갈림길에 섰다. 제사를 지내지 않으며 천주교를 믿을 것이냐, 제사를 지내며 천주교를 버릴 것이냐의 갈림길에서 많은 이들이 각자의 길을 선택하였다. 나주 집안의 정씨 형제들 역시 이 선택 앞에서 각기 다른 결론을 내렸다. 정약전과 정약용은 천주교를 버릴 것을 결심하였고, 정약종은 더욱 굳건하게 천주교를 믿을 것을 결심하였다.

서로가 서로의 멘토였던 정조와 정약용

정약용이 천주교를 멀리하게 된 까닭은 천주교의 제사 폐지령과 더불어 또 하나의 이유가 있었다. 자신의 주군인 정조에 대한 신뢰 때문이었다.

정조와 정약용은 서로가 서로의 멘토(mentor)가 되어주는 관계였다. 성리학이 갖고 있는 한계에서 벗어나 개혁정치를 하고자 했던 정조에게 정약용은 반드시 필요한 인재였다. 정조는 정약용이 갖고 있는 실학에 대한 식견을 믿었고, 그를 통해 개혁정치를 실현하고자 하였다. 그래서 차츰차츰 정약용을 중요한 관직에 임용하였다.

노론은 정조가 정약용을 비롯해 남인세력을 등용하는 것에 불안감을 느꼈다. 정조가 남인세력과 함께 노론들의 목을 쥐어올 것을 알았기 때문이다. 그런 상황에서 정약용이 천주교인이라는 사실은 정조와 정약용의 발을 묶을 수 있는 기회였다.

정약용 역시 이를 모를 리 없었다. 고민 끝에 정약용은 천주교를 버리는 결정을 내렸다. 정약용의 변화된 생각은 『정조실록』에도 나와 있다.

신이 이른바 서양의 학설에 관한 책을 일찍이 보고서 흔쾌히 좋아하고 사모했으며, 이를 거론하며 사람들에게 자랑했습니다.
당초 그것에 물들었던 것은 아이들의 장난과 같은 일이었으며 지식이 조금 늘어나서는 문득 적이나 원수로 여겼습니다.
이미 분명하게 알게 되었고 더욱 엄히 분별하게 되었으니
심장의 일곱 구멍을 후벼도 실로 더 감출 게 없고
창자의 아홉 구비를 뒤져도 실로 더 찾아낼 만한 게 없습니다.
그런데도 위로는 주상께 의심을 받고 아래로는 세상의 꾸짖음을
만나서 입신한 것이 한 번 무너져 모든 일이 기왓장처럼 깨졌으니
살아서 무엇을 하겠으며 죽어서는 장차 어디로 돌아가겠습니까.
신의 직책을 바꾼 뒤에 내쫓으소서.

- 『정조실록』 21년(1797년) 6월 21일 -

'심장의 일곱 구멍을 후벼도 더 감출 게 없고, 창자의 아홉 구비를 뒤져도 실로 찾아낼 만한 게 없다'는 부분에서는 정약용이 얼마나 천주교와 관련해 깊이 고민했는가가 읽혀진다.

천주교, 정조 승하 후 바람 앞에 촛불이 되다

정조가 천주교를 묵인한 덕에 천주교는 세를 확산시킬 수 있었다. 그런 점에서 정조의 천주교 묵인은 방조적 찬성이라고 평가할 수 있다. 그러나 1800년 정조가 승하한 후 조선의 천주교는 바람 앞에 서 있는 촛불과 같았다.

정조를 이어 왕위에 오른 순조는 열 한 살의 어린 나이였다. 당시 조정은 순조의 나이가 어리다는 이유로 왕실의 가장 큰 어른이던 정순왕후(貞純王后)가 수렴청정을 하도록 하였다. 정순왕후는 정조와는 정 반대에 있던 사람이었다. 정조가 남인세력을 등용하기를 바란 반면, 정순왕후는 철저하게 노론의 세계관을 가진 사람이었다. 더 이상 천주교를 두고 볼 까닭이 없었다. 정조가 승하한 이듬해 바로 천주교 숙청 작업에 들어갔다. 이 사건이 1801년에 있었던 신유박해(辛酉迫害)이다.

이가환은 흉악한 무리의 여얼(餘孽)로서, 많은 사람들을 이끌어 유혹하고는 스스로 교주가 되었습니다. 이승훈은 구입해 온 요서(妖書)를 그 아비에게 전하고 그 법을 수호하기를 달갑게 여겨 가계(家計)로 삼았습니다.

그리고 정약용은 본래 두 추악한 무리와 마음을 서로 연결하여
한 패거리가 되었습니다.

- 『순조실록』 1년(1801년) 2월 9일 -

신유박해 속에서 천주교도들은 대대적으로 체포되었다. 정약종과
정약전, 정약용의 나주 정씨 집안의 형제들도 포함되어 있었다. 이
사건으로 많은 이들이 순교를 하였다. 조선의 첫 세례자였던 이승훈
역시 신유박해 때 순교하였다.

신유박해 속에서 정약전과 정약용은 과거에 천주교를 버렸다는 것
이 밝혀져 죽음을 당하지는 않았다. 정약용은 장기현, 정약전은 신지
도로 유배되는 것으로 마무리되었다.

그런데 문제는 또 발생하였다. 정약현의 사위인 황사영(黃嗣永)이
신유박해를 피해 숨어 있다가 발각된 것이다. 황사영은 배론산터에
숨어서 신유박해 당시의 이야기를 담은 황사영 백서를 작성하였다.
이 백서를 북경에 있는 주교에게 보내고자 했는데, 그 백서를 보내기
전에 황사영이 체포된 것이다. 황사영 백서의 내용을 본 조정은 발칵
뒤집어졌다.

군함 수백 척과 정예군 5,6만 명을 얻어 대포 등
정교한 무기를 많이 싣고, 반드시 천주의 벌을
집행하고 죽어도 발길을 돌리지 않을 것입니다

- 황사영 백서 中 -

황사영 백서의 내용을 찬찬히 살펴보면 교황이 청나라 황제에게 서한을 보내 황제로 하여금 조선이 신부를 받아들이라는 칙서를 보내게 해달라는 내용이었다. 그러나 조정은 군함을 몰고 와 조선을 위협하라는 말에 집중하였다. 안 그래도 눈엣가시인 천주교도가 제 나라를 공격하라고 했으니 용서할래야 용서할 수가 없는 일이었다.

이 사건으로 유배를 갔던 정약용과 정약전은 다시 한번 죽을 위기에 처했다. 정약용이 황사영의 처삼촌이니 이번 사건과 연관이 있을 것이라는 주장이었다. 이번에도 다행히 나주 정씨 형제들과 무관함이 밝혀져 목숨을 구했지만, 정약전은 흑산도에, 정약용은 강진으로 유배를 갔다.

이후로도 조선의 천주교 억압은 오래도록 계속되었다. 그러나 역사는 대중들의 편이다. 많은 고난이 있었지만, 이후에도 계속된 사회적인 결핍은 천주교를 더 많은 사람들이 받아들이도록 하였다.

세상은 결핍에 의해 변화된다. 그것이 바로 우리가 사는 세상에 희망을 걸 수 있는 이유이다.

천주교

결핍이 부른
자생적 종교

열일곱

죽음에 관한
표정이 드러나는 예식

장묘문화

사람은 누구나 죽는다. 죽음만큼은 누구에게나 평등하다. 태어난 이상 누구나 죽기 때문에 죽음에 대한 예식인 장묘문화는 인류의 역사와 함께 시작되었다.

장묘문화는 볼수록 재미있는 구석이 많다. 장묘문화에는 그 시대 사람들이 죽음에 대해 어떻게 생각하는가가 고스란히 담겨있다. 각국의 장묘문화 가운데서도 우리나라의 장묘문화는 더욱 재미있다. 우리나라 사람들의 인식에는 죽음이 현생의 마감을 의미할 뿐, 다음 생을 다시 살아간다는 윤회사상이 깔려 있다. 그런 까닭에 우리나라의 장묘문화에는 죽음의 예식이라는 형식 이외에 재생의 의미까지 담겨 있다.

우리나라 장묘문화의 첫 시작은 고인돌이었다. 기원전 10세기부터 3세기까지 유행했던 고인돌은 서유럽, 북유럽, 지중해, 북아프리카, 동남아시아, 동북아시아에 걸쳐 분포되어 있다. 그 가운데 90퍼센트에 해당하는 4만여 기의 고인돌이 우리나라에 분포돼 있다. 그런데 세계에 있는 고인돌 가운데 무덤으로 사용된 경우는 우리나라의 경우가 유일하다. 고인돌 문화에서 만큼은 우리나라가 시초인 셈이다.

281

고인돌은 청동기 시대의 문화를 엿볼 수 있다는 점에서 흥미롭다. 고인돌은 수백 킬로그램의 돌을 고인돌로 놓고, 그 위에 큰 돌을 올려 놓는 형태를 띠고 있다. 수백 킬로그램의 돌을 운반한 후 돌을 들어 올린다는 것은 많은 노동력의 공급이 가능했다는 의미이다. 즉, 청동기 시대에 많은 사람들이 모여서 정착생활을 하였다는 점을 보여주는 반증이다.

그런데 사람들이 일정한 지역에 모여 정착생활을 하면 자연스럽게 생기는 것이 있다. 하나는 집단을 이끄는 우두머리요, 다른 하나는 다른 집단과의 경쟁이다. 풍부한 먹거리와 편안한 터전이 필요한 정착생활에서 생활하기 유리한 곳을 두고 싸우는 집단간의 경쟁은 당연한 일이다. 경쟁에 맞서 집단을 이끌 사람이 필요하므로 어느 집단이건 우두머리의 존재는 필요충분조건이었다.

고인돌은 바로 이 우두머리의 무덤이다. 고인돌을 만드는 일은 많은 노동력이 필요한 일이었다. 범인(凡人)까지 고인돌을 만들 만큼 노동력이 풍부하지는 않았으므로 고인돌은 우두머리만이 누리는 특권이었다. 우두머리의 무덤인 고인돌을 만드는 과정은 여러 사람이 힘을 합쳐 해야 하는 일이었다. 집단의 구성원들은 집단 우두머리의 무덤을 만들며 자신이 속한 집단의 공동체적 정신을 공고히 할 수 있었다. 고인돌은 우두머리에 대한 충성과 공동체의 정신을 높일 수 있다는 의미도 내포하고 있었다.

그렇다면 청동기 시대의 사람들은 왜 무덤의 재료로 돌을 선택하였을까? 당시 농경이 이루어졌기 때문에 흙이나 나무는 쉽게 구할 수 있는 재료였다. 수백 킬로그램에 달하는 돌보다 흙이나 나무가 상대

고인돌

자연석을 사용하여 지상 또는 지하에 매장시설을 만들고, 지상에 큰 돌을 윗돌[上石]로 놓아 덮개돌[蓋石]로 사용하고, 그것으로 동시에 유력자의 무덤임을 표지로 삼은 한반도 특유의 묘제(墓制).

고인돌은 청동기시대(靑銅器時代)에 성행하여 초기철기시대(初期鐵器時代)까지 존속한 거석문화(巨石文化)의 일종이며, 고대국가(古代國家) 발생 직전의 사회상을 표현하고 있다. 고인돌은 지역에 따라 호칭이 다른데, 한국과 일본에서는 지석묘(支石墓), 중국에서는 석붕(石棚), 구라파 등지에서는 돌멘(Dolmen) 등의 명칭을 사용하고 있다. 그리고 2000년도에는 강화의 부근리 · 삼거리 · 오상리의 약 120여 기(基)의 고인돌군, 고창 상갑리 · 죽림리 등 고창군 전역 205군집(群集) 총 1,665기의 고인돌, 화순 효산리 · 대신리의 고인돌 500여 기 등이 세계문화유산(世界文化遺産)으로 등재되어 전 세계적인 관심 속에 보존 · 관리되고 있다.

적으로 가벼워 운반하기 쉽다는 장점도 있었다. 그런데 왜 그 시대 사람들은 수백 킬로그램에 달하는 돌로 무덤을 만든 것일까?

이유는 거대한 돌이 죽음에 대한 두려움을 상쇄시키기 때문이었다. 청동기 시대는 사방에 죽음이 노출되어 있는 시대였다. 가뭄과 태풍 등의 자연 재해는 한순간에 삶과 죽음의 경계를 허물었고, 동물에 의한 습격은 죽음이 삶처럼 가까이 있음을 알게 하였다.

그런데 청동기 시대 사람들이 느낀 죽음의 공포는 숨이 끊어지는 순간에만 있는 것이 아니었다. 청동기 시대 사람들은 자연 재해나 동물의 습격에 의해 시신이 훼손되는 모습을 수없이 목격하였다. 우리나라 사람들에게 숨이 끊어진 이후에 시체가 훼손된 것을 보는 일은 가히 충격적인 일이다.

이는 우리나라 사람들이 갖고 있는 사생관(死生觀)의 영향 때문이다. 우리나라 사람들은 죽는다고 해서 모든 것이 사라진다고 생각하지 않았다. 죽음은 모든 것의 소멸이 아니라, 혼백(魂魄)의 해체를 의미한다고 여겼다. 죽는 순간 혼(魂)은 하늘로 올라가지만, 백(魄)은 뼈에 남는다고 생각하였다. 그렇기 때문에 우리나라 사람들은 예나 지금이나 무덤이 훼손되는 것을 아주 불길한 일로 여기고 있다.

위험이 도처에 널린 상황에서 거대한 돌은 당시 사람들이 갖고 있던 죽음에 대한 공포를 상쇄시킬 수 있는 위안이었다. 바위나 돌은 그 자체로 견고함과 영원불멸의 의미를 갖고 있다. 동굴 생활에 익숙한 그들에게 돌로 둘러싸인 세계는 죽은 이가 휴식을 취하기에 적합한 곳이었다. 누구나 죽음을 맞이할 수 있지만, 죽음 이후에 돌 밑에서 편안하게 지낼 수 있다는 위안은 그들이 갖고 있는 죽음의 공포를 없애주었다.

종교 변화에 따라 달라지는 장묘문화

장묘문화 가운데 우리나라 사람들이 갖고 있는 윤회사상이 분명하게 드러나는 것이 이중장제(二重葬祭)이다. 이중장제는 사람이 죽으면 가장(假葬)으로 생각되는 1차 장에서 시체를 썩힌다. 2~3년이 지나면 유골만 남게 되는데, 그때 유골을 관속에 넣는 2차 장을 치른다. 장례 절차를 두 번에 나눠서 한다는 의미로 이중장제라고 한다.

시체를 썩힌 후 탈육된 유골만을 관 속에 넣는다는 점은 우리가 갖고 있는 윤회사상과 맞닿아 있다. 사람이 살다보면 어쩔 수 없이 악행을 저지르게 될 때가 있다. 조상들 역시 삶을 위해 어쩔 수 없이 그래야 할 때가 있었을 것이다. 다른 점이 있다면 그들은 사람이 사는 동안 지은 죄와 악이 사람의 몸에 깃들어 있다고 생각하였다. 그래서 살갗에 깃들어 있는 죄와 악은 현생에 버리고, 죽음의 절차 속으로 들어갈 때는 맑은 영혼만이 들어가야 한다고 여겼다. 이중장제는 이를 실현할 수 있는 장묘절차였다. 가장(假葬)이라고 불리는 1차 장에서 시체가 썩으면서 살에 깃든 죄와 악이 사라지고, 유골에는 그 사람의 순수한 영혼만이 깃든다고 여겼다. 원래 그 사람이 갖고 있던 순수한 영혼이 관 속으로 들어가므로 다음 생에 순수한 영혼이 담긴 사람으로 태어날 것이라고 판단한 것이다.

이중장제는 삼국시대 이전부터 유행했던 장묘문화로 우리나라 사람들이 갖고 있던 윤회사상이 아주 오래 전부터 이어져 온 것임을 알려주는 반증이기도 하다.

삼국시대에 들어서서 우리나라의 장묘문화는 조금 다른 양상을 띠게 된다. 삼국시대 이전의 시기는 나라에 대한 개념이 정립되지 않은 상태였다. 당시의 사람들은 나라에 소속된 국민이라는 개념보다 부족에 소속된 부족원이라는 개념이 강했다.

그런데 이런 인식들은 삼국시대에 접어 들면서 조금씩 달라졌다. 삼국시대에는 영토 분쟁 때문에 고구려, 백제, 신라, 가야 간의 전쟁이 빈번하였다. 전쟁의 여파에 따라 개인이 만들어 놓은 삶의 기반이 흔들렸다. 나라의 흥망이 개인의 생활에 영향을 미치게 됨을 알게 되면서 나라를 바라보는 사람들의 인식이 달라졌다. 나라와 자신이 개별적인 관계라고 여겼던 인식이 '나라 = 삶의 기반'이라는 인식으로 바뀌었다. 나라의 흥망에 의해 자신의 삶 역시 달라질 수 있음을 인지한 것이다.

구성원들의 사고가 달라진 것은 국가 지도자들에게는 반가운 일이었다. 정치, 경제, 문화적으로 구성원을 다스릴 수 있는 사회적인 합의가 이뤄졌기 때문이다. 국가 지도자들은 지배력을 더욱 공고히 하기를 바랐다. 지배력을 공고히 하기 위해서는 무력이나 경제력이 아니라 구성원들의 정서를 하나로 모으는 것이 효과적이었다. 일관된 정서는 구성원들을 하나로 융합한다는 점에서 어떠한 제도보다도 효과적이었다.

그렇게 해서 등장한 것이 종교였다. 종교는 구성원들의 정서를 하나로 모을 수 있는 훌륭한 매개체이다. 종교는 대중들에게 일관된 정서를 줌으로써 국가의 지배력 강화에 도움을 주었다.

그런 까닭에 나라의 개념이 강화된 삼국시대에는 각 나라마다 불교를 국교로 받아 들였다. 불교가 국교가 된 이후 장묘문화 역시 바뀌었다. 장묘문화는 각 시대의 내세관에 영향을 받는데, 종교의 밑바탕에 있는 이념들 역시 내세관을 기본으로 하고 있기 때문이다.

불교에서는 승려가 죽으면 화장을 하는 다비(茶毘) 의식을 치른다. 불교를 국교로 삼은 삼국시대와 고려시대는 불교의 영향에 따라 주로 화장을 하였다. 사찰 근처에서 화장을 한 후 유골을 거둬 사찰에 모신 후 일정 시간이 지나면 유골을 묻었다.

일반 서민의 경우에는 구덩이를 파서 매장을 하거나 시신을 인적 없는 산에 두어 자연히 없어지는 풍장을 하기도 하였다.

삶과 죽음이 맞닿아 있는 매장

고려시대에도 화장과 매장이 공존했으나 조선시대처럼 매장이 확산된 것은 아니었다. 조선시대에 매장이 대부분의 장묘절차로 자리잡은 것은 조선시대의 이념인 유교의 영향이 컸다.

유교는 충과 효가 기본인 사상이었다. 부모님의 그림자도 밟지 말라는 말에서 드러나듯, 장례 절차에서 부모님의 시신을 훼손하는 것은 유교적 가르침에 위배되는 것이었다. 예를 기본으로 하는 조선시대에는 화장을 금하고 매장을 하도록 하였다. 『세종실록』에는 화장을 금하고 매장을 하도록 하라는 내용이 담겨 있다.

장사지낸다는 것은 감춘다는 뜻이니, 그 해골을 감추어 드러나지
않게 하는 것이다.

요즘 불교의 다비법이 성행하여 사람이 죽으면 뜨거운 불 속에 넣어서
모발이 타고 살이 문드러져 해골만 남게 한다.

심한 경우에는 뼈도 태워서 그 재를 뿌려 물고기나 새에게 주며
'이렇게 해야만 천당에 태어나고 서방정토에 갈 수 있다'고 한다.

이 주장이 일어나자 고명하다는 사대부도 여기에 혹하게 되어 땅에다
매장하는 사람이 많지 않게 되었다. 아아, 심히 어질지 못한 일이다.

사람의 정신은 흘러 다니며 서로 소통한다. 죽어서나 살아서나
사람이거나 귀신이거나 본래 동일한 기운일 뿐이다.

조부모가 지하에서 편하게 있으면 자손도 편해지는 것이고 그렇지 않
으면 그 반대가 된다.

또 사람이 세상에 태어난 것이 나무가 땅에 뿌리를 박은 것과 같아서
그 뿌리와 그루터기를 불사르면 가지와 잎이 말라 시들 것이다.

그러니 어찌 꽃 피고 번식할 수 있겠는가?

이것은 어리석은 남녀도 모두 아는 것이다. 원하건대 지금부터는
일체 화장을 금지하고 이 법을 범한 사람에게는 죄를 주소서.

- 『세종실록』 2년(1420년) 11월 7일 -

성리학의 나라인 만큼 조선은 장례와 상례 절차 역시 예에 맞게 하
도록 하였다.

일단 사람이 죽으면 시신을 수습해 빈소를 차린다. 빈소에는 조문
객들이 와서 죽은 이에 대한 예를 차린다. 시신은 염습을 해서 정갈

한 모습으로 관 속에 들어가도록 한다. 장례는 경우에 따라 삼일장, 오일장, 칠일장을 치루는 데, 발인을 한 뒤 시신을 매장한다.

무덤에 시신을 매장한 후에도 절차는 계속된다. 망자의 혼을 위로하기 위해 장례를 치른 날 초우제를 지내고 다음날에는 재우제, 그 다음날에는 삼우제를 지낸다. 초우제와 재우제, 삼우제를 지내는 동안에는 아침 저녁으로 상식을 올리고 절을 한다. 망자가 사망한 지 13개월째에 소상, 25개월째에 대상, 27개월 만에 마지막 제사를 지내는 것으로 3년상이 마감된다.

고려시대에는 3년상이 너무 길다는 이유로 달을 날로 계산하는 역월제를 시행하였다. 즉, 27개월 만에 마지막 제사를 지내는 것을, 27일 만에 제사를 지내고 이것으로 3년상이 끝났다고 여겼다. 그러나 조선시대에는 예에 맞게 한다는 원칙에 따라 3년 동안 상복을 입는 3년상을 치뤘다. 『세종실록』에는 조선이 고려시대와 달리 3년상을 치르는 것을 자랑스러워하는 내용이 나와 있다.

앞 왕조의 선비와 백성들은 부모의 상을 당했을 때에 달을 날로 바꾸어 지냈으니 3년상을 행하지 않는 자가 많았습니다. 만일 무덤에 초막을 짓고 3년을 지키는 자가 있으면 세상에서 모두 아름답다 일컬어 정표했습니다. 그렇지만 오늘날에는 모두 3년상을 행하고 여막살이하는 사람도 많이 있습니다.

- 『세종실록』 14년(1432년) 11월 28일 -

장묘문화로 매장제를 선택한 것은 조선 중기 들어 풍수지리 사상이 강화되는 특성을 낳았다. 죽은 이의 시신을 묻는 묘자리의 좋고 나쁨에 따라 자손의 길흉에 영향을 준다는 풍수지리 사상은 무덤에 죽은 이의 백(魄)이 머물고 있으므로 그것이 나의 삶에도 영향을 준다는 생각에서 나온 것이었다.

죽은 이가 머무는 무덤을 음택(陰宅)이라 하고, 산 자가 머무는 집을 양택(陽宅)이라고 한다. 음과 양은 서로 영향을 미치는 관계인만큼, 조상이 머무는 무덤의 길흉에 따라 후손의 삶이 영향을 받는다고 생각하였다.

조손 중기의 문신이었던 김택룡이 쓴 『조성당일기』에는 죽은 아들의 묘자리를 꼼꼼하게 찾는 모습이 나와 있다.

> 내가 접때 생각해 둔 곳이 있어 자정에게 함께 오르기를 부탁하였다.
> 자못 형세가 있었다. 태좌진향(兌坐震向) 언덕을 찾았더니,
> 이자정이 대단히 칭찬하였다.
> 쇠를 놓아 표지를 하고 이어서 산수의 방향을 두루 보았다.
> 우측 백호(白虎)는 높고 가파르고 돌이 있는 듯 하였지만,
> 모두 사창(四愴)의 위치에 있어 해는 없다고 하였다.
> 또 동산 북쪽으로 내려오는 혈자리가 평평하여
> 역시 안장할 수 있었으므로 매우 칭찬하였다. 역시 쇠를 놓아보고
> 하산하였다.
>
> — 『조성당일기』 1617년 3월 3일 —

풍수지리사상은 조선 후기로 갈수록 더욱 강력해졌다. 조상의 무

덤이 있는 선산(先山)을 만든 것도 이 즈음부터였다. 묘역이 넓어졌고, 묘 주변을 호화스럽게 단장하였다. 죽은 이의 혼백이 거주하는 집인 만큼 공들여 묘자리를 골랐다. 조상의 무덤을 명당자리에 잡아야 후손의 길흉에 영향을 미친다는 풍수지리사상은 지금까지도 이어지고 있다.

5개월 장으로 치렀던 국상

왕의 장례는 5개월 장으로 치뤘는데, 이처럼 기간이 길었던 이유는 왕릉을 조성할 시간이 필요했기 때문이다. 『영조실록』에는 5개월 장으로 국상을 치뤘음이 기록돼 있다.

영조 52년(1776년 병신년) 3월 3일 : 임금의 병환이 악화되다.
같은 해 3월 5일 : 묘시에 임금이 경희궁의 집경당에서 승하하다.
같은 해 3월 12일 : 대행 대왕의 시호 · 묘호 · 전호 · 능호를 정하다 .
같은 해 7월 27일 : 유시에 원릉에 장사하다.

- 『영조실록』 中 -

조선은 선왕이 승하하면 5일 후에 세자를 왕위에 올리는 즉위식을 거행하였다. 왕의 자리에 오른 세자가 첫 번째로 치르는 행사가 선왕의 장례였다. 왕의 능을 택하는 일은 나라의 길흉에 영향을 준다는 점 때문에 상당히 공을 들여 택했다. 선왕을 모실 명당자리를 누가 찾느냐에 따라 이후 국정 운영의 방향이 달라지기도 하였다. 그래서 사대부들 사이에 풍수지리사상은 반드시 이수해야 하는 학습이었다.

조선을 건국한 태조의 왕릉 자리는 조선의 길흉을 생각했을 때 더욱 중요한 곳이었다. 이런 까닭에 태조의 아들인 태종은 왕릉 자리를 신중하게 골랐다. 그리고 지금의 구리시 인창동에 건원릉을 조성하였다. 지금도 풍수가들에 의하면 건원릉의 주산은 금수형(金水形)이며 용맥은 장유형(長乳形)이고 형국은 청룡승천형(靑龍昇天形)으로 이뤄진 명당자리라고 일컬어진다.

그런데 태종이 아버지의 왕릉 자리를 찾기 위해 절치부심한 것은 또 다른 이유가 있었다. 태조는 두 차례의 왕자의 난*을 통해 아버지의 뜻을 거역하였다. 이 문제로 태조와 태종의 관계는 악화되었고, 태조는 고향인 함흥으로 은둔을 해버렸다. 태종의 노력 끝에 화해를 하였지만, 두 사람 사이에 있던 앙금까지 없앨 수는 없었다. 앙금이 남아 있던 태조는 자신을 한양 가까이가 아닌 고향인 함흥에 묻으라고 명령하였다.

그러나 태종 입장에서는 태조를 함흥에 안치하는 건 부담스러운 일이었다. 조선의 건국 시조인 태조는 수도인 한양에 안치되는 게 당연했다. 또한 태종이 일 년에 한 번씩 한양에서 함흥으로 가는 능행 행차를 하기도 만만치 않았다.

고심 끝에 태종은 한양과 가까운 곳에서 명당 자리를 찾되, 능 위에 봉긋하게 올리는 봉분은 함흥에 있는 억새풀을 가져와 덮기로 하였다. 태조의 유언이었던 '함흥 땅 아래에 묻히고 싶다'를 어느 정도는 따르는 말이었기 때문이다. 그렇게 해서 만든 것이 현재 경기도 구리시 인창동에 있는 동구릉 내에 있는 건원릉이다. 지금도 건원릉

건원릉

경기도 구리시 인창동에 있는 조선 태조의 능.

사적 제193호인 동구릉(東九陵) 가운데 하나이다. 봉분의 기부(基部 : 밑부분)는 십이각 (十二角)의 호석(護石)으로 쌓고, 각각 중심에 태극(太極)이 있는 영탁영저문(靈鐸靈杵文 : 신령스러움을 상징하는 방울이나 공이모양의 무늬)을 좌우에 양각하였다.

각 면에는 와운문(渦雲文 : 뭉게뭉게 피어나는 구름무늬) 중에 수관인신(獸冠人身 : 머리는 동물이고 몸은 사람)의 십이지신상(十二支神像)을 역시 양각하고, 면석(面石)·우석(隅石) 아래쪽에는 영지(靈芝 : 상서로움을 상징하는 표시)를 새겼다.

호석 밖으로는 돌난간을 돌리고, 그 밖으로는 석호(石虎 : 돌로 만든 호랑이) 넷, 석양(石羊 : 돌로 만든 양) 넷을 엇바꾸어 밖을 향해 배치하고 있다. 능 앞면에는 혼유석(魂遊石)이 있고, 그 양쪽에는 망주석(望柱石)이 하나씩 서 있다.

능의 관리를 위해 영 1인, 참봉 1인을 두었으며, 참봉은 종친부(宗親府)에서 대군이나 왕자군의 봉사손(奉祀孫 : 제사를 받들 수 있는 후손)을 자유로이 임용하도록 하였다. 태조가 생존하였을 때 신덕왕후 강씨(神德王后康氏)의 정릉(貞陵)은 고려의 능제로 경영하였으나, 이 능은 조선왕조의 능제로 경영하였으므로 그 표본이 된다. 그 곳에는 조선왕가의 능이 9개 있으므로 '동구릉'이라고도 부른다. 한국학중앙연구원.

의 봉분에는 억새가 뒤덮여 있다.

삶과 죽음의 단절을 의미하는 화장

조선시대부터 이어진 매장 중심의 장묘문화는 일제시대와 근대까지 이어졌다. 그러나 십여년 전부터 매장 중심이었던 장묘문화는 화장 중심의 문화로 급격하게 변화하고 있다.

삼국시대와 고려시대에 화장을 했던 까닭이 불교의 영향이었다면, 지금 다시 화장 문화가 대세를 이루는 까닭은 삶과 죽음에 대한 인식이 달라졌기 때문이다.

우리나라가 농경중심의 사회였을 때는 후손들의 생활터전이 무덤과 가까운 곳에 자리하고 있었다. 지리적으로 가까워 벌초를 하는 것도, 무덤을 돌보는 것도 편리하였다. 조상의 무덤이 지리적으로 가까운 곳에 있다는 것은 후손들로 하여금 조상들이 내 삶과 연결되어 있다는 생각을 갖게 하였다.

그러나 지금은 세상이 달라졌다. 완벽한 도시화가 이뤄져 농촌에 있는 사람들이 도시로 이전을 하였다. 그래서 벌초나 성묘차 산소에 가는 일은 연중행사가 되었다. 더불어 국토가 개발되면서 선산에 있던 묘지들은 도시 외곽의 공동묘지로 옮겨갔다. 산 자와 죽은 자의 공간이 멀지 않은 거리에 있었던 과거와 달리 지금은 산 자와 죽은 자의 공간이 완벽하게 분리되어 있다.

산 자와 죽은 자의 공간의 분리는 사람들이 죽음을 바라보는 관점을 달라지게 만들었다. 무덤과 살아있는 사람들의 공간이 가까웠을 때에는 죽음 이후의 세계 역시 나와 연결되어 있는 세계라고 생각하였다. 그러나 무덤과 살아있는 사람들의 공간적인 분리는 죽음 이후의 세계는 나와는 단절된 것이라는 생각을 하게 하였다. 과거에 우리나라 사람들이 죽음을 혼이 하늘로 올라가고, 백은 뼈에 남는다고 생각했던 것들이 바뀌기 시작한 것이다.

조선시대의 전통적인 장묘문화였던 매장문화가 삶과 죽음이 맞물려 돌아간다는 인식에서 나온 것이라면, 지금의 화장문화는 삶과 죽음이 단절되어 있다고 인식하는 것에서 출발하고 있다. 결국 요즘 화장이 늘어나는 세태 속에서 우리가 주목할 점은 묘자리가 줄어든다는 외형적인 이유가 아니라 사람들의 뇌리에서 죽음에 대한 인식이 달라졌다는 점이다.

---

* 1차 왕자의 난 : 태조에게는 한씨 소생의 여섯 왕자와 강씨 소생의 두 왕자가 있었다. 즉위 후에 태조는 강씨 소생의 여덟째 왕자인 이방석을 세자로 삼았다. 이에 불만을 품은 이방원이 1398년 세자 이방석을 죽이고 강씨 소생의 이방번까지도 살해하였다. 이때 이방원은 세자의 자리에 태조의 둘째 아들인 이방과를 앉혔다.

** 2차 왕자의 난 : 정종이 즉위한 후 후사가 없자 태조의 네 번째 아들인 이방간과 다섯째 아들인 이방원 사이에서 왕위 계승을 위한 갈등이 일어났다. 1400년 이방간과 이방원 사이에 무력 충돌이 일어난 사건을 2차 왕자의 난이라고 한다. 이 싸움에서 이방원이 승리하면서 1400년 11월 왕위에 올랐다. 그가 조선의 3대 왕인 태종이다.

참고문헌

강만길, 『한국근대사』, 창작과 비평사, 1984.

강명관, 『조선 사람들 혜원의 그림밖으로 걸어 나오다』, 푸른역사, 2001.

강명관, 『조선 사람들 혜원의 그림밖으로 걸어 나오다』, 푸른역사, 2010.

강명관, 『조선의 뒷골목 풍경』, 푸른역사, 2003.

강준만, 『한국 근대사 산책』, 인물과 사상사, 2007.

고동환, 『조선시대 서울도지사』, 태학사, 2007.

김아네스, 『내일을 여는 역사 제23호 장희빈, 악녀의 누명을 쓴 정치의 희생양』,
          2006.

김윤희, 『이완용 평전』, 한겨레출판사, 2011.

김태완, 『책문』, 소나무, 2005.

노형석, 『한국근대사의 풍경』, 생각의 나무, 2004.

박상하, 『경성상계』, 생각의 나무, 2008.

박은봉, 『한국사 상식 바로잡기』, 책과함께, 2000.

박진태, 『삼국유사의 종합적 연구』, 박이정, 2002.

버튼 홈스, 『1901년 서울을 걷다』, 2012.

서울특별시편찬위원회, 『서울 600년사 3』, 1981.

송기호, 『이 땅에 태어나서』, 서울대학교출판문화원, 2009.

송기호, 『말 타고 종 부리고』, 서울대학교출판문화원, 2009.

송기호, 『시집가고, 장가가고』, 서울대학교출판문화원, 2009.

신명직, 『모던보이, 京城을 거닐다』, 현실문화연구, 2003.

신봉승, 『신봉승의 조선사 나들이』, 도서출판 답게, 1996.

심경호, 『참요 시대의 징후를 노래하다』, 한얼미디어, 2011.

안대희, 『선비답게 산다는 것』, 푸른역사, 2007.

옥순봉, 『교양으로 읽는 인삼 이야기』, 이가서, 2005.

유상현, 『괴물딴지 미스터리사전』, 해냄, 2007.

유승주, 이철성, 『조선후기 중국과의 무역사』, 경인문화사, 2002.

이덕일, 『정약용과 그의 형제들』, 김영사, 2004.

이덕일, 『조선왕을 말하다』, 역사의 아침, 2010.

이덕일, 『근대를 말하다』, 역사의 아침, 2012.

이사벨라 버드 비숍, 『한국과 그 이웃나라들』, 도서출판 살림, 1994.

이이화, 『처음 만나는 우리문화』, 김영사, 2012.

이희근, 『色다른 우리역사』, 거름, 2006.

이희수, 『이슬람과 한국문화』, 청아출판사, 2012.

정동호 편저, 『매천야록』, 일문서적, 2011.

정두회 외 3명, 『장희빈, 사극의 배반』, 소나무, 2004.

정민, 『미쳐야 미친다』, 푸른역사, 2004.

정수일, 『고대문명교류사』, 사계절, 2001.

정수일, 『신라와 서역교류사』, 단국대학교출판부, 1992.

정창권, 『홀로 벼슬하며 그대를 생각하노라』, 사계절, 2003.

조흥윤, 『한국문화론』, 동문선, 2001.

최준식, 정혜경, 『한국인에게 밥은 무엇인가』, 휴머니스트, 2004.

최완경, 『겸재의 한양진경』, 동아일보사, 2004.

케네스 벤디너, 『그림으로 본 음식의 문화사』, 예담, 2004.

한국역사연구회, 『조선시대 사람들은 어떻게 살았을까』, 청년사, 1996.

한국역사연구회, 『조선시대 사람들은 어떻게 살았을까』, 청년사, 2007.

한영우, 『정조의 화성행차 그 8일』, 효형출판, 2006.

황루시, 『우리무당이야기』, 풀빛, 2000.

KBS HD역사스페셜, 『HD역사스페셜4 동아시아 문명의 클라이맥스, 고려와 조선』,
    효형출판, 2007.

※ 사진 설명은 국립중앙박물관 · 국립민속박물관 · 한국학중앙연구원의 설명을 토
  대로 작성한 것입니다.

친절한 어른이 되기 위한
인문학 공부

2022년 4월 10일 제1판 1쇄 발행

지은이 / 이이영 · 손완주
펴낸이 / 강선희
펴낸곳 / 가림출판사

등록 / 1992. 10. 6. 제 4-191호
주소 / 서울시 광진구 영화사로 83-1 영진빌딩 5층
대표전화 / 02)458-6451 팩스 / 02)458-6450
홈페이지 / www.galim.co.kr
이메일 / galim@galim.co.kr

값 16,000원

ⓒ 이이영 · 손완주, 2022

저자와의 협의하에 인지를 생략합니다.

ISBN 978-89-7895-434-1 03100

이 책은 《겨자씨만한 역사, 세상을 열다》를 제호 변경한 도서입니다.